·卡耐基写给年轻人·

99%的人都不懂的说话技巧

〔美〕卡耐基/著　吴桂洪/编译

古吴轩出版社
中国·苏州

图书在版编目（CIP）数据

卡耐基写给年轻人：99%的人都不懂的说话技巧/(美)卡耐基著；吴桂洪编译．—苏州：古吴轩出版社，2014.5（2018.5重印）

ISBN 978-7-5546-0240-9

Ⅰ.①卡… Ⅱ.①卡… ②吴… Ⅲ.①语言艺术—青年读物 Ⅳ.①H019-49

中国版本图书馆CIP数据核字（2014）第053599号

责任编辑： 王　琦
见习编辑： 徐小良
策　　划： 郑雅玲
封面设计： 嫁衣工舍

书　　名： **卡耐基写给年轻人：99%的人都不懂的说话技巧**
著　　者：［美］卡耐基
编　　译： 吴桂洪
出版发行： 古吴轩出版社

地址：苏州市十梓街458号　　邮编：215006
Http：//www.guwuxuancbs.com　　E-mail：gwxcbs@126.com
电话：0512-65233679　　传真：0512-65220750

出 版 人： 钱经纬
经　　销： 新华书店
印　　刷： 北京盛彩捷印刷有限公司
开　　本： 880×1260　1/32
印　　张： 8.5
版　　次： 2014年5月第1版
印　　次： 2018年5月第4次印刷
书　　号： ISBN 978-7-5546-0240-9
定　　价： 32.80元

〔美〕戴尔·卡耐基（1888—1955）

目录

Contents

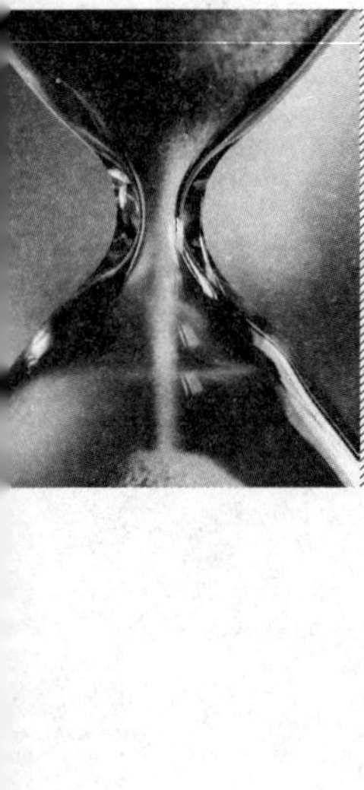

Part 1

克服内心恐惧，从容与人交谈

Part 2

修炼当众演讲，培养无法抗拒的个人魅力

Part 3

有效沟通，任何人都可以拥有危险的魔力

Part 4

赢得赞同，“让人无条件相信你”的说服力

Part 5

利用一张巧嘴，在职场中游刃有余

Part 6

拥有美满家庭，营造幸福生活

Part I 克服内心恐惧，从容与人交谈

“沉默是金”这句谚语，应该随着时代的变迁而重新评估。如何发挥语言的魅力，决定了现代人能否由沟通走向成功。

1912年，“泰坦尼克号”游轮在北大西洋沉没。正是从那一年，我开始教授如何当众说话的课程，我当时主要为纽约基督教青年会夜校讲授公开演讲课。这段经历对我来说是非常宝贵的，因为，它让我积累了丰富的关于如何讲话的知识，促成了我的“口才培训班”的诞生。

其实大家都跟你一样害羞

在潜意识中不肯与人交流或害怕当众发表演说，并不是某个人独自具有的心理，大部分人都是这样，差别只在于程度不同而已。除了训练班的学员，我对大学生也进行过调查，80%~90%的大学生都曾经有过不敢当众说话的恐惧感和与人交流的畏难情绪。

在社交活动场合游刃有余的钢铁大王安德鲁·卡内基常常对人说："虽然我本性很害羞，但是我却努力使自己成为一个说话高手。"

就算是那些久负盛名的说话高手，也几乎都存在过害羞的心理。这似乎是在说"惧怕交流"是人天生的特性。确实如此，它是人与生俱来的一个弱点，并且这个弱点和人的性格有很大的关系。心理学家认为，性格是一个人的行为表现比较稳定的基本特征。性格具有稳定性。也就是说，一个人的性格在一定的教育和环境的背景下形成后，是很难改变的。所以，才会有"江山易改，本性难移"的说法。

有专家曾经对亚利桑那州的一对大学生双胞胎姐妹进行过观察研究。这对孪生姐妹外貌相似，先天遗传基因完全相同，家庭生活和所受教育的情况也相同。尽管这对姐妹一直在同一所小学、中学和大学接受教育，但是在遗传、教育和环境完全相同的情况下，这对姐妹的性格却非常不相同：姐姐善于说话与交际，主动自信，勇敢果断；妹妹却恰好相反，缺乏独立自主的意识，说话做事总是附和姐姐。专家与她们交谈时，也都是姐姐先回答，而妹妹只是表示同意。她非常不爱说话，或是仅仅稍作补充。总之，这对姐妹的性格完全不同。

这是为什么呢？原来是她们的父母在她俩之中指定了一个是姐姐，另一个是妹妹，从小就交代姐姐要照管妹妹，对妹妹负责，做好妹妹的榜样，带头执行家长委派的任务。如此一来，姐姐从小就形成了独立、自主、善交际的较为果断的性格，而妹妹却养成了听从姐姐的习惯。

这说明人的性格是受长期接受的教育和环境的影响而形成的，不过这并不适用于成年人。对成年人来说，性格实际上是由心理状态决定的。也就是说，如果一个成年人可以改变自己的心态，那么他就可以改变自己的性格。

20世纪初，心理学家和哲学家曾断言：普通人只发挥了全部潜力的很小的一部分。与我们应该达到的水平相比，我们只苏醒了一小半；我们的蓝图尚未展开，我们的热情受到了打击。这是为什么呢？其实就是由于人的恐惧心理作祟。人的恐惧心理是非常可怕的，所以，我经常对来学习的学员说："你要想象听众们都欠你的钱，正苦苦哀求你多宽限几天；而你自己是神气的债主，根本无须惧怕他们。"克服畏惧、建立自信，这是实现更有效说话的前提。只有这样，人们才能最大限度地发挥自己的潜能，在各种场合下发表适当的讲话，博得赞誉，赢得别人的喜爱，获得成功。

在实施任何说话技巧之前，必须树立充分的自信心。因为自信心可以给人一种安全感，使你敢于与他人相处，并在任何非自由场合下发表自己的意见。

我曾在培训班开课之前，让前来上课的人们说说来这里的原因以及希望从这种口才训练课中得到什么。调查的结果令人吃惊，大多数人的愿望与需要都是一样的，他们的回答是："当别人要求我站起来讲话时，我觉得很别扭、很害怕，这使我不能清晰地思考、集中精力，不知道自己想说的是什么。所以，我想获得自信，能泰然自若地站在大众前并能随心所欲地思考，能有逻辑地归纳自己的思想，能在公共场所或众人面前侃侃而谈，做到明晰且有说服力。"

我相信这是真的。当你站立在听众面前时，的确不能像坐着的时候那样仔细地思考，但是这种状况可以通过训练加以改善。

首先，在公开场合下说话的恐惧感对人的交流是有益的，因为人类与生俱来就有一种能应付环境中不寻常挑战的能力。当你感到自己的脉搏和呼吸加快时，千万不要过度紧张，要保持冷静。因为身体一向对外部刺激保持警觉，这种警觉表明它已做好准备可以应付环境的挑战。假如这种心理上的准备是在某种限度之下进行的，当事人会因此而想得更快，说话更为流畅，并且通常还会比在普通情况下说得更为精辟有力！

我还要告诉你们的一个秘密是，即使职业演说者，也从来不会完全克服登台的恐惧——在刚开始演讲时，他们或多或少地也会有些怯意。这些怯意从他们开头的几句话里都可以表现出来，只不过他们可以很快地克服这种怯意，进入镇定的状态。我自己也是如此。

所以，你完全不必自己给自己设定框框，你应该主动热情地去与人交往；否则，畏惧将一发不可收拾，它不但会让你的言辞不畅，肌肉过度痉挛，还会严重降低你说话的效力。

没有人是天生自信的

在我的培训班中，学员们会在学习完了之后坐在一起交流自己的心得。大部分人都认为他们所学到的最重要的东西就是对自己的信心，即对自己成功多了一份信心。这真是令我欣慰的成果——从某种程度来说，没有什么比自信更加能够让人走向成功。

《贝德客旅行指南》上说，攀登阿尔卑斯山很困难，业余登山员应该由向导带路。但是几年前，我和我的朋友来到阿尔卑斯山的维尔德·凯塞山前，想要征服这座传说中危险的山峰。首先要声明的是，我和他都不是专业的登山者。

在我们开始登山之前，曾经有一位朋友问我们是否能够成功，我语气坚决地回答他：“一定能！”

“为什么这么肯定能？”朋友继续问道。

我说：“有人也像我们一样，没有向导却取得了成功。而且，我做任何事情都不会预先想到失败。”

最终我们没有请向导，并且我们取得了成功。

要自信，这是做任何事情都必须要有的正确心态。无论做任何事，自信都是你获得成功的基本前提。所以，在你开始说话前，首先要做的事情就是——自我暗示，相信自己可以成功。

美国著名的心理学家威廉·詹姆斯说过：“行动看似是紧随于感觉之后产生的，但事实它是与感觉并行的。行动受意念直接控制。我们可以通过意念来控制行动，并间接地控制感觉，但是感觉却不受意念直接控制。因此，如果我们失去了原有的自然的快乐感，那么，想让自己变得快乐的最佳方法，就是高兴地坐下来，让自己表现出本来就很快乐一样。所以，让自己感觉自己很勇敢，并且表现出好像真的很勇敢，竭力运用自己所有的意念去达到这个目标，那么勇气很可能就会取代恐惧。”只有相信自己可以成功，并且坚定不移地相信自己，你才能成功。

有位英国青年律师要在法庭上和一群知名的律师辩论，他已经做了充足的准备，但是仍对此感到不放心，担心自己会失败。于是，他去请教法拉第先生。

法拉第先生简单明确地告诉他：“如果你想成功，告诉自己，他们一无所知！”

请记住威廉·詹姆斯所说的话：为了培养信心和勇气，当你面对观众的时候，不妨表现得好像真的具有信心和勇气一样。当然，这么做的前提是你必须已经做好充分的准备，否则再怎么表现也不能奏效。

位列古希腊“十大演说家”之首的德摩斯梯尼从小就有口吃的毛病，而且他说话的时候肩膀总是一个高一个低，还不停地抖动。在当时那样一个崇尚口才的时代，这样的人理所当然会受到歧视。因此，他非常苦恼，并且有很深的自卑感。但是，他并未被自卑打倒，而是以超凡的毅力和吃苦的精神进行刻苦的训练。每天清晨，他都站在海边，嘴里含着石子进行练习。针对肩膀高低并抖动的毛病，他每天对着镜子练习，并在两个肩膀上方挂两把剑。经过刻苦的训练，就如我们现在所知道的，他成为一位十分出色、受人尊敬的演说家。

事实上，我们大多数人不会像德摩斯梯尼那样不幸，我们没有口吃的毛病，也没有其他生理方面的不足。但是自卑或者羞怯感依然不同程度地在我们身上存在。美国一项调查表明：在宴会上与陌生人接触时，大约有75%的人会感到局促不安；同样的，由于害羞或者自卑感造成的演讲或其他发言失败的例子可谓屡见不鲜。由此可以看出，一个人不自信，并不是因为他真的天生有何不足，而是他自以为如此。

要想在众人面前侃侃而谈，你必须给自己某些积极的暗示。

“我可能会犯语法错误，或讲到一半突然讲不下去……”这些消极的想法必须统统丢掉！它们很可能会让你在演讲开始之前就失去信心。演讲之前，首要的任务是将注意力从自己身上移开。要集中精神，听别人在说什么，把你的注意力放在他们身上，这样就不会给自己造成过度的压力。最重要的是，你要坚信你将要发表的题目有价值。怎样做才能让自己确信这一点呢？这就需要你详细研究演讲的题材，找出其中更深层的意义，并暗示自己，你的演讲将有助于听众，使他们听过之后会成为更优秀的人。

这种方法真的管用吗？当然。现代实验心理学家们都认同这种由自我暗示而产生的动力，即使是假装出来的，也会成为人们快速学习的最有力的动力。所以，根据事实所做的真诚的自我激励，自然也是最好的。

在我的训练班中有一位推销员曾这样说道：“在班上成功站起来几次之后，我觉得自己可以应对任何人了。一天早上，我找到了一个平常特别凶悍的客户，在他还没来得及说‘不’以前，我就已经把样品摆在他的桌子上了。结果，他给了我一份最大的订单！”

还有一位家庭主妇也曾告诉我：“以前我总是不敢邀请邻居来家里，我怕我们之间无法融洽地谈笑。但是，通过几次上课并站起来讲话之后，我决定办一次家庭宴会。那次宴会非常成功，我穿梭于来宾之间，尽情地和他们谈笑。”

在另一个毕业班的晚会上，一名店员说：“起初，我很害怕和顾客讲话，每次都是胆战心惊的。在班里演讲几次后，我觉得自己有自信了，可以从容不迫地和顾客说话。我开始敢于理直气壮地提出不同的意见。我在上演讲课之后的第一个月，销售业绩就提高了几乎一半。”

通过这种有效的训练，这些学员发现自己已经可以很容易地克服恐惧或焦虑感。以前他们也许会失败的事，现在却成功了。他们通过当众讲话获得了自信心，并让自己满怀信心地面对每一天的挑战。

成为别人的故事中的主人公

“我知道自己需要鼓起勇气，但是每当我想开口说话的时候，却并不容易做到。”这是大多数人在说话时会碰到的问题。那么，接下来我们谈一谈关于如何鼓起勇气的话题。

顾立区公司董事长顾立区先生有一天来到我的办公室。他对我说道：“我这一生每当要说话时，没有一次不是非常恐惧的。但是身为董事长，我不得不主持会议。虽然已经与董事们相识多年，但是一旦要站起来说话，我就一个字都讲不出来。这种情形已经有好多年了，卡耐基先生，我不相信你能帮我克服这一毛病。”

“既然是这样，你为什么还来找我呢？”我问道。

“这是因为发生了一件这样的事情。”顾立区先生回答道，“我的一个会计师，原本是个害羞的家伙。他每天必须要穿过我的办公室才能进到他自己的办公室。以前他都是看着地板，一言不发，蹑手蹑脚地走过我的办公室。不过最近，这种状况发生了改变。他现在总是抬起下颌，眼睛里闪着光亮，并主动和我打招呼。这令我非常惊讶。我问他：‘是谁使你改变的？’他回答我说：‘卡耐基先生。’所以我来找你了。”

“如果你希望跟这位会计师一样有所改变，”我对他说，“你可以定期来上课。”

“如果你真能使我开口说话而不再恐惧，”顾立区先生说，“那我可就是最快乐的人了。”

顾立区先生果然来参加我们的培训班了。事实上，他进步神速。3个月之后的一天，我请他参加一个3000人的聚会，并邀请他向客人们介绍他参加卡耐基口才训练班的感受。他很抱歉地表示他不能来，因为他已经安排了一个重要的约会。但是，第二天，他又给我打电话说：“卡耐基先生，我把约会取消了。我一定要来参加这个聚会，因为这是我必须做的，我要告诉人们卡耐基口才训练班给我带来的收获，它真的让我变成了这个世界上最快乐的人。我希望以自己的故事来激励大家，让他们彻底消除损害他们的恐惧。”

在聚会上，顾立区先生对着3000人侃侃而谈，足足说了十几分钟，而我本来只要求他说两分钟。当大家被他的精彩演说所打动的时候，有谁会想到他原来是一个极为恐惧说话的人呢？

其实，你也可以在短时间内做到这一点。正如顾立区先生在讲话中想要告诉人们的那样，你完全可以从他的经历中发现，说话并不是一件很困难的事情。

当你在与人的交谈中感到害羞时，你可以借用别人的成功经验来鼓励自己：“既然别人都能取得成功，我为什么不能呢？”

我希望你有机会到我家，我可以为你展示我收到的来自世界各地的感谢信。写信的人有的是企业界的领袖，有的是州长、国会议员、大学校长和明星，更多的则是一些默默无闻的普通人。

他们的共同点是，都认为自己需要表达自己的观点、与人沟通，能让别人了解和接纳自己，但是都缺乏足够的勇气、自信心，即他们一开始都不善言辞。最终他们都取得了一定的成绩并实现了自己的目标。相信看了他们的经历之后，你绝对可以在不同的时候，想到他们中相应的故事来达到鼓励自己的目的。

当你需要鼓起勇气在酒会上说话或者跟客户谈判时——在一切需要你展现口才的时候，你都可以借别人的经验来激励自己。你可以选择一个让你印象深刻，或者跟你一开始的情况差不多，但是后来成功了的人的故事来鼓起自己的勇气。当你感到恐惧时，想一想别人已经成功地应对过这种恐惧了；或者干脆把自己想象成别人，把自己的恐惧想象成是别人的经历——而他最后成功了！

让自己一个劲儿地出丑，直到学会为止

我们都知道，一个人如果不下水，永远也学不会游泳。口才也是如此。你如果不开口说话，即使学到了再多关于口才的知识，也不可能学会它。我前面所举的例子中的所有讲话的高手，他们如果不经常说话并且不思考怎样更好地说话，也是不可能取得成功的。

萧伯纳向人介绍自己提高口才的经验时说："我借鉴了自己学溜冰时的方法——让自己一个劲地出丑，直到学会为止。"无论你是想成为一个出色的演说家，还是只想在人们面前从容不迫地讲话，你都应该抓紧每一个可以练习的机会，尽量使自己"出丑"。

第一次世界大战以后，我在125街青年基督协会所教授的课程中唯一没有改变的就是，要求训练班中的每个学员至少当众说一次话，更多的时候是至少两次。我认为，就算你读遍了所有关于口才的著作，如果不经常练习，你仍然学不会说话。

每个人都希望别人以赞许的目光看待自己。当他跟某个陌生人接触、与异性交往、与权威人士交谈或当众讲话的时候，他会不由自主地感觉自我形象面临某种威胁，担心自己一说话就错误百出，当众出丑，害怕别人说自己是“笨蛋”“没水准”或“爱出风头”“好表现”等。多数人由于对这种说话可能产生的结果的不确定性感到担心，因此不爱开口说话。这种担心是完全没必要的。你应该知道，即使你没有说好，天也不会塌下来，没人会因此而责怪你。

说话的机会比比皆是。看看周围，你会发现没有一个地方是不需要说话的。你可以有意识地参加一些组织，从事一些需要讲话的工作；你也可以在聚会的时候站起来说几句，即使只是附和别人；开会的时候，不要躲在角落里，而是命令自己勇敢地站起来发言。只有这样，你才能知道自己的进步，才能学会说话的本领。

一开始，你可能不知道自己想要表达什么观点，更谈不上有什么文采和修饰，但这不是什么大事。重要的是你已经成功地开口说话了，如果可以坚持下去，然后你要关心的问题才是这些。不论你有多么渊博的知识、睿智的大脑，你都不要期望一开始就可以清楚明白地向别人表达出来。任何成功的说话高手都是从这一步开始的。

有一个卡耐基训练班的毕业生说：“刚开始的时候，我宁愿挨鞭子也不愿意开口说话；但是快结束时，我却宁愿挨枪子儿也不愿停下来了。”每个人都渴望获得成功交谈的能力，想要体验这种“不愿停下来”的美妙感觉。

让说话成为一种快乐，正是卡耐基训练班的目的。而我认为这个目的远比其他目的更为重要。

钢铁大王卡内基去世后，人们在他的遗物中发现了他32岁时所拟的计划。他那时准备退休后到牛津大学接受教育，并特别着力于公开演说的学习。那么，人们为什么要致力于提高自己说话的能力呢？成功的说话对人们有什么重要的意义呢？

我们可以想象一下，面对众多的听众，自信地走上讲台，当你开始讲话后全场鸦雀无声，感觉一下听众被你的演说深深吸引时的全神贯注，体会一下大家对你报以经久不衰的热烈的掌声时的成就感，然后你带着微笑接受大家对你的赞赏……

当然，提高自己说话能力的好处，并不只是可以在正式场合发表成功的演说。继续想象：你依靠口才与对方机智地谈判，赢得了一笔数额巨大的业务；通过幽默和富有气质的口才魅力，你赢得心爱女孩的芳心，与她共同步入婚姻的殿堂；你依靠极具说服力的口才，使一个国家停止了对另一个国家使用武力，使亿万人民避免了战争的灾难，使自己受到了人们的尊敬……还有什么能比这更吸引人的呢？

许多来口才训练班的学员，大都是因为在社交中感到害羞和拘束，其中不乏政界要员、明星，也有普通人。他们通常的情况是：当他们站起来说话的时候，会感到手足无措，在很多人——即使是熟人面前说话时，他们也会连一句完整的话都说不出来。这种情形下，他们感觉自己已经不再是自己了，因为他们完全无法控制自己。

可是在训练班的培训结束之后，他们的改变令他们自己都刮目相看。他们发现，让自己说话不再那么难了。他们甚至觉得自己以前的胆怯和拘束其实很幼稚、可笑。而且，他们在训练过程中培养出来的自然洒脱的气度，也让他们的朋友、家人或顾客另眼相看。他们开始在建立自信的同时，游刃有余地处理人际关系，从而影响了他们的整个人生。

口才能力的提升在不同程度上也会影响到人的性格，即使一开始不会很快显现出来。大卫·奥门博士是大西洋城的一位外科医生，同时也是美国医药学会的会长，我曾请教他："就心理健康而言，接受当众说话的训练有什么好处？"他回答说："努力培养让别人走进你的脑海和心灵的能力。尝试面对单独的人，或在人前清晰地表达你的思想和理念。当你通过这种努力获得进步时，你会发现，你——真正的自我正在塑造一个崭新的形象，让你身边的人产生一种前所未有的惊讶。当你尝试和别人说话时，你的自信心会随之加强，你的性格也会跟着变得越来越温和，而这说明你的情绪已经渐入佳境。然后，你的情绪会让你的身体好转起来。世界上的所有人都需要讲话。即使我并不知道在工商业社会中，讲话可以带来什么利益，我依然相信它有无穷的好处。但是，我的确清楚它对于健康的益处。只要你有机会，就对几个人或多个人说话，而且你将越说越好，我自己就是如此。同时，你还会感到心旷神怡，觉得自己完美无缺，这都是你以前感受不到的。这是一种美妙而舒畅的感觉，没有任何药物可以达到这种效果。"

前进、征服、胜利——他们成功了

从现在开始，你要积极地相信自己的努力最终能使你成功。为了达到目标，你需要建立足够强大的信心和目标一定能实现的信念，你必须对自己口才训练的成果保持轻松乐观的态度。你应该明白，你努力的结果必然是当需要在众人面前站起来讲话时，你可以从容不迫地娓娓而谈，清晰明白地表达你的观点。你必须把你的决心和信念印在每个词句、每项行动上，并努力培养这种能力。

当恺撒大帝率领他的军队从高卢渡海而来，登陆现在的英格兰时，他是如何取得胜利的呢？他把军队带到多佛海峡的白岩石悬崖上，让士兵们望着脚下200英尺的海面上燃烧的船只。士兵们明白，他们与大陆的最后联系已经断绝，退却的工具已经被烧毁，唯一能做的事情就是前进、征服、胜利。就这样，他们成功了。

当你想战胜面对人群所产生的恐惧感，以及克服提高自己说话的能力所必然要面对的困难时，为什么不让自己拥有这样的精神呢？把消极思想全部扔到火里烧掉，并把身后通向犹豫退缩的大门紧闭——你必将会取得成功。

耶鲁大学的乔治·戴维森教授就是依靠这种强大的信念取得成功的。

乔治年轻的时候有一个梦想，他希望可以改变世界，服务全人类。为了实现这个理想，他需要接受最好的教育，美国是他最理想的去处。乔治当时身无分文，想到万里之外的美国去，简直就是天方夜谭。不过，他还是出发了。

他从家乡尼亚萨兰的村庄徒步出发，穿过东非的荒原到达开罗，他在那儿可以乘船抵达美国。他一心希望到达那个能够帮他改变命运的国家，其他的一切他完全可以抛诸脑后。他从开始就遇到极大的困难。在崎岖的非洲大陆上，他花了5天时间才艰难地跋涉了25英里（约4公里）。他的食物和水全都用尽了。并且，他身无分文，可他还需要继续向前几千英里。

是回头，还是拿自己的生命赌一把？乔治明白，回头就是放弃，是回到贫穷和无知，而他不愿这样。于是，他告诉自己："继续前进，除非我死了。"他席地而睡，以野果和野菜维持生命。长途跋涉使他变得瘦弱不堪。极度的疲惫和绝望，令他几度想放弃。每当这时，他就给自己鼓气。最终，他战胜了自己的怯懦，满怀信心地继续前进。

历经磨难和痛苦，乔治用两年的时间终于来到美国，骄傲地迈入斯卡济特峡谷学院的大门。凭借对目标的专注和对成功近乎神圣的信念，他战胜了别人难以战胜的困难。

在一次广播节目中，主持人让我用3句话来说明我学到的最重要的一课。我当时是这样回答的：“我所学到的最重要的一课，是我们的思想对我们十分重要。假如我能了解一个人的思想，我就可以了解这个人；因为正是思想造就了我们。假如我们能够改变自己的思想，就可以改变自己的一生。”

有一个曾经在卡耐基培训班接受培训的人叫乔·哈弗斯第。一天，他站起来自信地对大家说，他不满足于做一名房屋建造商，他希望自己做“全国房屋建造协会”的发言人。他最想做的事是在全国各地穿梭，把他在房屋建筑业中遭遇的问题和成就告诉众人。难能可贵的是，他对理想不但有一种狂热的追求，并且真的说到做到。

他所讲的，不仅包括地方性的问题，还包括全国性的问题。对于这种想法，他并没有三心二意，而是用心地准备自己的演讲，并用心地进行练习。在上课期间，他从不耽误一次课程；即使再忙，他仍然一丝不苟地按照训练班的要求做。两个月后，他成了班上的佼佼者，当选为班长。

一年后，乔·哈弗斯第的老师这样写道：“我几乎忘记了来自俄亥俄州的乔·哈弗斯第。一天我正在吃早餐，当我无意间打开《弗吉尼亚向导》这本书的时候，书中显著的位置上赫然有一幅乔的照片和一篇称赞他的报道。报道中说：他在前一天晚上盛大的地区建筑商聚会中发表了无比精彩的演说。这时的乔已经不是‘全国房屋建筑协会’的发言人了，更像是会长。”

乔·哈弗斯第为什么可以成功呢？因为他有强烈的欲望，以及高度的热忱，具备了克服困难的毅力。重要的是，他相信自己一定可以成功。

一个成功者不需要具有非凡的本领和才智，但他坚信自己一定可以成功，并且会把全部精力都用于追逐成功的行动中。

英国政治活动家、小说家爱德华·立顿是一个成功者。他的一生走访了很多地方，积极参与到政界活动与各种社会事务之中。他还出版了60本著作，讨论的都是需要深入研究的课题。人们惊异于整日忙碌的他还有做学问的时间：“你那么忙竟然还能完成那么多著作，你有分身术吗？”

爱德华自然没有什么分身术。他每天最多只能抽出3个小时研究、阅读和写作，但是在这些时间里，他专心致志地投入到学习和研究之中。这种坚强的意志力，让他在少量的时间里取得了巨大的成就。

我再讲一个商界传奇人物的故事，主人公克劳伦斯·B.蓝道尔，现在已经是企业的最高层领导了。蓝道尔先生在大学里第一次站起来讲话时，同很多人一样，败给了不善言辞。当时老师规定了5分钟的说话时间，但是他还没讲到一半时间就面色发白，不得不窘迫地走下讲台了。

然而他并没有因为这样的经历而甘心失败。他下决心要成为一个演讲高手，并且坚持不懈地努力着，最终成为政府的经济顾问，受到人们的景仰。他写过很多富有启迪意义的书，在《自由的信念》一书中，他谈到了自己当众讲话的情景：

“我的演讲安排得很紧凑，因为我要参加各种聚会，包括厂商协会、商务部、扶轮社基金筹募会、校友会以及其他一些团体的聚会。我曾在密歇根州的艾斯肯那巴发表过爱国演讲，慷慨激昂地投身于第一次世界大战之中，还同米基·龙尼卜·乡进行慈善演讲，与哈佛大学校长詹姆斯·布朗特·柯南、芝加哥大学校长罗伯·M．胡钦斯下乡进行教育宣传。我的法语很差，但是用法语做过一次餐后的演讲。”

蓝道尔说：“我觉得自己知道听众们想要听什么，以及他们希望如何听到这些内容。对演讲的人来说，秘诀就是只要你愿意，没有什么是学不会的。”

蓝道尔的故事告诉我们，成功的决心和信念，决定了你最终成为一个演讲高手。如果我懂得你的心思，知道你的意志强度以及你是否有乐观的态度，那么我可以准确地推测出你在锻炼自己口才方面的进步速度。那些在演讲方面成功的人中，真正的天才只有极少数，大多数人只是依靠坚持获得了成功。

Part 2 修炼当众演讲，培养无法抗拒的个人魅力

当我们与听众进行思想交流时，我们会做出一些动作，耸肩、挥动手臂、皱眉、提高音量、改变音调、变换语速，以发出具有感情色彩的声音。需要注意的是，我所强调的声音并非指人的嗓音。这是无法改变的。但是声音的效果却会受到说话者状态的影响，所以，你要一开口就表现得独特。对于迫切想要成为一名说话高手的人来说，首先要学会塑造自己的讲话风格。你要注意你的音量大小及音调变化和语速。你要做到发音清脆响亮，口齿清晰，才会显得有自信，给对方一种泰然自若的感觉。

注意！语调、节奏、表情和手势

我们大多数人都会随着年龄的增长失去幼时的那份纯真和自然，不知不觉陷入固定的、我们所习惯的沟通模式中去。这就让我们的说话越来越没有生气，更重要的是，我们不再会使用手势，也不会抑扬顿挫地提高或放低声音。总之，我们逐渐失去了我们真正交谈时的那份鲜活和自然——我们失去了独特、有个性的自我。

会说话的人，不仅会塑造自己的个性声音，也会让他们的语气和语调富有感染力，引起对方的共鸣。据说一个意大利演员用悲怆的语调朗读阿拉伯数字，听到的人竟然潸然泪下。“啊”不过是一个普通的语气词，但是运用不同的语调，就可以表达出“我明白了”、“没听清”、“惊讶”、“终于知道了”等多种含义。

很多人有一种错误的认识，认为语调和嗓音一样是天生的，从不认为自己的语调存在问题。不恰当的语调会让对方麻木，失去对说话内容的注意力，从而不会思考你说话的内容。

一战后不久的一天，我在一个公园里闲逛，这里经常会有各种人谈论关于宗教信仰和政治的问题。我看到一位天主教徒在向人们解释教皇无谬论，又听到一位社会主义者谈论卡尔·马克思，最后还听到一个男人在高论多妻制。

我注意到这三位主讲人周围听众人数的变化。开始，那位鼓吹多妻制的演讲者拥有最多的听众，但是后来越来越少，而其他两个演讲者的听众越来越多。这是什么原因呢？

我发现，那位多妻制的鼓吹者，自己似乎并不对多妻感兴趣，所以他的语调听起来一点都不愉快，人们也觉得他讲得很枯燥。而那两位拥有完全对立观点的天主教徒和社会主义者，都沉浸在自己的演讲之中。他们情绪高涨，挥舞着手臂，声音高亢嘹亮且充满了自信，浑身散发出一种热情和生气，感染到了听众。正是演讲者不同的态度和语调引起了听众人数的变化。

很多人讨论的话题明明很有吸引力，却没有起到预期的效果。语调传达的信息远比我们想象的要多。语调就像是说话者的表情，向对方传达某种言外之意。当你听到一个人讲电话的声音很热情时，即使没有见面，你也会知道他很高兴。反之，如果口气平淡，那么即使他告诉你的是一件值得人高兴的事，你也会认为很平常。

很多时候我们都花费心思去搜寻说话的内容，但最终导致我们失败的却是我们的语调。拿起电话，听到一个“喂”字，仅这一个字，我们就可以感觉到男朋友是否对我们还有激情，母亲有没有睡好觉，好朋友是不是通过了考试……这样丰富的内容，就存在于这一个声音的变化中。

“嗓音是身体的音乐，语调是灵魂的音乐”。我们悲伤的时候，语调苍白无力；一夜狂欢后，语调有气无力；一个星期的海边度假，又可以让它变得富有活力和弹性。

你注意到你的语调了吗？是慷慨激昂，还是抑扬顿挫，或者是平和舒缓的？合适的场合运用恰当的语调，可以让你的声音表达出丰富的表情。

一位意大利的音乐家，把阿拉伯数字有节奏地、有变化地从1数到100，结果使台下所有的听众都感动得流下泪水。

你肯定希望给别人留下一个干练、明快的印象，那么，你就得学会掌握好说话的节奏。说得太快，导致一些词语含糊不清，别人就听不懂你说的话，会给人一种紧张和焦虑的感觉；说得太慢又给人一种过于迟钝的印象。在语言交流中，讲话的快慢程度会影响你向对方传达的信息。

华特·史狄文思在《记者眼中的林肯》一书中说道：

“他（林肯）会以很快的速度说出几个字，但是在强调一些词句时，就会拖长声音，一字一句说得很重，然后又会像闪电一样迅速地说出完整的句子……他会尽量拖长所需要强调的字句，几乎与说其他五六句不重要的句子所用的时间一样。”

你试试说下这句话：“今天我们要向大家介绍我们公司的这款商品。”你可以先用平缓略低沉的声音说到“公司的”这三个字为止，然后稍作停顿，热情地大声说出“这款商品”，这样你会收到一种意想不到的效果。

但值得注意的是，虽然我并不反对你延缓某些词句的速度以突出这些内容，但是如果你整篇讲话都是这样，那就不可取了。这种处处拖延的手法，反而令人厌烦，甚至不堪忍受。

社交语言要简洁、精练，并尽可能承载更多和更有用的信息。这样才能使听众感觉到你的果断、直接和对说话内容的自信。如果空话连篇，乏味空荡，你说话的节奏就会拖沓，显得犹犹豫豫，似乎在逃避什么东西。

明白了这一点，你就会知道为什么林肯在葛底斯堡讲话中只用了两分钟，全篇不超过225个字，而他的对手爱德华·伊韦瑞特讲述了两个小时，结果却是林肯获得了成功。

一个十几岁的孩子第一次参加正式的舞会，他的父亲教导他说：“你或许不该在今晚的舞会之前、之中或者之后喝酒。”

这位父亲犯了一个什么错误呢？首先，“或许”是一个缺乏说服力的限制词语，听起来让人感觉你并不是那么肯定你所表达的意思。其次，“之前、之中或者之后”这样的词语无非就是要说明不允许他喝酒，为什么一定要加那么多的修饰词语呢？这样反而给人一种不果断、不直接和不坚定的感觉。

柯恩登在给林肯写传记时，用了这样的文字来描述：

“林肯在想要强调某个观点的时候，喜欢晃动脑袋，这个动作十分明显。有时候，这个动作也会突然停止……随着演讲的进行，他的动作会变得随意，最后趋近完美。他有着属于自己的自然感和特点，这让他变得高贵。他看不上虚荣、炫耀和做作……有时候他会高举双手成50度，手掌向上，做出拥抱的姿势来表达自己的喜悦；他也会高举双手、紧握拳头在空中挥舞着，以此表达自己的厌恶。这是他最有效的手势，表现出他坚定的决心。他总是站得很规矩，双脚并齐，也不会靠在什么东西上面。整个演讲之中，他的姿势和神态只有一点点变化。他不会乱喊乱叫，不会在台上胡乱走动。为了让双臂放轻松，他有时也会用左手抓住衣领，拇指朝上，只用右手做手势。”

要知道，非语言信息传达出的信息比语言本身更具有内涵。你的体态、表情、身体姿势和手势所传达出的信息组成了你的一种肢体语言。这种信息更具有丰富的意义和说服效果，可以成为你个性魅力的展示，并且给人一种独特的印象。

当别人对你做出如下评论时，你就应该找找问题的根源了。“他懒吗？”“病了吗？”“累了吗？”这些消极的推测，极有可能是你在体态中透露给他们的。

罗瑟·古里柯在《高效率的生活》一书中建议人们说话的时候要“把自己的脖子贴紧衣领”。

在你开始讲话的时候，最好忘记自己的手，让它自然地下垂在身体两侧；在需要的时候，才用它们来做出恰当的手势。大多数人要么把手放在背后，要么放在口袋里，要么放在桌子上，这样才会减少一些紧张感。很多人都是这样做的，包括伟大的罗斯福总统。

我曾经按照教科书里的东西教导学员，让他们学会采用姿势。那时候的我只是依照书本里的知识教他们，结果养成了一些坏习惯。我还记得自己当时给他们上演讲课的情形：

我按照书中的要求，让学员们把手臂放松垂在身体两侧，手掌朝后，所有的手指卷曲起一半，大拇指靠着大腿。然后举起手臂，画出一道弧线，让手腕优雅地转动。再张开食指，张开中指，最后是小指。当全部完成这套看起来十分“完美”的动作后，手臂还要回到刚才的那道弧线开始的地方，再放到身体两侧。当20个人同时做这套姿势，像打字机那样机械地重复时，想想看吧，那个场面是多么的可笑。

从来都没有一套标准的手势能够适用于所有的说话者，只有经验除外。每个人都是发自内心地根据自己的思想和兴趣来培养手势的，一个人的手势，是属于他自己的东西。只有天生学会的那一种手势，才是唯一有价值的。

既然如此，我们只要随心所欲地发挥就可以了。只有内心中的冲动和欲望才是最值得信任的。不过，不要过多重复同一种手势，因为这会给人一种枯燥乏味的感觉；不要用肘部做出短而急促的动作，用肩部发出的动作看起来更好；并且手势不要结束得太快。

通俗的语言更受欢迎

我听了很多次演讲，其中一些演讲是因为演讲者的疏忽大意而失败。其原因并不是他们的专业知识不足，而是因为他们完全不知道，一般听众对他们的行业是很缺乏了解的。他们高谈阔论，使用了大量的专业术语，但是外行的听众们什么都没听懂。

一位身为医生的学员曾在班上这样开始他的讲话：

“横膈膜是这样一种东西，如果它被用作呼吸，会明显地帮助肠子蠕动，这将很有益于你的健康。”

这时他的老师打断了他。老师让听懂这句话的人举起手来，结果却没有一个人举手。老师要求他解释这句话。于是那位医生接着说：

“横膈膜实际上是一种非常薄的肌肉，它位于胸腔底部和腹腔顶部之间，会随着胸腔和腹腔的呼吸而变化。当胸腔呼吸的时候，它会被压缩，像一只倒置的盆；当腹腔呼吸时，它会被往下推，成为一个平面，肠胃因此受到挤压。这种向下的推力，会按摩和刺激腹腔的上部器官。当人们呼吸时，胃和肠又向上推压横膈膜，相当于第二次按摩。这种按摩有利于人体的排泄。很多人身体不舒服，是因为肠胃不适，而当我们的肠胃经过横膈膜的按摩而开始适当运动之后，不舒服的感觉也会随之消失。”这样的解释虽然麻烦，但是学员们都听懂了。

我们在讲一些自己很了解的东西时，会认为听众也一定会了解。这个问题并不难解决，只是往往被忽视了。这种不经意的忽略导致谈话失去了应有的效果。所以，如果想要你的说话内容被大家理解，就要使你的语言通俗化，这样才算是达到了说话的最高境界。

怎样把话说得通俗易懂呢？很多人面临的最大问题就是使用了大量的专业词语，这些词语只有与某些工作相关或者某个特定研究领域的人才能理解。另外，有些行业也可能会创造一些只有本行业人员才能懂的缩略语，这些语言往往只是由首字母组成。对不熟悉这些的人们来说，他们根本不懂是什么意思，而一般人也不会站起来说他没有听懂。所以，他们可能会微笑，然后带着困惑离开。所以，在有必要使用这些专业术语的时候，你要确保这些术语能够被听众理解。

例如，你在对一位家庭主妇讲解为什么冰箱需要除霜的时候，可能会说：

“冷冻的原理就是：蒸发器从冰箱内吸收热量，然后散发到冰箱外面。这时被吸出来的热量伴随着湿气，附着在蒸发器上，从而形成厚厚的一层霜，导致蒸发器绝热，最终使马达频繁地工作来进行补偿。”

对于那些家庭主妇来讲，这段话相当于白说。你完全可以这样说：“蒸发器的作用，就像吸风机一样，把冰箱里的热量都吸出去，使冰箱能够冷冻你的东西。诸位在打开冰箱的时候，会发现你的冰箱放肉的那一层上结有一层冰霜，这些冰霜就是结在蒸发器上的。冰霜越结越厚，就好像越来越厚的石棉一样，使蒸发器和冰箱里面的空气隔开，从而无法正常吸热，你的冰箱的冰冻效果就越来越差。为了保持冰箱里的低温，马达这时只能不停地运转，这却会减少冰箱的使用寿命。要想使马达运转得慢一点，让你的冰箱不那么吃力，我们必须设法把这些霜除去；而如果在冰箱里装一个自动除霜器，就可以做到这一点了。”

应当如何确保你的话能被更多人理解和听懂呢？印第安纳州前参议员比佛里吉有一个关于这方面的建议：

“最好的办法，就是在众多对象中选一个看上去最不聪明的人，然后尽量令他明白你所说的话。另一个好的方法，就是把目标锁定在那些由父母陪同的小孩身上，然后，不断地提醒自己——要尽量讲得简单明白一些，让所有人包括这个孩子都理解自己的讲述并且记住它，同时他还能将自己讲的内容讲给别人听。”

有一次，我去参加一位证券经济商的演讲，听众都是一些家庭妇女，她们想知道一些关于银行和投资的知识。这位演讲者一开始就利用简单通俗的语言和幽默轻松的方式，使她们放松下来。他把她们所关心的问题都说得清清楚楚。最重要的是，他把一些专业术语，比如“票据交易所”、“课税”和“偿付”等，都以简单通俗的话解释得非常清楚。结果，这次演讲获得了空前的成功。

只要你稍稍用心，把话说得更通俗一点，那么，花费在这方面的精力和时间绝对是值得的。

演讲前做好充分的准备

1912年我刚开始进行成人教育时，一点也不知道这项训练竟然能成功地帮助人们消除恐惧和自卑。但是我发现学习当众说话可以帮助人们克服紧张不安的心理，建立起勇气和自信心，并且有效地控制自己内心的恐惧感。所以，我决定终生致力于帮助人们消除这种可怕的威胁。

在纽约市一个培训班的毕业聚会上，有一个毕业生面对大约200人，坦诚地说："卡耐基先生，我5年前来到你演讲的饭店门口，却不敢进去。因为我害怕如果参加了训练班，就要当众说话。我的手一直放在门把上，不敢推门，最后只好转身离开。当时我若知道你能让我轻易地克服恐惧，我就不会浪费5年的大好时光了。"

他说这些话的时候，显得特别轻松自信。作为他的老师，看到他能勇敢面对恐惧并战胜它，我当然十分高兴。想想看，如果他在5年或10年前就战胜了恐惧，那么现在肯定会获得更多的成功和快乐。

爱默生曾说过："和任何其他事物相比，恐惧更能击垮人。"这是一个多么让人无奈的事实啊！

杰出演说家、著名心理学家艾伯特·爱德华·威格恩在读中学时，曾被老师叫起来发表5分钟的演讲，但他一想到要当着那么多同学的面说话，心里就非常恐惧。他这样描述道：

"当演讲的日子快要到来时，我病倒了。只要一想到那件可怕的事情，我就会头昏脑涨，脸颊发烧，只好跑到学校后边，把脸贴在冰凉的墙上，让脸上的绯红尽快消退。

"我到读大学时还是这样。有一次，我用心地背下了一篇演讲词。但是当我面对台下听众时，脑袋里突然'嗡'的一声，然后我就不知身在何处了。好不容易才勉强挤出一句开场白：'亚当斯与杰弗逊已经过世……'就再也说不出一句话，我只好向听众鞠躬，在雷鸣般的掌声中，心情沉重地回到我的座位上。

"这时，校长站起来说：'唉，爱德华，我们听到这则悲伤的消息，实在是太震惊了。不过，我们会尽量节哀的。'接着是满堂大笑。当时我真想以死来解脱，不过那次我确实病了好几天。

"当时，我在这世上最不敢期望的，就是当一个大众演说家。"

但是，艾伯特离开大学一年后，丹佛市出现了"自由造币"运动。他认为"自由造币主义者"是错误的，他们只做空洞的承诺。因此他凑齐路费到印第安纳州，就健全的币制发表演讲，听众当中还有不少人是他的老同学。他回忆说：

"刚开始时，我在大学演讲的那一幕又出现在我的脑海中，恐惧几乎使我窒息。我讲话结结巴巴，恨不得立即从讲台上逃走。不过，我勉强讲完了绪论部分，虽然这只是一次小小的成功，但也立即增添了我的勇气，使我继续往下说。我自以为只有大约15分钟的时间，其实说了一个半小时，这让我惊异极了。”

“结果，在以后的几年时间，我成了全世界最让人吃惊的人。我竟然把当众说话当成了职业。我终于体会到威廉·詹姆斯所说的‘成功的习惯’是什么意思了。”艾伯特终于认识到，要想克服当众说话有如灭顶之灾的那种恐惧感，最好的办法就是首先获取成功的经验，并不断地激励自己。

1912年以来，我出于职业原因，每年都要担任5000多次演讲的评审员，这个经历给我上了最重要的一课。我发现，只有那些做好充分准备的演讲者，才能具备完全的自信。这好比上战场却不带武器和弹药，又何谈攻城掠地呢？

“充分的准备”是不是逐字逐句背诵演讲词呢？当然不是。为了避免在听众面前大脑一片空白，许多演讲者会将演讲词记下来。但是做这样的准备，只会毁掉整场演讲。我听说过很多人当众讲话时都背诵演讲稿，却不知道把演讲稿扔进废纸篓后，反而说得更生动，更有效果。这样做或许会忘掉其中几点，说起来也有些散乱，但至少会显得更有人情味。

林肯最喜欢听演讲者自由而随意地发挥，做激情澎湃的演讲。他曾说过：“我不喜欢听枯燥乏味的讲话。当我听人讲话时，我喜欢他像在跟蜜蜂搏斗一样。”而背诵演讲稿，是绝不会表现得跟蜜蜂拼命似的。

真正有用的准备，是对讲话题目的思考。查尔斯·雷诺·伯朗博士多年前在耶鲁大学演讲时，就自己的亲身体验说："谨慎思考你的题目，酝酿成熟之后，它会散发出思想的芳香……再把这些思想简要地写下来，只要能表达清楚概念即可……通过这样的整理，那些零散的片断就很容易安排和组织了。"

这听起来并不难吧？事实上也确实不难。

人们羡慕那些用演讲征服世界的人，比如林肯、萧伯纳等著名的演说家，但是人们却一致认为，自己没有能力像他们那样，至少这辈子已经不可能。实际上，无论处在何种情况下，绝没有哪个人是天生的演说家。

在历史上的某些时期，演讲曾经作为一门精致的艺术非常盛行。能够从容不迫地当众发表成功的演说，或者能够在众多人面前侃侃而谈，将使你的前途不可估量。因此，那些想要取得成功的人都会努力让自己当众说话的能力得到提高。当然，如果想要成为一个出色的大众演说家，就需要付出异常艰苦的努力。

现在，我们却把当众演说看成是一种扩大的交谈。在宴会上、教堂中，或看电视、听收音机时，我们希望听到的是率直的言语、依照常理的构思，而不是夸夸其谈的、生硬的演说。

因此，当众演说已不再是像以前那样需要努力才能掌握的艺术了，它像平常说话一样轻而易举，只需要遵循一些简单的规则就行。那么，有什么简单而有效的方法吗？这是一个很难回答的问题。根据多年的经验，我认为，要想取得当众说话的成功，至少应该注意以下三个方面。

选择自己熟悉的素材

演说者只有加入了自己的切身体会才更具有吸引力，也才能演讲得更精彩。

不久前，卡耐基口才训练班的老师和学生们在芝加哥的康拉德希尔顿饭店座谈。座谈进行的时候，一位学员站起来，用慷慨激昂的语调当众说道：“我认为，自由、平等、博爱是人类最伟大的思想。一旦没有了自由，生命便失去了意义。试想一下，如果我们的行动处处受到限制，那将是多么糟糕的生活！”

老师制止了这位学员的讲话，问他为什么要谈论这个话题，为什么会有这样的结论，能不能就这个话题谈一下他的切身感受。接下来，这位学员就说了一个发生在自己身上的惊心动魄的故事。

他曾是法国的一名地下工作者，亲身经历了纳粹党的严酷统治。他和他的家人，曾经遭到纳粹党的迫害和凌辱。他们十分惊险地逃过了纳粹党秘密警察的追杀，历尽千辛万苦终于到了美国。最后他说：“今天，我自由地从密歇根大街来到这家饭店，大摇大摆地从一个警察身边走过。当我到达酒店的时候，并没有被要求出示身份证明。等座谈结束的时候，我可以去任何我想去的地方。因此，请大家相信，自由是值得争取的。”

他的话引起了雷鸣般的掌声。

这位学员能够把这样空洞、严肃的话题讲得如此吸引人，正是因为他加入了自己的真实经历。所以，如果你想要取得当众说话的成功，最好的题材是你自己的亲身经历。

假使你亲身经历过一件事，并且你经过思考后，领悟了它蕴含的道理，可以肯定这个话题是适合你的。你可以回忆过去，从自己的经历中寻找有意义、给你留下深刻印象的事情。它们可以是个人的成长历程、奋斗故事、个人爱好、专门领域的知识、不同寻常的经历，或者是个人信仰和信念。这些是听众最欣赏的题目，对听众也最有吸引力。

如果你在讲话中阐明了生命对你的启示，我想你会拥有很多的听众。

当然，这个观点并不是那么容易就会被说话者们接受的。正好相反，他们往往会回避个人的经验，因为这些东西太琐碎和狭隘了。他们喜欢讲一些一般性的概念或哲理，而实际上，这些东西更不容易让人接受。人们喜欢新闻，可是你拿出社论来给他们看，他们怎么会喜欢呢？即使人们喜欢社论，也不应该由你来讲，他们会去请一个记者来讲。因此，如果可能的话，你还是谈谈生命对你的启示吧！只要讲得好，听众会很喜欢你的。

你千万不要以为这些话题太个人化，或者太轻微，听众不会喜欢听。事实上，正是这样的话题才能使听众感到快乐，让大家感动。

充满说话的激情

并不是所有你有亲身体验的话题都一定能够吸引听众。有感染力的演说，是因为演讲者本身就对演讲充满了激情；而那些对自己的演讲没有多大热情的人，看起来总是不那么可信。

比如，我是一个天天干家务的勤劳男人，可是，我对拖地并没有热情，事实上我根本不愿提它，我能把这个话题讲好吗？但是，当一些家庭主妇来谈论这个话题的时候，她们似乎对之有无穷的兴趣，说起这个话题时也十分投入，充满了激情，所以她们会说得十分精彩。

美国著名的演说家弗胜·J. 辛主教一开始也没有明白这个道理。弗胜在读书的时候，有幸成为学院辩论队的队员，但是有一天，他们的辩论教授把他叫到自己的办公室，狠狠地批评了他一顿。

“你真是差劲！”那位教授毫不留情地说，“从没有一个人像你这样发表自己的意见。”

他指的是弗胜不久前发表的一次演说。弗胜正想解释，这时，教授要求他照着那段演说词重新讲一遍。弗胜照着做了，这花了他差不多一个小时的时间。教授问他：“你现在知道自己为什么这么差劲了吗？”

弗胜一下子并没有领悟过来。于是，教授更加恼火，对弗胜说：“你再复述一遍！”弗胜不得已，又照着原稿复述了一个小时，最后都已经筋疲力尽了。教授问他："现在知道了吧？"弗胜说："是的。"

这两个半小时的谈话让弗胜印象深刻，他把自己悟出的道理铭记在心。这个道理就是，把自己融入演讲之中。所以，在你打算进行当众说话之前，先确认自己对所讲的内容充满激情。如果你不能做到这点，最好是换个能够让你有激情的题材。

与听众共鸣

前面说的两个方面，讨论了演讲者和演讲内容之间的关系。但是，要取得演讲的成功，只有得到听众的认可才算真正的成功，也就是说我们要注意与听众共鸣。

高明的演讲者决不会以自我为中心，而会以听众为中心。他总是热切地希望听众能同意他的观点，能和他产生同样的感觉。他不仅希望自己热情，也希望把这种热情传达给听众。

在推行节俭活动的时候，我曾经对美国银行学会纽约分会的部分职员进行演讲训练。其中有一位学员遇到了困难：他发现无论自己怎么努力，都无法调动听众的积极性，也无法与听众沟通。我对他说，纽约85%过世的人，身后都没有给他们的家人留下分文；只有3.3%的人留下了1万美元或者更多。因此，他所讲的内容是帮助听众进行准备，以便他们能够老来衣食无忧，并且留给妻儿安全的保障。他所要做的，是让听众知道他所说的东西对他们确实很有帮助。

他对此进行了深入而细致的思考，终于认识到与听众共鸣的重要性。后来，他在演讲的时候，尽量找到听众感兴趣的东西，并且与他们就这方面进行积极的沟通，最后终于取得了成功。

上面三种方法就是我总结出的最基本的方法，它们确实能够帮助我们更好地当众说话。要想练习和掌握好说话技能，一定要经由自身实践。所以，这些具体的方法也可以从你自己的经验中获得。

精心设计你的开场白

如果把演讲比作飞行，把开场比作飞机起飞，那么开场的失败就相当于起飞没有成功——虽然有些不同，但一样很危险。虽然每个演讲者都不希望自己精心准备的演讲被平庸的，甚至是非常失败的开场白所破坏，但并不是所有人都能避免这一点——他们一次次地使自己的飞机在起飞时便坠落，或者经过危险才勉强起飞。

好的开始是成功的一半。对于一场演讲来说，开场白的作用确实很大。当年，威尔逊总统在国会上发表演说，针对德国潜艇战发出最后通牒，只不过用了20个字，却成功地把人们的注意力吸引住了。这段话是："我有义务向诸位坦白，我国和德国的关系出现了一种全新的情况。"

我曾经向前西北大学校长、尊敬的林·哈罗德·胡教授询问，在漫长的演说生涯中，他觉得演讲中什么是最重要的。他稍微思考了一下，回答我："一段能够吸引听众注意力的开场白，我想是最重要的。"不只是林·哈罗德·胡教授如此认为，我曾经就说话艺术请教过很多演说家，他们也同样重视开场白。

我们希望在开场时就能抓住听众的注意力，希望听众在听完我们的开场白后说："看来我应该认真地听下去。"如果你也希望这样，那么你需要避免下面这些导致你最终失败的开场白，其中有一些一度被认为是很合适的。

道歉

没有人希望一开始就听到不幸的消息，除非你一不小心碰倒了讲台或者按灭了演讲大厅的灯，否则你不需要道歉。

听众不希望听到你的借口或道歉，即使他们没有表现出来。你没有必要浪费听众的时间，要知道，他们原本是怀着很大的热情来听你演讲的！

道歉的原因是因为你内心的不安所引起的。不安是很自然的事情，但是你没有必要在一开始就讲出来。试想一下，当你兴致勃勃地倾听一位演说家的演讲时，他这么说："很抱歉，我只能简单地为大家讲几句，因为我的时间很紧。"你感觉到了吗？这明明就是表明这是个以自我为中心的家伙。难道听众没有资格站在这里听你说话吗？

很多人也许会说："很抱歉，大家看到的不是原来那个演讲者，而是我。”你认为这对听众有用吗？这无疑是对听众和自己情绪的蹂躏。

消极否定

大家先听一下这样的开场白：

“我希望大家听我的演讲不至于是浪费时间，但是我的确没有准备充分……”

也许这样的表白是想获得听众的原谅，因为你“的确没有准备充分”，但是，这无疑是一种自杀式的开场。因为你不但在自我否定，也在否定下面的听众，听众会从你的这句表白里读出这样的意思：“你们一点都不重要。”否则，你为什么不准备呢？

如果你的开场白是这种自我否定式的，那么我在这里引用吉普林的一首诗的第一句话：“继续下去，将会是毫无意义的。”因为，这就是这种开场白的后果。

刻意的幽默

将幽默作为开场白有点像是一个成功率极低的赌注——我提倡冒险，但是我坚决反对赌博。很多喜剧演员如此说：“去死很容易，但是要演好喜剧却很难。”是的，要制造幽默很困难，尤其是需要这种幽默跟你的演讲有关的时候，用幽默的方式开头无疑是在给自己制造麻烦，结果会使你的演讲冷场。

但是有无数的演讲者都喜欢用幽默作为演讲的开场白，好像除了这个方法之外再没有其他的选择一样。你也许会说，他们不是成功了吗？听众都很喜欢听。表面上看起来好像很受欢迎，他似乎成功了，但事实上却并非如此；因为听众好像是在看一场滑稽剧，看完之后就忘记它的内容和表演者了。

高深的专业词汇

你想吓跑观众吗？否则，就不要在一开始的时候就用那些古怪、陌生的词语。因为这些无聊透顶的词语会使听众的兴趣消失殆尽。虽然你很想显示你学问丰富，高深莫测，但是运用这样的开场白还不如没有开场白。

陈词滥调

用千篇一律或者时髦的、低俗的话作为你的开场白会使听众失望和厌烦，因为这些句子简直让听众听得耳朵失去了灵敏性，对他们而言，完全失去了新意。你要尽量给听众新的感觉，做到这一点并不难，只是需要花点儿心思罢了。

区别对待听众

有些演讲者一开始总要特别提及那些坐在台下的重要人物，比如政府官员、学术权威，或者德高望重的人。我并不反对提到他们，但是千万不要让别的听众以为自己被轻视了。千万不要区别对待听众，否则你失去的将是大部分人对演讲的兴趣。你要告诉他们，他们全部都是重要人物，你将会并且已经注意到他们了。

你是被迫演讲的

每个人都有这么一种共同认识：被迫做某件事情时，你一般做不好，或者本来可以做得更好却没有做好。但是，有一些演讲者在一开始的时候就告诉听众他是被迫来发表这个演讲的。这样的开场白无疑让听众产生无谓的联想——你为什么是被迫的呢？更加重要的是，这句话表现出你很无奈、消极，在这种情况下，想让听众对你所说的东西感兴趣是十分困难的。

讲这个主题很艰难

这是自信心不足的表现，没有人喜欢倾听一位自信心不足的人唠叨。这样的开场白会透露出你的胆怯。既然你已经选择了这个主题，那么它就一定是你所熟悉的，除非你的演讲稿是别人替你准备的。如果听众认为你发表的只是你个人的意见，又怎么会介意你犯错误呢？

拒绝狗尾续貂的结尾

在戏院里，人们评判演员水平高低的一个简单方法是，看他们的进场及出场；演讲也是如此。如果一个演讲的开头和结尾都很糟糕，可以断定这不会是一场出色的演讲；如果演讲的开头和结尾都很出色，那么这绝不会是一场糟糕的演讲。

我曾经对工业家乔治·福·詹森做过一次访问。当我到达他的办公室的时候，他对我说："你来得正是时候，我马上要进行一次演讲。你看，我现在已经准备好它的结尾了。"

我说："对一个演讲者来说，能够预先在头脑中有清晰的思路，这的确是很好的。"

"噢，"他说，"我现在才开始准备它的结尾，我头脑里还没有完全清晰的思路，刚有了笼统的概念和结尾的方式。"

詹森先生并不是一个专业演说家，他只是依照自己的经验进行了许多成功的演讲。他已经认识到结尾对一个演讲来说非常重要。结论可以说是演讲最重要的一部分。当演讲者结束演讲后，他所说的最后几句话可能还停留在听众的脑海中，这些话将会被听众长久地记住。

如果说开场白是飞机起飞的话，那么结论就是飞机的降落。我这么说并非耸人听闻。演讲者常常在结尾犯这样那样的错误，使自己的演讲像飞机一样在“降落”时“失事”。我希望你能够做到“平稳降落”。为了做到这一点，你需要避免下面几种错误的结尾方式。

不做出结论

有些演讲者常常不知道应该如何结束自己的演讲。就如同进行一次没有规划过的旅行一样，他引领听众来到一个又一个的景点，并对景点进行了详细的描述，但是他却不知道如何停下来。只有天黑了，他才意识到自己该结束了。这类演讲没有任何结论性的语言，但是他确实已经发表完自己的演讲了。这种感觉就好像跌入一个无底洞，让人感觉很不舒服。

不像结论的结论

很多人在演讲结束部分都会这么说：“对于这件事，我只能说这么多了。”又比如他们会这么说：“谢谢诸位。”这种结论就好像他们释放的烟幕弹，他们想借此来遮掩自己不会做结论的事实。

无要求的结论

演讲就如同一场平等的交易，开场的时候你告诉听众你想要得到什么，结束的时候你很自然地希望听众能够满足你的要求，这是成功的演讲家常常会做的事情。这很自然，听众通常也不会拒绝。也正因为这种交易，才让听众有参与的感觉，才能引起听众的兴趣。

重复的结论

千万不要在你结论时照抄前面的话，这种结论没有任何好处，只会让听众更加厌烦。因此，当听众不耐烦地说“又来了”的时候，你千万要小心。

仓促的结论

你知道急刹车的感觉吗？是不是感觉不舒服呢？演讲也如同开

车一样，平稳的驾驶才能让人感觉舒服。但是有些演讲者结束得过于迅速，当听众还沉浸在他的演讲之中，并且准备听他继续说下去的时候，他就匆匆地结束了演讲。

“这就结束了吗？”听众会产生这样的疑问。这就像汽车还没有到达目的地就抛锚了一样令人不愉快。这种结论没有任何的过渡，在听众刚开始感到愉快的时候，就突然“踩了急刹车”，听众不明白这个结论是怎么来的。

信心不足的结论

对自己表达的主要观点不确定的话最好不要讲，比如，“我前面说的不一定全都正确”。你知道你的这句话会让听众多么愤怒吗？这就好像听众费了很大的劲儿听完你的演讲，结果听到的演讲却只是胡说八道一样。

繁冗的结论

一些演讲者的总结比他对主要观点的论述还要多，我很惊讶他们是怎么做到这一点的。要知道，所谓的结论只是对前面所说的话的概括，而不是展开另一番论述。我听过很多场演说，对于这种结论比主要观点还长的演讲，我只看到听众一个接一个地离开座位，没人会强打起精神来听你的第二次演讲，而且是关于同一主题的。

前后失衡的结论

如果你的开场白给人一种规模宏大的感觉，结论部分却草草收场，这似乎表明你对自己的观点产生了怀疑，或者说你已经不耐烦演讲下去了。当然，也许你的结论并不简单，但是相对于你的开头来说却显得十分寒碜。也就是说，你的结论一定要与你的开头部分相互照应，做到整体协调、前后一致，不要给听众留下头重脚轻的感觉。

如何应对众人的提问

如何处理提问是一件很重要的事情。一个比较夸张的说法是，如果你无法回答提问，你甚至可能被怀疑用别人的演讲稿发表了一次精彩的演讲——你会被怀疑是冒牌货。当然，如果你能巧妙地应对观众的提问，哪怕是冒牌货也会被当成是真货。

爱因斯坦在美国许多著名大学做过很多次演说。他的司机有一天对他说："教授，你的演讲我已经听过很多遍了。我想我都能够做这场演讲了。"爱因斯坦说："那好，今天晚上就由你来替我演讲。"

于是，在演讲的时候，那位司机被介绍是爱因斯坦。奇怪的是，这位司机讲得没有任何差错，并且连动作和神态都很像爱因斯坦。但是在演讲过程中，一位学者向司机提了一个问题，这位司机没有办法回答出来，于是他急中生智地说："这个问题太简单了，我想，就由我的司机来回答你好了。"

这虽然是一个不大可信的故事，却说明了一个道理，那就是在演讲的过程中，回答提问往往是让演讲者最头疼的。的确，正如我所了解的大多数情况那样，即使是出色的演讲者，在被提问的时候都会感到紧张。

我们没有办法逃避提问的考验，这是客观存在的事实。逃避只会让演讲者在演讲的过程中败下阵来——因为他们没有很好地处理提问而影响了整场演讲。那么，我们应当如何才能勇敢地面对这些问题呢？

先克服内心的恐惧心理

我们在前面已经探讨过恐惧的根源，那就是对未来的不确定。所以，我们首先要做到，千万不要对提问产生恐惧。

说话是一种冒险，你应该还记得我说过的这句话。接受提问是为了解决听众的疑问，使演讲有更好的效果。它是演讲的一部分，或者是演讲本身的延伸。更有诱惑力的是，如果你能够精彩地回答听众的提问，一定会为你的演讲增添不少的光彩。即使你的演讲本身不是特别出色，也可以通过精彩的回答来加以弥补。

如果你允许提问者提问，是在接受一种危险的考验，因为提问者会问出各种各样的问题来。这些问题有的你曾经考虑过，也必然有一些你没考虑过，但是要记住，你害怕，就已经丧失了主动权。

如果你对自己演讲的内容足够熟悉的话，基本上就不会存在什么问题——至于丧失的主动权，在一定程度上仍然能够由自己掌握。

演讲前做好周密的准备工作

我们都希望能够预先知道听众的问题，如果真是这样的话，我们就能够满怀自信地去应对听众的问题了。虽然我们不能真的做到知己知彼，但是我们却可以运用自己的知识，事先预测提问者可能会产生哪些疑问，并进行深入而充分的思考。

当然，做好这些准备工作后，我们还要做好最坏的打算。要想到听众可能会提到某一个你不曾考虑过的刁钻问题。你将如何对这些问题进行处理，是进行话题转移还是坦白说“对不起，这个问题我还没有考虑过。回去我会认真考虑的”？当然，还是尽量使这种情况少出现为妙。你准备得越充分，你成功的概率就越大。

主动控制听众的问题

掌握话语的主导地位会让你更容易化解这种危机，但是必须承认，听众提问的时候，事实上已经掌握了话语的主动权——即使是暂时的。这并不意味着你对此无能为力，你必须尽你最大的努力去约束提问者和控制他们的提问。

一般而言，经过充分准备和深入思考的演讲者，能够就合理的提问给出正确的答案。不幸的是，有些提问者可能会问不合理的问题，所以，你开始应该说："现在，我将回答你们的一切合理的问题。"必须强调"合理"这个关键词，因为你没有必要也不可能回答那些与你的主题没有关系的问题。如果你对那些刁钻古怪的问题——即使你知道答案——都进行了回答，这说明你已经丧失了主导权。

有效控制提问的时间，会是一个不错的方法。在你演讲一开始的时候就告诉听众，你准备将问答环节放在什么时候。不要给听众过多的提问时间或随时发问的机会，因为这对你会很不利。此外，我们不要给一个或者一小部分人过长时间，要尽可能地照顾到其他的听众，这样的演讲才会成功。同样不要让提问者发表长篇的演讲，当听众准备长篇累牍地引用或者陈述自己的疑问的时候，要想办法打断他们，让他们尽快回归到自己的问题上来，方法很简单，你只需要对他们说："那么请问，你要问的是……"

巧妙地解答听众们的问题

如何正确回答听众的提问是很多演讲者关心的问题，我们做到了前面的几步，接下来就能够很好地应对这种情况。

首先，仔细倾听提问者的提问，并且尽可能领会他们的真实意图。

有的提问者并不能够——不是他们不想——把自己的疑问明白无误地表达出来，这可能正是他们会产生疑问的原因之所在。对于提问者含糊的问题，我们可以要求提问者解释清楚；对于那些错误的问题，我们要礼貌地指出来。

再次，创造时间来构思你的答案，如果这个问题是你事先已经想好的，也不要急于回答，这样能显示出你在认真思考提问者的问题。

我们的回答应该遵守三条原则：一是答案要尽可能简单，不让自己再做第二次解释，也不要无节制地发挥；二是不要回避问题，不要自作聪明地转移话题，表面上你似乎是在做出回答，实际上却是在回避，这只会给人留下不诚恳的印象，是极不礼貌的行为；三是要提及前面演讲中说过的内容，这样做的目的既是为了强调你回答的问题是“合理”的，是与主题有关的，也是为了加深听众对于演讲内容的印象。

让听众感到自己受到重视

听众对于演讲者反馈给自己的态度甚于演讲者给出的正确答案。因此，请尽量保持真诚的态度，让听众感到自己受到了重视。你倾听对方提问或者回答问题的时候，必须注意你的举止。鼓励那些紧张的提问者，夸奖那些提出好问题的提问者。即使听众提出了一个很简单或很愚蠢的问题，也不要表露出来。在回答问题的过程中，尽量给人一种严肃认真、谦虚谨慎的印象。

不要畏惧质问者的刁难

质问者不同于提问者，提问者是为了自己能够得到更加清楚的答案，而质问者只是为了使演讲者难堪。许多演讲者的噩梦并不是前面所述的那些情况，而是被质问者打断。因为质问者的目的仅仅是想看你的笑话。所以，这个时候你应该抓住机会更好地表现自己，正是这些质问者提供给你这样的机会——你在反驳他们的同时，有可能使听众对你的演说印象更加深刻。关键在于，你必须用反驳维护自己的尊严，而不是让它对你的演讲产生不利影响。

Part 3 有效沟通，任何人都可以拥有危险的魔力

我在纽约为商业界的专业人员讲课时，逐渐了解到，学员们不但需要接受说话方面的训练，还迫切需要掌握日常商务社交中与人沟通的艺术。因为，除了渴望身体健康之外，人们最需要的便是改善人际关系，学会为人处世的艺术。因此，我决定在这方面进行深入的研究，并最终总结出了一套比较全面实用的体系，这是非常有意义的事情。

指正他人错误有技巧

如果一个人错了，不管你以什么样的方式指出他的错误，他会接受吗？不会的！就算你搬来所有柏拉图或者康德式的逻辑同他激辩，也不会改变他的看法，因为你深深伤害了他的感情。

不要总是说："我会证明给你看……"这会把事情变得更为糟糕。这就像是说：我比你聪明，我要告诉你该如何如何，让你改变看法。这是一种挑衅，只能引起对方不顾一切的争执和反抗。

西奥多·罗斯福入主白宫时，承认倘若自己能有75%的时候是正确的，就已经达到他最高的期望标准，更何况你我呢？如果你确信自己能有55%的正确率，那你就可以去华尔街日赚100万美元了。要是你没有这样的把握，又凭什么说别人的错处呢？

我研究林肯时惊奇地发现：胸怀广阔的林肯最初竟是一个喜好

指出别人错误的人。年轻时的他喜欢评论他人，并且经常写信嘲讽那些他认为很差劲的人。他常把讽刺信丢在路上，让散步的人们看到。即使后来他当上了伊利诺伊州春田镇的见习律师，依然经常在报纸上抨击反对者们。

1842年秋，林肯在春田的报纸上刊登出一封匿名信讥讽一位自视甚高的政客詹姆斯·希尔兹，令全镇人对这位政客讥笑不已。此事激起了希尔兹的心头怒火。当得知这封信是林肯所写时，他便要求与林肯决斗以维护自己的名誉。林肯是反对决斗的，但此时却不得不答应。接下来的日子里，林肯一直处于一种万分自责和愧疚的状态，因为这一切都是他的错误造成的。幸好在最后一刻，有人出面阻止了这场决斗。

因为指责他人的错误而经历了一场生死，是多么的愚蠢可笑啊！此后林肯不再写信羞辱他人，也不再为任何事指责任何人了。

内战时，林肯频繁调换波多马克军的将领，但这些将领却屡次犯错。人们指责林肯用人不当。林肯保持了沉默，他说："如果你指责别人，别人也会同样对待你。"还说："不要责怪他们，换作是我们，也会是这样的。"

1836年7月4日，李将军开始向南撤退。此时全国雨水泛滥，李将军带领败军到达波托麦克时，看到面前暴涨的河水阻止他们通过，而胜利的联军紧追在后。这是北方联军一个绝佳的机会，可以很快地结束内战。林肯命令米地将军果断出击。

林肯首先用电报发出命令，然后派特使要求米地立即采取行动。

然而米地并未按照林肯的命令行事，他召开了紧急军事会议，借故拖延时间甚至拒绝出击。李将军和他的军队最终逃离了波托麦克。

林肯听到这个消息后大为震怒。沉痛失望之下，他给米地将军写了一封信：

亲爱的米地将军：

我不相信你会对李将军的逃脱一事深感不幸。那时他就在眼前，胜利在望，而现在，战事将会无限期地被拖延下去。既然在那样的情况下你都不能擒住李将军，那么如今还怎样取得胜利？我已经不期望你能够成功了，你已经错失良机，我对此深表遗憾。

可以猜想一下米地将军读到这封信时的感受。但是米地从未看到这封信，因为林肯并没有把这封信寄出。这封信是在林肯去世之后从他的文件中被发现的。

回忆一下当时的情景：

林肯写完这封信后，心里想到："这或许只是我的猜测吧……我身处这宁静的白宫之中，下令让米地将军进攻，是件轻而易举的事。但是如果我亲自到达那里，也目睹到他上星期所看到的那些鲜血，我的耳中充斥着死伤者的呼喊、呻吟，也许我便不会急于向李军进攻了吧。我会像米地将军一样怯懦的。如今事情已经发生了，我寄出这封信，除了可以消除我心中的愤懑，于事无补，反而会让米地将军同我反目，离开军队。这种结果大家都不愿看到。"

于是林肯把这封信搁在了一边。因为他知道，指责和批评是不会有任何效果的。

林肯总统给我们树立了一个榜样，他以切身经历告诉我们：永远都不要指责他人。

当然，如果指出对方的错误对你们都有好处，你可以指出来。但是你应该说："哦，原来如此。但是我还有一个想法，或许不正确——我总是会出错。假如我说错了，请您一定要指出来。"

你直截了当地告诉别人他错了，结果是怎样的？下面来看个更有说服力的事例吧。

F先生是纽约一位青年律师，近来参与辩论了一个由美国最高法院审理的重要案件。辩论中，一位法官先生问F先生："《海事法》的追诉期限是6年吗？"

F先生有点吃惊，他看了法官一会，直率地说："审判长，《海事法》里没有追诉期限的条文。"

现场立马安静了，温度接近零度。F先生是正确的，法官错了，F先生直接告诉了法官。可结果呢？尽管F先生有法律作为后盾，而且他的辩论很精彩，可他依然没有说服法官。

F先生犯了大忌，他当众指出了一位极负盛名且学识渊博的人的错误，所以他失败了。事实证明，他这样做并没有益于事情的解决。

就算在温和的情况下，一个人的主意也是很难改变的，何况在其他情况下呢？当你想要证明什么时，需要讲究策略，让对方在不知不觉中接受你的观点。你可以用"我也许不对"、"我另有想法"

这类话表达，会有神奇的效果。无论何时何地，不会有人反对你说“我或许不对，让我们看看问题出在何处”这样的话。

詹姆斯·哈维·鲁宾逊教授在《决策的过程》一书中写道：“……我们会在无意识中就改变了自己的想法。这种改变是潜移默化完全不被我们自己注意的。然而一旦有人指正我们的这种观点，我们会自然而然地极力维护它。显然这并不是因为观点本身的可贵，而是因为这碰触到了我们的自尊心……我们总是愿意去相信我们习以为常的东西。当我们所相信的事物被质疑时，我们会有反感，并努力寻找各种理由为其辩护。结果我们所谓的理智、推理等等，变成了维持我们所习惯的事物的借口。”

当我们听别人说话时，第一反应往往不是理解，而是评判。别人说出某种意见、态度或者想法时，我们总会说“不对”、“真可笑”、“这不正常”、“太离谱了”这样的话，却很少去思考说这些话的人的本意。在这样的情况下得出的判断正确吗？当然不。既然自己都不能确信自己是正确的，那还有什么资格评判他人？

查尔斯·史考伯经过自己的钢铁厂时，碰到几个人围在一起抽烟。公司明文规定禁止吸烟，史考伯先生应当狠狠地批评他们一顿吗？或者把“禁止吸烟”的牌子指给他们看？这只会让对方觉得难堪，从而怨恨史考伯。他不动声色地走上去，给每个人发了一支雪茄，并对他们说：“我们去外面抽吧。”这些工人当然不会跟他一起出去抽烟，而是说：“啊，我们忘记规定了，希望你能够原谅。”然后他们迅速回到了自己的岗位。我们能够体会他们心里那种复杂的感觉，为自己的错误而内疚，又为没有受到惩罚而庆幸，同时也对史考伯先生更加尊敬。他们今后再不会犯同样的错误了。

当你发现别人犯了一个明显的错误时，为了让他能够尽快更正，你好心地对他说："约翰，你刚才有一个错误……"你以为他会感激你，但结果让你意外而且感到不可理解——他坚决不承认自己犯了错，更别说感激你了。

你没有必要因此而指责对方，这很正常，每个人都有这样的毛病。当别人指出自己的错误时，尤其是毫不避讳地指出时，一般人都无法接受。他会因此而产生一种不可思议的力量，迫使他拒绝接受你的批评，尽管他知道你是为他好。

心理学家指出，这种力量很大一部分是因为自我认同感的作用。当自己所相信的东西被怀疑或者否定后，就会产生一种焦虑感，觉得自己的自尊被伤害，甚至感到自己的安全受到威胁。结果他本能地拒绝承认自己的错误，即使他认可你所说的。所以，想要说服一个人，让他承认并改正错误，就不要直接指出对方的错误。

我相信，直接指出对方的错误，就是在批评对方。没有人喜欢被人批评，即使他明白自己的确是错了。我们往往会被一些烦心的事情纠缠，但是有时候只要换一种表达方式，就能轻易地解决问题了。

马吉·嘉可布太太请了几位技术很好的工人盖房子。开始几天，他们把院子弄得乱七八糟。一次，他们结束了工作后，嘉可布太太不动声色地喊来孩子们，一起处理掉院子里的木屑。第二天，工人们再来的时候，嘉可布太太高兴地对他们说："你们昨天把院子清理干净了，我很高兴。这比以前的院子还要干净得多。”

听到这些话后，工人们也很高兴，以后都会把木屑堆放在院子的角落里。假设一下，倘若嘉可布太太摆出一副雇主的姿态指责他们，工人们会怎样呢？他们会毫不迟疑地换另一份工作的。

从以上的例子来看，间接地指出对方的错误是很正确的。用温和的口气指出对方的错误，同时注意维护对方的自尊，这样才不会引起反感。这符合人类的本性，因为我们没法改变人性的弱点，所以只有让自己所做的事情符合人性。聪明的人总会想方设法这样做，因为他们知道这样做的效果会好很多。

一些大公司或者机构的上层人物都是很难见到的，一方面是因为他们确实很忙，另一方面是下属们的“过滤”措施，他们不愿意上司受到打扰，所以会挡掉一些不重要的客人。这对那些上层人物来说并不一定就是一件好事。卡尔·佛朗在担任佛罗里达州奥兰多市市长的时候，就碰到过这样的麻烦。

他规定只要市民有事都可以直接来见他。但是那些造访的市民往往会被挡在门外。后来，聪明的市长想到一个办法：他让人拆掉了办公室的门。这样，他就是在明白地告诉工作人员不要阻拦那些造访者，同时还用行动暗示工作人员的错误。他并没有直接指出他们的错误，保留了他们的自尊。

美国陆军第542分校的士官长哈雷·凯塞在训练预备役军官时，面临着军队中普遍存在的一个问题。在预备役军人和正规军训练人员之间，最大的差异就是头发。预备役军人认为自己只是平民，不愿意剪短头发。该怎么办呢？他可以像以往的那些士官长一样怒斥他们，但是他不愿这样做。

他这样说："各位先生们，你们都是领导。当你们以身作则来教导士兵时，会有更好的效果。你必须要做个榜样。你们应该知道军队对理发的规定。今天我也要去理发，我的头发要比某些人的短得多。你们可以照照镜子，如果你们想要做好榜样，是不是应该去理发了？我会帮你们安排好时间去理发部理发。"

结果可以预料，几个人主动去照了镜子，然后去理发部按规定理了发。第二天早晨，凯塞士官长讲评时说，他已经看到队伍中某些人具备了领导气质。

1887年3月8日，美国最富于口才的牧师、演说家亨利·华德·毕切尔去世了，用日本人的话讲，他去了另外一个世界。在下一个星期日，莱曼·阿伯特应邀为那些因毕切尔去世而伤痛不已的牧师们演讲。他非常重视这次演讲，为此多次修改演讲稿，然后念给他的妻子听，但是他的演讲稿写得并不好，甚至可以说是很糟糕。如果他的妻子缺乏见识，就会说："莱曼，糟糕极了！绝对不能用。你会让那些听众昏昏欲睡，你传道这么多年，应该能写得很好。你为什么不能像一个普通人那样去讲呢？为什么不能自然点？如果你念出这些东西，演讲一定会砸了的！"

倘若她这样说的话，结果可想而知。所以她换了一种方法说："亲爱的，如果这篇演讲稿寄给《北美评论》的话，一定是一篇很好的文章。"

莱曼·阿伯特愉快地接受了妻子的意见，撕碎了他精心准备的演讲稿，后来甚至抛弃了大纲，很自然地做了演讲。阿伯特的妻子称赞了他糟糕的演讲词，又巧妙地暗示他不能用这篇演讲稿做演讲。阿伯特也明白了这一点，欣然接受了他妻子的意见。

苏格拉底告诫门徒说：“我只知道一件事，那就是我什么都不知道。”我不奢望比苏格拉底更高明，我只能尽量不指责别人的错处，而实际上这很有用。

柏拉图有一个方法：“当你在教导别人的时候，要让他感觉不到自己正在被教导；指出人们不知道的事情时，要让他有一种我们只是提醒他一时忽略的感觉。你不可能教会他所有的东西，你只能告诉他该如何处理这件事。”

批评别人时以自我批评开始

每个人都是有自尊的，甚至有人达到自负的程度。在你指出别人错误、批评别人的时候，一般人都会下意识地维护自尊，从而抵触你的批评，这就是人性的弱点之一。我们必须要了解这一弱点，使用一种艺术的手段达到批评的目的。倘若批评者在开始时就说明自己也不是完全正确的，那么在指出别人的错误时，会容易被接受一些。

几年前，我的侄女约瑟芬·卡耐基来纽约担任我的秘书。她没有任何的工作经验，所以经常会犯错误。一次，她又犯了一个常识性的错误，我对自己说："等一下。你的年纪比约瑟芬大了一倍，经验比她多了一万倍。你怎么能希望她有你的观点、判断力和精力呢？你19岁时在做什么？记得你那时蠢笨的举动、愚昧的错误吗？"

最后我得出结论，约瑟芬19岁时的能力，比我那时的强多了。可我从未称赞过约瑟芬。从那以后，当约瑟芬犯错的时候，我就会对她说："约瑟芬，你犯了个错误，但是我自己也犯过很多愚蠢的错误，你比我在这个年龄时已经好得多了。所以我不愿批评你或者任何人。但是如果你能按照某种方法去做，不是更好吗？"

如果批评者在谈话开始的时候就承认自己并非完全正确，再去指责别人，情形就要好得多。布洛亲王早在1909年就明白了这个道理。

当时，布洛亲王是德国总理大臣。德国皇帝威廉二世傲慢而自大，他建立了海军和陆军，并夸耀说能征服一切。

这位皇帝出访英国时夸夸其谈，说了很多令人难以置信的蠢话，比如：他是唯一对英国友好的德国人；为了应对日本的威胁，他建立了一支海军，挽救了英国；等等。他甚至还允许伦敦《每日电讯报》将这些荒谬的言论公之于众。于是，爆炸性的新闻轰动了整个欧洲，甚至全世界。

在100多年的和平时期里，从未有一个欧洲君王说过这样的话。整个欧洲被激怒了。这种形势下，德国皇帝威廉二世开始惶恐不安，他提议由总理大臣来处理此事。他希望布洛亲王承担一切责任，对外宣布说这些言论都是他建议皇帝说出的。

"但是陛下，"布洛反对说，"在我看来，不论是在德国还是英国，没有人相信这些话是我建议陛下说的。"

布洛说出这句话后立即就意识到自己犯了一个严重的错误。威廉二世大为恼火，他咆哮道："你认为我是一头笨驴，只会犯你永远都不会犯的错误吗？"

"我绝对没有这样的意思，"布洛马上恭敬地回答，"陛下在很多方面都超过我，不仅仅是海陆军的建立，还在自然科学方面。每次倾听陛下谈论这些，我都对自己的无知感到愧疚，对陛下钦佩万分。但是，作为补偿，我知道一些历史知识，以及一些在政治上，尤其是外交上的有用的知识。”

德皇笑了，因为布洛亲王称赞了他。这时的德皇已经可以宽容任何事了。“我不是经常告诉你，”他热诚地说，“我们应当互补吗？我们要齐心协力，团结一致，而且我们愿意这样做！”他多次握了布洛的手。那天下午，他激动地握紧双拳喊道：“如果有人对我说布洛亲王不好，我一定会砸扁他的鼻子！”

坦诚错误更容易获得原谅

一个有勇气认错的人，会得到一种满足感。这不仅仅是因为消除了罪恶感和自我辩解的氛围，还有利于解决实质性的问题。

那时我住在纽约市中心，在距我家步行不到一分钟的地方是一片森林。我经常带着我的波士顿哈巴狗瑞克斯去那里散步。瑞克斯是一只温顺的小狗，公园里又不经常见到人，所以我总是不用皮带或者口笼。

一天，我在公园中碰到一位急于显示他权威的警察。

他责问我："你让狗不戴口笼、不拴皮带到处乱跑，这是犯法的，你不知道吗？"

"我知道，"我轻柔地回答，"但是我想它是不会造成什么伤害的。"

“你想！你想！法律不会管你是怎样想的。那狗会伤害到松鼠，或者儿童。这次我先放过你，但是再让我碰到，你就去跟法官讲吧。”我谦逊地接受了他的警告。

起初我也的确遵守了，但是瑞克斯不喜欢口笼，所以我抱着侥幸的心理摘掉了它的口笼。不幸的是，一天下午瑞克斯同我跳过一个小山丘时，我惊慌地看到了那位警察。瑞克斯还在向前跑着，冲到了那个警察面前摇着它的小尾巴。

我知道没有办法了，于是我先发制人，开口说道：“警察先生，你已经当场抓住我了，我犯法了，我不会推脱责任的。上周你警告过我，你应该惩罚我。”

“哦，现在，”警察口气温柔地说，“这周围并没有什么人，让这样一只小狗在这儿跑，是一件很赏心悦目的事情。”

“可这是犯法的。”我回答。

“这样一只小狗是不会伤害人的。”警察居然替它辩护说。

“可是它也许会伤害到松鼠。”我说。

“哦，我想你太认真了，”他对我说，“我告诉你该怎么办，你只要让它快点跑过那个小山丘，让我看不到它——这件事就算了结了。”

跟大多数人一样，警察先生也希望获得一种自重感，所以在我自责的时候，唯一可以增加他自重感的办法就是对我宽容。如果我为自己辩护，那么又会怎样呢？你同警察辩论过吗？（我想你应该知道结果会是怎样的。）

我没有同他正面争论，他的确是正确的，是我错了，我爽快、坦白、真诚地承认这点。我站在他的立场上说话，他便反过来帮我说话，而就在一周之前，这位警察还以法律的制裁威胁过我。

如果我们知道自己无法免受责备的话，不妨积极主动认错。难道自己责备自己，不会比别人的斥责好受吗？

乔治·华盛顿总统小时候就显示出了优秀的品质。他家的种植园里有很多果树。一次，乔治的父亲从大洋彼岸购买了一棵品种不错的樱桃树。华盛顿先生对它喜爱非常，他把树种在果园边上，告诫农场的人们对它严加看护，不准任何人碰它。

一天，华盛顿先生交给乔治一把锋利的小斧头，让他去清理杂树，自己出门去了。乔治高兴地拿着小斧头在种植园里乱砍杂树，一不小心就砍倒了那棵樱桃树。

傍晚华盛顿先生回到果园看他的樱桃树，居然看见被砍倒在地。没有人知道是谁做的。恰巧乔治从一旁经过。

“乔治，”父亲生气地喊道，“你知道谁砍死了我的樱桃树吗？”

乔治意识到自己闯了祸。他支支吾吾了一会，就恢复了理智。

“我不能说谎，”他说，“爸爸，是我砍的。”

华盛顿先生冷静下来，问乔治：“乔治，你为什么要砍死这棵树？”

“当时我正在玩，一不小心……”乔治说。

华盛顿先生把手搭在孩子的肩膀上。“看着我，”他说，“失去这棵树，我很难过，但是我也很高兴，因为我的孩子有勇气说实话。我宁可要一个诚实勇敢的孩子，也不愿拥有一个种满樱桃树的果园。

你要记住这一点，孩子。”

乔治·华盛顿没有忘记这一点。他的一生都像小时候那样勇敢诚实，受人尊崇。

我们很多人都像乔治·华盛顿一样从小被教育要诚实，但是我们中的很多人都做不到这一点。我们固然可以找出很多理由为自己辩护，让我们自己在撒谎时还能够心安理得。很多情况下 ，我们为维护自己的尊严，或者为了保护自己而拒绝承认错误——拒绝承认错误成为一种下意识的行为，虽然我们并不清楚这是为什么。

这种行为很可怕。倘若你确认自己犯错，唯一能做的就是承认它。这不会带给你多么严重的后果。愚蠢的人总会想尽各种办法辩解或者掩饰错误；聪明的人则会毫不犹豫地承认错误，因为这会带给他很多有用的东西。

一个有勇气认错的人，会得到一种满足感。这不仅仅是因为消除了罪恶感和自我辩解的氛围，还有利于解决实质性的问题。

在纽约的一家汽车维修店里，发生过这样一件事。

布鲁士才来这里不久，他热情的工作态度得到了老板和同事们的青睐。

一天，布鲁士因为一时粗心，将一台价值5000美元的发动机以2500美元的价格卖给了一位顾客。同事们建议他追回那位顾客，或者私下里垫上2500美元。但是布鲁士决定向老板承认错误。同事们阻止他，认为他这种愚蠢的做法会让他失去这份工作。但是布鲁士坚持己见。

布鲁士拿着钱来到老板的办公室。“很抱歉，布朗先生，”他说道，“由于我个人的原因，我犯了一个很大的错误，致使维修店损失2500美元。我为此深感羞耻，并打算辞职。但在离开之前，我将会补偿这笔损失。这是2500美元，请您收下。”

老板沉默了一会，说：“你真的要这么做吗？”

“是的，布朗先生，”布鲁士回答，“我搞错了发动机的价钱，犯下了错误，只有我自己来承担这个责任。我本可以去找那位顾客，但是这样会损害维修店的形象。我要对这件事情负全部责任，所以我只能这么做。”

布鲁士这种勇于认错的行为感动了老板。他知道任何人都会犯错，难能可贵的是有承认和改正的勇气。所以老板没有批准他的辞职，而是给了他更大的发展空间，更加信任他。布鲁士也因此获得了比2500美元更多的东西。

任何人都会为自己的错误辩护——大多数人也都是这样做的。但是敢于承认自己的错误的人，都会获得谅解，并给人留下高尚的印象。

艾伯·赫巴是一位深受敬仰的富有创造性的作家，他那饱含讽刺意味的文字常常引起别人的反感。但是赫巴却有一种罕见的待人处世技巧，能轻易地变仇敌为朋友。比如当一些恼怒的读者写信来反对他的文章，并痛骂他的时候，赫巴会这样回复：

“仔细想一下，我也不能完全同意自己了。昨天写的东西，今天我就会觉得不满意。我很高兴知道你对此的看法，如果你有机会来附近的话，欢迎光临寒舍，我们可以互相交流。遥祝平安。”

面对一个这样待你的人，你还能说什么呢？当我们正确的时候，要温和、巧妙地让他们同意我们的观点；我们犯错的时候，要真诚、勇敢地承认错误。这不但能产生意想不到的效果，而且也远胜于你为自己辩解。

史蒂芬是一家裁缝店的老板，店里生意很好。一天，一位叫哈里斯的贵妇人来店里要求赶做一套晚礼服。史蒂芬做完后，却发现袖子长了半寸，更不幸的是，他没有时间修改了。

当哈里斯太太取晚礼服时，并没有发现任何不妥。她试穿的感觉也很不错，平添了许多气质，她连声称赞史蒂芬的手艺。但是当她按照原定价格付钱时，史蒂芬拒绝接受。

“太太，”史蒂芬说，“我不能收你的钱，因为我犯了一个很大的错误——我把礼服的袖子做长了半寸。我很抱歉。如果你能够给我一点时间，我将免费为你把它修改成你需要的尺寸。”

哈里斯太太一再强调她对这件礼服很满意，并不在乎袖子长了半寸。但是史蒂芬坚持不收钱，她只能让步。

回家后，哈里斯太太对丈夫说：“史蒂芬一定会出名的，他工作认真，技艺精湛，态度诚恳，我坚信这一点。”

事实果然如此，后来史蒂芬成为了举世有名的服装设计师。

“即使一个人没有改正他的错误，但是只要开始承认自己的错误，就有助于帮助另外一个人改变行为。”这句话是马里兰州提蒙尼姆市的克劳伦斯·周哈幸说的，当时他看到他15岁的儿子正在尝试着抽烟。

“我不希望大卫吸烟。但是我和他妈妈都吸烟，这给他树立了一个很差的榜样。我向大卫说我在他那么大时就开始吸烟上瘾，现在咳嗽很厉害。我并没有劝阻他吸烟或者告诉他吸烟的危害。我只是告诉他我是如何深受其害的。

“他想了一会，就决定高中毕业前不吸烟。直到现在他也没有吸过烟。那次谈话的结果，也让我决定戒烟，并且成功了。”

反驳别人是最令人反感的

与人辩论的结果只能是失败，即使表面上看起来你胜利了，实际上与失败毫无区别。就算你把对方驳得哑口无言，甚至斥责他神经错乱，结果又是怎样的呢？逞一时口舌之快，你自然高兴了，但是对方却感到自卑。你伤了他的自尊，于是他对你心怀怨恨。

二战后不久，我在伦敦接受了一个重要的教训。那时我担任澳大利亚飞行家詹姆斯的经理人。战争期间，他曾经代表澳大利亚到巴勒斯坦执行飞行任务。战争结束后不久，詹姆斯30天飞行地球半周的事轰动全球，澳洲政府为他颁发了5万美元的奖金，英国皇家授予他爵位。这一段时间里，詹姆斯爵士在英国国旗下，绝对是一个引人注目的人物，他被人们称赞为不列颠帝国的“林白”。一天晚上我参加了欢迎詹姆斯的宴会。席间身边的一位先生给我们讲了一段有趣的故事，这个故事印证了一句格言：“谋事在人，成事在天。”但这位先生记错了这句话的出处。

他说这句话出自《圣经》，但是我知道这句话是出自莎士比亚的作品。于是我纠正了他的错误。但是那人坚持己见，他非常自信。

我的老朋友贾蒙坐在我的旁边，他是一个研究莎士比亚的专家。贾蒙在桌下踢了我一脚，说：“卡耐基，你错了，这句话的确出自《圣经》。”

回去的路上，我责怪贾蒙：“你明知道那句话是出自莎士比亚，为什么还说我错了？”

“的确，”贾蒙说，“那是莎士比亚《哈姆雷特》第五幕第二场中的台词。但是我们都是宴会上的客人，为什么一定要去指责别人的错误呢？这样会让别人对你有好感吗？为什么不留些面子给他？他并不是在征求你的意见，也不想知道你的想法，你为什么一定要同他争执？你永远都不该同别人起正面冲突！”

“永远不要同别人起正面冲突”，这句话给了我极大的震动。我本是一个固执的人，喜欢同别人争辩。大学时，我对逻辑和辩论很感兴趣，经常参加各种辩论。后来还在纽约教授辩论课，甚至打算写一本关于辩论的书。现在想起来真是十分羞愧。从那以后，我聆听了数千次辩论，并关注辩论后产生的影响。我发现一个真理：天底下唯一可以获得辩论胜利的方法，就是尽量避免辩论。

辩论之后，大部分人们还是会坚持己见，所以你是无法赢得争论的。你输便罢了，即使你赢，那也是失败的。你胜了对方，驳得他体无完肤，证明他一无是处，又能怎样呢？或许你自鸣得意，但是你让他饱受羞辱，对你怨恨不已。

几年前，一个争强好胜的爱尔兰人哈里先生进入了我的辅导班。他受的教育很少，却很喜欢争论！他当过汽车司机，做过载重汽车推销员，但都不成功，于是来向我求助。我询问了他几句，就知道他经常同顾客争辩，冒犯他们。倘若有人对他推销的汽车略有微词，他就会同对方大声争辩。他的确赢得过不少的争论，他每次走出别人的办公室，都会想，我总算教训了这个家伙一顿。但是，他什么也没有推销出去。

因此，我教哈里学习克制自己，避免与人发生争执。如今，哈里先生已经是纽约怀特汽车公司的一位明星推销员了。他是怎样成功的呢？

“如果我现在走进一个顾客的办公室，却听他说：‘什么？怀特汽车？可真不怎么样啊！白送给我都不会要的。我只买某某牌汽车。’我会说：‘那种汽车的确很不错，你买它错不了。那家公司的汽车质量很好，推销员也很优秀。’

“他无话可说了。他无法再同我争辩下去了，既然我同意他的看法，他也不好一直夸奖某某牌汽车是如何如何好了。所以我开始向他介绍怀特汽车的优点。

“倘若在当年我一定会大发雷霆，马上同他争吵起来。而我越是贬低它，顾客就越是维护它，也越喜欢它。如今想起来，我真的不知道我这辈子能卖出多少东西。我把自己一生中的大部分时间花费在同他人争吵上。现在我选择沉默，反而很有效果。”

就像睿智的本杰明·富兰克林说的那样："倘若你争强好胜，喜欢与人争执，并以驳斥他人为乐，也许能获得一时胜利，但是这是毫无意义和价值的，因为你这样的是永远都无法赢得他人好感的。"所以，你应该仔细想想，你是更想拥有一个毫无意义的胜利呢，还是更喜欢获得一个人的好感？要知道，二者不可兼得。

少说话有意想不到的好处

必要的时候，弱化自己的成就会得到别人的好感。德国有一句很有趣的话说：“最大的快乐，就是从我们所羡慕的强者那里发现弱点，从而得到满足”。这或许正是人性的弱点所在。但是，你要相信，也许你的朋友们会从你的弱点或挫折中得到更大的满足感。

几年前，美国最大的汽车制造公司之一正在洽谈订购下一年度需要的汽车坐垫布。已有三个重要的厂家做好了样品，得到了汽车公司高层的检验，并通告各厂家的代表可以在某一天以同等的条件参与竞争。

其中一个厂家的代表R先生抵达时，正患有严重的咽喉炎。他这样描述了那天发生的事情：

“在参加高级职员会议时，我嗓子哑了，发不出一点声音。我被领到一个房间，同纺织工程师、采购经理、推销经理及总经理会面。

我在一张纸上写道：‘各位，我的嗓子哑了，实在不能说话。’

“‘我来替你说吧，’对方的总经理说。他展示了我的样品，称赞了它的优点，并进行了一场热烈的讨论。由于那位总经理为我说话，所以这场讨论中他都是站在我的立场上，而我只是微笑、点头以及做几个简单的手势而已。

“这个特殊会议的结果就是让我得到了这份合同，签订了50万码的坐垫布，总价值为160万美元——这是我获得的最大的订单。倘若我的嗓子没有哑，说不定我就会失去这份合同。我偶然发现，让别人多说话是一件十分有益的事情。”

交易成功的关键在于，如果你希望别人买你的商品，最好的办法就是让他们自己说服自己。很多情况下，你不能直接向顾客推销你的商品，而要让他们打心底里觉得你的商品的确很好，从而主动购买你的商品。

很多人急于让对方明白自己的看法，说了太多的话。而有时候，说的太多的效果跟不说一样。

让对方说话，并不只是在商业中起作用，在其他方面，比如在处理家庭矛盾的时候，也很有作用。

芭芭拉·威尔逊是卡耐基训练班的学员，最近她同女儿罗瑞的关系十分恶劣。罗瑞曾是一个乖巧听话的孩子，但是十几岁时却与母亲产生了很多矛盾。威尔逊夫人想尽各种办法教训她，都无济于事：“她根本不听我的话，我几乎放弃了努力。一天，她还没有做完家务活，就去找朋友玩。回来的时候我骂了她。我失去了耐心，伤

心地对她说：‘罗瑞，你怎么会这样呢？’

“罗瑞看出了我的痛苦。她问我：‘你真想知道吗？’我点头。于是她告诉我：我总是要求她做各种事情，却从未想过听她的意见；她想要同我谈心的时候，我总会打断她。我意识到，罗瑞其实很需要我，但她需要的是一个亲密的可以倾诉烦恼的朋友，而不是一个只会命令的母亲。而我从未注意到这一点。从那以后，我开始认真倾听她说的话。现在，我们的关系已经大大改善，成为好朋友。她告诉我她的心事，也再次变成一个听话的孩子。”

亨丽塔女士是纽约市中区人事局中与别人关系最为融洽的工作介绍顾问。但是最初的好几个月里，亨丽塔一个朋友都没有。

“我的工作做得很好，我一直很骄傲，”亨丽塔在我的班上说，“但是很奇怪，同事们似乎不但不愿同我分享我的成绩，还很不高兴。我渴望同他们做朋友。在参加了这个辅导课后，我开始照着去做。我很少谈论自己，多听同事们说话。我发现，他们也有很多值得夸耀的事情。对他们来说，把他们的事情告诉我，要比听我自吹自擂高兴得多。现在，当我们在一起聊天的时候，我都会听他们讲他们自己的故事，只是在他们问及我的时候，我才略谈一两句。”

法国哲学家罗司法考曾经说：“如果你想结仇，就表现得比你的朋友都出色。如果你想得到朋友，那就要让他们有一种自重感；反之会让他们产生一种自卑感，并开始对你猜疑和嫉妒。”这的确是一个真理。

我们并没有是什么了不起的，理当谦虚才是。百年之后，你我都会被人们忘记。生命如此短暂，我们不应对自己小小的成就念念不忘，令人生厌；相反，我们要鼓励别人多说话。

纽约《先锋导报》刊登了一则招聘广告，需要一位有特殊能力和经验的人。查尔斯·克伯利斯寄出了自己的资料。几天后，他去参加面试。

“如果能在贵公司这样不平凡的公司做事，我将会十分自豪。据说28年前，在你创建这家公司的时候，只有一张桌子、一间办公室、一个速记员，这简直令人难以相信。这是真的吗？”克伯利斯这样问老板。

这位老板同克伯利斯谈了很久，谈他如何凭借450美元开始创业，每天工作12到16小时，周日和假日也照常工作，以及最终战胜了困难。最后这位老板简单地询问了克伯利斯的经历，就聘用了他。实际上，每一个成功的人都喜欢回忆自己当年的创业经历，而且很高兴有人能听他讲下去。

克伯利斯成功的原因或许并不就这样简单，但是最重要的一点是：他巧妙地鼓励对方多说话，给老板留下了好印象。

善于倾听的人更有人缘

生意谈论成功，有什么秘诀？它不需要你花费四年的时间去哈佛大学研读。我遵循一位笃实的学者依列奥拓的话：“生意谈论成功，并没有什么好的办法，只要你专心倾听讲话之人就可以了。这很重要，而且没有比这个更重要的了！”

近日，我应邀参加了一个桥牌聚会，但是我对桥牌一窍不通。凑巧一位漂亮的小姐也不会玩桥牌！她知道我给詹姆斯做过私人助理。詹姆斯曾有一段时间到欧洲各地去旅行，当时正是我帮詹姆斯记录下他沿途的所见所闻。

这位漂亮的小姐知道后，便问道：“卡耐基先生，您能不能跟我说说，您所见过的那些名胜和您看到的奇特景象？”

我们在旁边的沙发椅上坐下来，她接着说道，最近她跟随丈夫去了一次非洲。

“非洲！”我说，“多么有趣的地方，我一直想去那儿，可是除了曾经在阿尔及尔待了24小时外，没有去过其他任何地方。我真羡慕你！”

……

这次谈话持续了45分钟，她不再追问我到过什么地方，看到过什么景象。她也不再谈论我的旅行；她所需要的，是一个专心的倾听者，以彰显她的见识广博。

这是她特殊的、与众不同的地方吗？不，其实很多人都跟她一样。

最近，我在纽约出版商格林伯的宴会上，遇到了一位著名的植物学家。我以前从未接触过这一类的学者，我被他的话语深深吸引了。我就像着迷了一样，坐在椅子上静静地听他讲述关于著名植物学家浦邦和装修室内花园的故事，他还告诉我关于马铃薯的令人震撼的事实。后来我提及自己有一个小型的室内花园时，他非常热心地告诉我该怎样解决几个令我苦恼的问题。

这次宴会中，还有十多位客人在座，可是我完全不考虑他们，只与这位植物学家谈论了很长时间。

宴席结束后，我向每个人告别。这位植物学家在主人面前赞扬我是最风趣、最健谈、具有高超的驾驭语言能力的人。事实上我几乎没有说任何话！

我只是在“认真地、静静地倾听”。这种“倾听”，是我们对他人的一种尊敬、恭维的表现。伍福特在他的《异乡人之恋》中这样写道："很少有人能够拒绝那些全神贯注中所暗含的谄媚。"

现实中，有很多商人租用价格不菲的店面，降低进货成本，陈列款式新颖漂亮的橱窗，花费巨额的广告费用，但是雇用那些不愿倾听顾客讲话的店员。他们总是打断顾客的讲话、与顾客针锋相对或是激怒顾客，好像只有把顾客赶出大门之外，他们才肯罢休！

胡顿曾经在我的培训班上讲过这样一个故事：他在沿海的纽泽西州纽华城的一家百货公司买了一套衣服。但这套衣服很不合身，面料也十分糟糕，上衣褪色，甚至把衬衫领子都染黑了。

胡顿把这套衣服拿回那家百货公司，找到卖给他衣服的那位店员，告诉对方衣服的质量很差。他想把具体情况描述给那位店员，可他无法做到，他想要说出的话，全部被那位看上去有点"口才"的店员中途打断了。

那位店员反驳说："这样的衣服，我们已经卖出去了几千套，你是第一个来挑毛病的人。"

这位店员大声地辩护，像是在说："你别捣乱了，你以为我们好欺负吗？看我不给你点厉害看看！"

正当两人激烈争辩时，旁边一位店员插话进来："所有的黑色衣服，开始都会有轻微的褪色，我们也没办法。那种价钱的衣服都有这样的现象，这跟料子有关！"

"当时我满腔怒火。"胡顿先生讲述着当时的情形，"第一个店员，怀疑我在撒谎；第二个店员，暗指我买的是劣等货。我十分气愤，打算好好责骂他们一番，这时百货公司的负责人走来了。他使我的态度完全转变过来了。”

这位负责人是如何把一个恼怒的人变成了一个满意的顾客的呢?

首先，他让胡顿自始至终讲述事情的经过，他静静地倾听，没有插一句话。

在胡顿讲述完那些遭遇后，刚才的那两个店员又要跟他争论。而那位负责人，却站在胡顿这一边跟他们辩论。他说，这件衬衫的领子，显然是这套衣服染黑的。这种不能让顾客满意的东西，是不该卖给顾客的。

之后，他向胡顿承认自己并不清楚这套衣服会这样糟糕：“您觉得我该怎样处理这套衣服，您尽管说，我可以遵照您的意思处理。”

数分钟前，胡顿还想退掉这套糟糕的衣服，但是现在却改变了想法，对他说：“我愿意接受你的建议，我只是想弄清楚，这种褪色是否是暂时的，或者你们有什么办法，可以让它不再继续褪色。”

他建议胡顿把这套衣服带回去再穿一周，他说：“如果还是不能让您满意，那么我们给您退钱。为此带给您的麻烦，我们表示抱歉。”

胡顿满意地离开那家百货公司，而那套衣服也再没有出现任何毛病，他对那家百货公司的信任也开始恢复。

怪不得那位先生能成为那家百货公司的负责人，而那些店员可能一辈子也只能停留在店员的位子上。其实，最好是把他们分配到包装部，永远别给他们与客人见面的机会。

最挑剔的人、言辞最激烈的批评者，都会在一个怀有忍耐、同情之心的倾听者面前服软！这位倾听者，必须能时刻保持沉着冷静，他必须在寻衅者如同一条毒蛇吐着信子的时候还能保持倾听姿态。

几年前的一个早上，一位顾客愤怒地闯进了第脱茂毛呢公司创办人第脱茂的办公室。

第脱茂先生对我说："这个人欠了我们15元，虽然他一直不愿承认，但我们知道错在于他。因此，我们信用部坚持要他付清欠款。他接到我们信用部的几封信后，就来到芝加哥，闯进我的办公室对我说，他不但不会支付那笔钱，而且我们公司今后别想再跟他有任何生意上的往来，即便是一块钱的生意。

"我耐着性子，静静地听他讲完那些话，中间有好几次我都想跟他辩论，但是我很清楚那样做于事无补。我尽量让他发泄不满，最后，他那股气焰似乎慢慢熄灭了。我平静地对他说：'我很感激你特地来到芝加哥，告知我这件事。其实，你已经替我做了一件极具意义的事。如果我们公司信用部难为你，那么他们也会难为别人，这种状况就很糟糕了。请你相信我，我很想要知道你经历的那些情形。'

"他肯定没有想到我会说出这番话来，估计他感到有点小小的失望。他来芝加哥的目的，是来跟我抗议的，而我却感激他，并不与之争论。我平心静气地告诉他，我们会消除账目中的那15块欠款，同时忘掉这件事。我向他表示，他是一个认真的人，并且处理的只是一笔账目，而我们公司的职员们处理的账目数不胜数，二者相较，显然他不容易出错。

"我告诉他，我很理解他的苦衷，如果我碰到与他相同的情形，也会有他这样的想法。因为他说了以后不再购买我们公司的货物，所以我十分诚恳地为他推荐了其他几家毛呢公司。那天我还提出请他吃饭，他勉强同意了。饭后我们回到办公室，他订购了比过去还要多的货物，然后满意地回家去了。这位顾客或许是因为我对他的招待和处理的方式，所以他回去后重新查看了所有的账目，终于找出那份账单，原来是他自己放错了地方。于是，他把那笔15块钱的账款寄来，并附带了一封致歉信。

“后来，他妻子生了一个男孩，他用我们公司的名称为他的儿子取名第脱茂。他一直都是我们公司的忠实客户，也是我很好的朋友，直至去世。”

若干年前，有个荷兰籍的小男孩总是在学校下课后为一家面包店擦玻璃，这样每星期他可以赚五毛钱。他的家庭条件非常困难，他经常提着篮子去水沟里捡从煤车上掉落下来的煤块。这个孩子叫爱德华・巴克，他一生只接受过不到六年的教育，但他后来却成为美国新闻界最成功的杂志编辑。他是怎样做到的？说来话长，但是我可以简单地叙述他是怎样开始的：

他十三岁的时候离开了学校，进入西联机构充当童役，每周有六元二角五分钱的报酬。虽然日子过得很艰难，但他却时刻追求着接受教育的机会。他不仅没有放弃要求接受教育的理想，还着手自学。他总是步行赶路，从不搭乘街车，这样就能省下一笔午饭钱。他把那些钱积攒起来，买了一部美国名人传记。后来他做了一件非同凡响的事。

爱德华・巴克认真研读了每位美国名人的传记后，写信给传记上的每一位名人，请求他们多告诉他一点关于他们童年时期的故事。

从巴克的这种表现可以看出，他拥有一种善于倾听的习性。

他写信给当时正在竞选总统的贾姆士将军，信里询问贾姆士是否真的做过运河上拉纤的童工。贾姆士接到信后，写了一封详尽的回信。巴克又写信给格雷将军，请他讲述在那部传记中记述的一次战役的情形。格雷将军的回信中，附有一张详细的地图，还邀请这个十四岁的小男孩吃饭，他们谈了一个通宵。

巴克写信给爱默生，希望爱默生多说些关于自己的事。就这样，这个在西联机构中传信的童役，没用多长时间便和国内那些著名的人物都一一通了信，比如爱默生、布罗斯、邱利夫、朗菲罗、林肯夫人、修曼将军和泰维斯等等。

他不仅跟那些名人通信，还利用放假时间，去拜访那些名人中的几位，从而成为他们家里很受欢迎的客人。巴克的这种经历，改变了他之后的人生道路。

著名记者马可逊，访问过不少叱咤风云的成名人物。他曾说："有些人不能留给别人一个好的印象，是由于他不注意倾听别人的谈话。这些人很关心自己接下来要说什么，却从不愿意倾听。"马可逊还说："有很多成名人物，都这样对我说，他们喜欢的不是善于交谈的人，而是那些侧耳倾听的人。能养成善于倾听这一习惯的人，少之又少。"

不只是大人物们喜欢善于倾听的人，那些普通民众也喜欢别人听他们说话。

就像《读者文摘》中所说的："很多人看心理医生，其实他们所需要的，不过是一个倾听者。"

内战最为惨烈的那段时间，林肯给他在伊利诺伊州春田镇的一位老朋友写了一封信，邀请他来华盛顿，并提出就某些问题想跟对方讨论。这位老邻居来到了白宫，林肯跟他谈论了数个小时关于解放黑奴的问题。其间，林肯并未征求这位老朋友的意见，他只是自顾自地说着话。之后，林肯与这位老朋友握手道别，送他回伊利诺伊州。

这位老朋友后来这样说："林肯跟我谈过这些话后，神情看起来轻松畅快了不少。"的确，林肯并不需要这位老朋友的建议，他眼下所需的是一个愿意认真倾听他讲话的人，借此发泄他内心的烦闷。现实中的大多数人在烦恼、困惑的时候，都有这样的需要。

如果你想知道如何让人们远离你，嘲笑你，甚至蔑视你，最好的办法就是——你永远都不要专心听人讲话。倘若别人正在谈论某件重要的事情，别等对方把话说完，你就马上提出自己刚刚发现的见解。在你看来，他既然没有你聪明，你为何要耽误时间去听他那些毫无见解的话呢？是的，即刻打断他，用一句话制止他的高谈阔论！

你曾经遇到过这种人吗？我遇到过。令人备感惊讶的是，这样的人，还是社交界的名人——不过却是因令人厌弃而出了名。

只知道谈论自己的人，永远只知为自己着想。只为自己着想的人，用哥伦比亚大学校长白德勒博士的话说："这种人简直无药可救，是没有教养的！不管他曾经接受过多么好的教育，仍旧跟没有受过教育一样。"

所以，让别人喜欢你的最简单的说话方法就是：听他说话。

牢记对方的姓名是最好的恭维

有时候想要记住一个人的名字，并不是一件简单的事情，尤其是这个名字不太好记的情况下。一般人都不会去记住这种名字，心想："算了吧，叫昵称得了。"但是你是否想过，牢记别人的名字，会产生怎样的影响呢？

希德·李维是我的一位学员，他曾经拜访过一位名字很难记的顾客，叫尼古德玛斯·帕帕都拉斯。别人都叫他"尼克"。

李维说："拜访之前，我特意记住了这个名字。见面后，我对他说：'早上好，尼古德玛斯·帕帕都拉斯先生。'他愣在那里半天都没有反应过来，然后他流泪了，声音颤抖地对我说：'李维先生，我在这个国家15年了，但从没有人像您这样愿意用我的全名称呼我！'"

有钱人经常会出资帮助一些贫困的作家、艺术家和音乐家。他们希望这些文艺家们在作品上写下他们的名字，从而让他们的名字流传下来。在图书馆和博物馆里，最有价值的艺术品往往都是由那些希望人们记住他们的有钱人捐赠的。比如纽约图书馆里艾思德家族与里洛克家族的藏书，大都会博物馆里保存着本杰明·埃特曼与J. P. 摩根德的签名书信，而几乎每一个教堂里都会镶嵌上彩色玻璃，用以纪念那些捐赠者。

这说明人们都非常看重自己的名字，希望别人能记住他。倘若想得到别人的好感，最简单、明显而又重要的办法，就是随口说出对方的名字。这样会给别人一种受到重视的感觉，每个人都喜欢这种感觉，所以这种方法很灵验。

“钢铁大王”安德鲁·卡内基所掌握的钢铁知识并不多，他有成千上万的人为他工作，他们在这方面懂得比他多很多。他的成功，就是因为他为人处世的原则。

卡内基10岁时的一天，他抓到了一只母兔，它不久后又生了一窝小兔，但是饲料却明显不够吃。但他丝毫不担心，他把附近的孩子集合起来告诉他们，谁拔的草最多，他就以谁的名字来命名小兔子。于是孩子们争着为小兔子拔草，卡内基的计划成功了。他没有忘记这一次成功，在他的一生中，他利用这种方法成功地领导了许多人。

在商业界，他用这种方法盈利几百万美元。比如，他为了把钢铁轨道卖给宾夕法尼亚州铁路公司，就以该公司董事长的名字为匹兹堡一座大型钢厂命名。

卡内基掌控的中央交通公司和普尔门掌控的公司，都想得到联合太平洋铁路公司的生意，为此他们你争我夺，争相降价。一天晚上，卡内基在圣尼克斯饭店碰到普尔门，卡内基说：“普尔门先生，我们这不是在出洋相吗？”“这话怎么说？”普尔门问。卡内基说出了心里话，他想把两家公司合并起来。他把合作的好处说得天花乱坠。普尔门听得很认真，最后问：“那么这个公司叫什么呢？”卡内基立刻说：“普尔门皇宫卧车公司。”于是这个问题顺利解决了。

卡内基这种方式，就是他卓越领导才能的重要秘诀之一。他以能够说出很多员工的名字为荣，认为记不住别人的名字就是记不住一项很重要的工作。

一个政治家，记住选民的名字，就是他的第一堂课；如果忘记他们的名字，将会面临失败。在记住别人的名字方面，富兰克林·罗斯福总统是一个典范。罗斯福总统是这个世界上最忙碌的人之一，但是他知道记住别人名字的重要性，所以总是花费时间去做这件事。

在每个人的事业和商业上，记住别人的名字至关重要。

德克萨斯州商业股份有限公司董事长班顿拉夫曾说：“公司越大，人们之间的关系会越冷漠。”他把记住别人的名字看作是唯一能够融洽公司氛围的办法。

洛克帕罗是加利福尼亚一家航空公司的服务员，她经常训练自己记住旅客的名字，为了能在服务的时候说出来，这带给旅客一种亲切感。有的旅客会当面赞扬她，有的会写信到公司称赞她。一封表扬信这样写道：“我很久没有坐你们公司的飞机了，但是从现在开始，我决定以后只坐你们公司的飞机。你们亲切的服务让我感觉到你们公司是属于我的，这一点很重要。”

大多数人不记得别人的名字，是因为他们没有意识到这件事的重要性。现在，你知道记住别人的名字有多么重要了，为什么不花费些时间和精力去做这件事呢？拿破仑三世曾说：“虽然我很忙，但是我不会忘记我所听过的每个人的名字。”

并不是因为他的记忆力很好，而是因为他有一个很好的方法。如果他没有听清对方的名字，会要求他再说一遍；如果这个名字不常见，他会请求对方拼写一次。在谈话的过程中，他会反复记忆这个名字，而且跟对方的长相、外表和其他特征联系起来。谈话结束后，他会把名字写下来，盯着看很久，直到确定自己已经完全记住了。

这样看来，记住别人的名字的确是需要花费一些功夫的。但这是很值得去做的一件事。爱默生说：“礼貌是由小小的牺牲换来的。”倘若你打算融入这个社会，做一个交际场上的成功人物，这一点小小的牺牲又算得了什么呢？

所以，想要做一位说话高手，请记住别人的名字——这是他们听到的最美妙的声音。

Part 4 赢得赞同，『让人无条件相信你』的说服力

威尔逊总统曾经说过：“如果你攥紧了两个拳头来找我，那么我可以告诉你，我的拳头会攥得更紧。若是你来对我说：‘我们坐下来一起商量商量吧，假如我们的意见不同，不妨看看到底是什么原因，症结在哪里？’用不了多久我们就可以看出，我们之间的分歧并没有多大，相异的地方很少，相同的地方却很多。也就是说，只要忍耐，再加上彼此的诚意，那么我们的距离就很近了。”

让人无法说“不”的辩论法

伟大的苏格拉底是历史上有名的思想家，他的成就无人能及，他彻底改变了人类的思想进程，是影响世界的伟大劝导者之一。他的方法被称为“苏格拉底辩论法”，就是以对方肯定的回答作为辩论基础。他提出的每一个问题，都会被别人赞同。然后他会接连不断地提问，到最后，他的反对者会发现，自己得到的结论竟然就是几分钟前自己还坚决驳斥的。

这很神奇吧？是的，如果你愿意，你也可以。方法很简单，就是在一开始的时候，就让对方不断地说“是，是”，千万不能让他说“不”。

我们来看看阿弗斯特教授《影响人类的行为》中的一段话吧：

“一个‘不’的反应，是最难以克服的障碍。一个人只要说出“不”，他的自尊心就会促使他坚持己见。当然，也许他感到‘不’

是不合适的，但是考虑到自尊，他还是会坚持到底。所以，一开始就让人对你有积极的态度是很重要的。”

他还说，人的这种心理模式是很常见的。一个人说了‘不’之后，内心会加以否定，从而让他全身的各个组织都进入到一种抗拒状态。相反，如果他说“是”，就会让他的身体进入一种进步、接受和开放的状态，这很有利于改变他的看法或者意志，让谈话向积极的一面发展。

假如一开始就让一位学生、顾客或者你的孩子、妻子说“不”，那么即使你再有智慧和耐心，也难以将这种态度转变为肯定。这种“是，是”的方法，让纽约格林尼治储蓄所的出纳员詹姆斯·艾伯森挽回了一笔生意。

“那天，”詹姆斯·艾伯森说道，“一个人来开户，我让他先填写一份表格，其中有些问题他根本不愿意回答。倘若在以前，我会告诉顾客，如果他不提供这些资料，我们会拒绝为他开户。这种‘警告’让我感觉愉快，看上去像只有我说的话才算数。但是这种态度显然让顾客有种不被重视的感觉。

“因为学过培训班的课程，我决定先谈谈顾客的需要。所以我同意了他的做法，告诉他那些他拒绝填写的内容并不是必须的。

“但是我引导他说：‘如果你不幸去世，你不希望把这些钱转移给你的亲属吗？’

“‘当然希望。’他回答。

“‘将你最亲近的亲属的资料告知我们，以便于在你万一去世后实现你的愿望，这难道不算是一个好办法吗？’我又问他。

“‘是的。’他终于说。

“这样，他相信我们这样做的目的是为了他，于是转变了态度，不仅告知了我们全部的资料，还根据我的建议，开了一个信托账户，爽快地填写了关于他母亲的详细资料。”

得到对方的肯定并不难，只是人们总会忽视怎样去做。人们一开始就希望对方赞同他，一旦对方不同意，就迫不及待地想要驳斥对方，让对方认同他。或许他们以为这样才能显示自己的优势，但这种态度往往会适得其反。所以，最好的办法是让对方一开始就说“是，是”。

西屋公司的推销员雷蒙负责的区域内有一位叫史密斯的富翁。雷蒙的前任花费了13年的时间向他推销，但直到最近，富翁才答应购买几部发动机。当雷蒙再次拜访他的时候，他又声称不会再购买，因为他认为这些产品很容易发热，不能把手放在上面。

雷蒙知道争辩是毫无意义的。于是雷蒙对这位富翁说：“史密斯先生，我完全同意你的看法。如果我们公司的发动机的确过热，你确实不应该再购买了。你当然不希望花钱买到热量超标的发动机吧？”

“是的。”史密斯说。

“你知道，”雷蒙接着说，“电工行会规定，一架标准的发动机的温度不能高于室内温度72华氏度，对吗？”

“对的，但是你的发动机高出这一温度。”史密斯说。

“你工厂的温度是多少呢？”雷蒙问。

“75华氏度。”史密斯想了想回答。

“这就是了，”雷蒙笑着说，“75华氏度加上72华氏度就是147华氏度。倘若你把手放进147华氏度的水里，会不会被烫伤？”

史密斯只能回答：“会的。”

“我建议你最好不要把手放在147华氏度的发动机上面。”雷蒙继续说。

“我想你是对的。”史密斯说。他们又谈了一会，最后史密斯答应下个月订购西屋公司3.5万美元的产品。

雷蒙说：“我最后才明白，争辩永远都不是一个聪明的方法。我们要站在对方的立场上想问题，要想办法让对方说‘是，是’，这样才能帮你迈向成功。”

所以在同别人交谈的时候，不要在开始的时候就谈论你们有分歧的事，要先强调你们有统一看法的事，而且要重复地强调；然后强调你们双方都在追求的目标，让对方知道，你们只是在方法上存在分歧，而不是目标上。要时刻谨记苏格拉底的智慧和启迪，首先问一个温和的问题，能够得到对方“是，是”的回答。

让人觉得是自己的主意

我们喜欢别人关注我们的愿望、需要和想法。哪怕别人的思想是放在一只精致的盘子里呈给你，你也会不屑一顾。是的，每个人都有这样的想法。所以，提出建议，让别人自己得出结论，是不是更明智一些？

费城的鲁道夫·塞尔兹先生是我班上的一位学员，一次他迫切地感到有必要为一群沮丧而散漫的汽车推销员们加油，于是他召开了一次销售会议，鼓励他们说出自己内心的想法。他将他们的想法全部写在黑板上，然后说："我可以满足你们对我本人的要求。现在，请你们告诉我，我可以从你们那里得到什么？"

大家的答案是：忠心、诚实、进取、乐观、合作，以及每天8个小时的热情工作。有个人甚至要求每天工作14个小时。会议很成功，给人以全新的勇气和激励。

塞尔兹先生说："实际上他们是在同我做一种道德交易。我保证尽我所能，他们也决定尽他们所能。同他们商讨愿望和希望，正是他们所需要的精神食粮。”

尤金·威森在懂得这一真理之前，已经损失掉了不知其数的收入。

没人喜欢自己被强迫去买什么东西或者被命令去做什么事情。我们希望自己是自愿购买的，或者按照自己的意愿去做事。说服别人的技巧就是让他们心甘情愿地接受你的意见，罗斯福总统就用这样的方法顺利地进行了一场改革。

当西奥多·罗斯福担任纽约州州长时，他强有力地推行了一些不被欢迎的改革方案。他是怎样做到的呢？

当有重要职位空缺的时候，他就请政治首脑们推荐。“开始，”罗斯福说，“他们或许会提名一个无能的人。我就告诉他们，委任这样的人是不会被公众赞同的。然后，他们会向我提出一个碌碌无为的人，我告诉他们，这样无法满足公众的期望。接下来我让他们再想想，能否找到一个更适合这个职位的人。

“他们第三次提议的人虽说还过得去，但仍然不够理想。于是我感谢他们，请他们再辛苦一场。他们第四次提议的人就能够委任了——他们这时候提议的人就是我所需要的了。我感谢他们的帮助，并委任了这个人，并归功于他们……我告诉他们，我这么做是为了让他们感到高兴，现在该是他们让我高兴的时候了。他们也的确这样做了，支持了我的各项法案。这让我很高兴。”

罗斯福就是用这种方法成功地进行了改革。请记住，尽可能向别人请教，并尊重他们的建议，让对方觉得那完全是他们自己的主意。这就是说服别人的秘诀，也是你成功的秘诀。

在商界中，长岛的一位汽车销售商也成功地使用了这种方法，将一辆旧车卖给了一对苏格兰夫妇。

当时，这对夫妇看过了一辆又一辆汽车，总觉得不满意。形势颇为无奈，于是这位销售商请我帮忙。

我建议他不要向这种“三心二意的人”推销，而是要想办法让他们主动购买。我告诉他，不要告诉他们该怎样做，而是要让他们告诉你该怎样做。一定要让他们感觉是自己在拿主意。

几天后，当一位顾客希望把他的旧车换成新车时，这位销售商当即决定尝试一下。于是他打电话给这对夫妇，希望他们能给点建议——以这辆旧车的估价是否值得买入。

这对夫妇来了之后，销售商说：“你是一位精明的买主。你了解汽车的价值，能不能请你来看一下这车的性能，该折多少价呢？”男买主很高兴，因为终于有人向他请教了，他的能力得到认可了。他驾驶着这辆车上了大道。“如果你能以300美元买下这辆车，就占便宜了。”他建议说。

“如果我以这样的价格转给你，你愿意买它吗？”销售商问道。“300美元吗？当然愿意。”于是这笔生意成交了。

爱默生在《依靠自己》一文中说：“在天才的每一项创造和发明中，我们都看到了过去曾经被我们所排斥的想法，而当这些想法再次出现在我们面前时，却显得相当伟大。”

爱德华·豪斯上校在威尔逊总统执政时期，在国内外事务方面有着很大的影响力。威尔逊很依赖豪斯的策划和建议。亚瑟·D.史密斯在《星期天晚报》中披露了豪斯上校是怎样影响到总统的。

"'认识了总统以后，'豪斯说，'我发现想要让他认同某一观点的最好方法，就是让这一观念自然而然地植于他心中，让他对此产生兴趣，从而经常思考。这一方法第一次产生效果纯属巧合。'

"'我曾到白宫拜访他，劝说他推行一项政策，而他似乎并不赞成。但是几天后，我很惊异地发现他把那个提议作为自己的意见说了出来。'"

豪斯并没有阻止他那样说，他非常精明，且不屑于居功。他让威尔逊继续认为那意见是他自己想出来的，而且还让威尔逊因为公开这些意见而获得人们的赞誉。

我们要记住，我们明天所要接触的人，或许就像威尔逊那样具有人性的弱点。所以，我们应当采取豪斯上校那样的做法。

这样的方法同样被一个住在纽勃伦斯维克的人用到我的身上，从而让我光顾他的生意。那时我正计划去纽勃伦斯维克划船钓鱼，我写信给旅行社打听相关情况。我的姓名、住址显然被列入了公开的信息中，我一下子收到了几十封信件、小册子和印刷品，我完全被弄迷糊了，不知道选哪一家才好。

不久后，一位野营处的主任做了一件聪明的事，他送给我几个他曾经接待过的纽约人的姓名和电话号码，让我打电话给他们自己询问情况。我惊讶地发现，我竟然认识其中的一个人。我打电话向他询问了这个野营处的感受和印象，然后告知这个野营处我到达的日期。其他人都向我推销，但只有这个野营处的主任成功了。

跟对方谈他感兴趣的事

必须谨记：跟你说话的人，在他看来，他的需要、他的问题，比你的需要和你的问题要重要百倍。他的牙痛，对于他来说要比发生天灾死了数百万人还要重要。他在意自己头顶上的一个小疮疤，要比在意一场大地震多得多。

胡佛总统性格沉默寡言，这让很多记者望而生畏，想要从他嘴里套出话来，简直太困难了。但是，一位芝加哥的记者做到了这一点，而且同胡佛总统谈了两个多小时。

那时胡佛还是共和党的总统候选人。年轻的记者里尼提偶然与他坐同一列火车，而且得到了采访他的机会。开始的时候，对于里尼提的问题，胡佛总统总是只回答“是”或“不是”，随后就陷入沉默。里尼提感到很尴尬，他不得不一边进行采访，一边想办法改变现状。

当火车经过贫困荒凉的内华达州的时候，里尼提突然想到一个很不错的话题。他看向窗外，仿佛自言自语般地说："像这样的地方，人们应该还在用古老的方法采矿吧？"这时胡佛马上接话说："早已经不用那种方法了，现在全国采用的都是最新的采矿方法。"随后，胡佛的话开始滔滔不绝，从采矿到石油，从航空到邮政，侃侃而谈……当时与胡佛同一列车的都是一些有名望的人，但是胡佛对他们都冷眼相待，唯独与里尼提讲了两个多小时。

里尼提本来是一个默默无闻的小记者，但是因为与胡佛总统聊了一个合适的话题，让自己成为与胡佛总统谈话时间最长的记者。

每一个在牡蛎湾生活过、拜访过罗斯福的人，都对他渊博的学识啧啧惊奇。博莱福特曾说："不管是牧童还是骑士，政治家或者外交家，罗斯福都知道对他们说什么最好。"这是为什么呢？答案很简单，在接待来访客人之前，罗斯福就已经准备好客人喜欢谈论的话题和对方特别感兴趣的事。

罗斯福同所有具有领袖才能的人一样，深知走进他人内心的最好办法，就是跟对方谈论对方知道的最多的事情。

前任耶鲁大学文学院教授菲尔普斯，曾经说起过他自己早年的一段经历：

"八岁那年的一个周末，我去姑妈家玩。那天有个中年人也去我姑妈家做客。那时我对帆船十分感兴趣，就和那位客人谈论到这个话题。凑巧那位客人对帆船似乎与我有着同样的兴趣，我们相谈甚欢。他离开后，我对姑妈提起这位客人对帆船也很感兴趣。姑妈告

诉我，他是一位律师，对帆船不可能产生兴趣的。我惊奇地说：‘那他为什么一直在谈论帆船的话题？’

“姑妈告诉我：‘他是一位很有修养的绅士，所以才跟你谈你感兴趣的话题，陪你谈论帆船。’”

菲尔普斯教授说：“我永远都不会忘记姑妈讲的那些话。”

写这一节时，我收到一封来信，是热心童子军工作的吉尔夫先生寄来的。

吉尔夫先生在信上说：“有一次，我需要一个人帮忙，因为正逢欧洲举行一次童子军大露营；我邀请美国的一家大公司赞助旅行经费。

“我在会见那位大老板之前，听说他曾经签过一张百万元的巨额支票，随后又将这张支票作废，后来他把这张作废的支票裱入镜框留作纪念。

“所以当我进入他办公室时，第一个请求就是观赏他那张支票。我告诉他我从没有见过百万元的支票，我想和那些童子军成员讲讲我确实见到过百万元的支票。他很慷慨地取出那张支票交到我手里，我对此表示钦羡和赞美，同时请他告诉我，当时是如何开出这张支票的。”

你注意到了吗？吉尔夫先生开始并没有直接谈到童子军的事以及他的来意，只是就对方感兴趣的事与他交谈。结果怎样呢？吉尔夫信上说道：

“那位老板随后问我：‘你找我是有什么事吗？’于是我向他说明来意。

“这的确有些出乎我的意料了，他不但爽快地答应了我的要求，而且给的比我原本想要的数额还要多。我原本只希望他能够资助一个童子军去欧洲，而他却愿意资助五个，连我自己也被邀请在内。他签了一张一千美元的支票，足够我们在欧洲待上七个星期。他又为我写了几封介绍信，嘱咐欧洲各城市分公司的经理妥善照顾我们。

“随后，他自己也到了欧洲，在巴黎亲自接待我们，陪同我们游览全市。最后，他还为几个家境贫寒的童子军成员介绍工作。如今这位大老板仍然还在尽己所能地支持、帮助着这个童子军团体。

“当然这是我所知道的，如果事前我没有找到他的兴趣所在，让他提不起兴致，那么我绝对不会这么容易地跟他接近。”

在商场，这同样可以作为一种很有价值的方法运用。下面我再举一个例子：

杜凡诺先生在纽约有一家面包公司，他希望把自己公司的面包卖给一家大旅馆。四年来，他一直都在为此努力，几乎每周都会去找那家旅馆的经理。

杜凡诺知道那位经理经常会去一家交际场所，为了制造一个碰面的机会，他也会跟着去。他甚至在那家旅馆租下一间客房，只为了能够促成这笔生意，但都失败了。

杜凡诺先生说：“后来，我研究了人与人之间的关系，才知道应该改变一下策略，想办法找出他所感兴趣的事。这样一定会引起他注意的。

“经过调查，我发现他是美国旅馆业公会的会员，他对于推进这个团体的业务十分上心，后来被推举为这个团体的主席。同时，他还兼任着国际旅馆业联合会的会长，不管开会地点在哪里，他都会到达。

“所以，我在第二天看到他的时候，就向他询问关于会议的一些情况。果不出我所料，他热情地回应了我，跟我讲了半个小时。他谈及这些的时候，显得那样得意，看得出来这是他的兴趣所在，也是他生活中不可或缺的一部分。在跟他分手告别前，他邀请我加入了他们的团体。

“然而我并未提及面包的事，几天后，他旅馆里的管事给我打了电话，要我把面包的价目表和样品送过去。

“我走进那家旅馆，管事对我肃然起敬：‘真不知道你在经理先生身上花费了怎样的功夫。据我所知，他是一个非常不易被说动的人。不过，你的确搔到他的痒处了，他看上去很高兴！’

“我在他身上花费了四年的时间和精力，想要跟他做笔生意。如果不是我认真地挖出他的兴趣所在、他喜欢什么，还不知道要等多久呢！”

没人喜欢被粗暴地命令

建议别人，而非命令别人，这不仅是维护了一个人的自尊，给他一种自重感，还能让他喜欢合作。这样的方法，可以让人更加容易地改正错误。而有些人的粗暴态度会引起他人的愤怒，即便他所指出的错误显而易见。

最近，我有幸能同美国最著名的传记作家伊达·泰波尔小姐一起吃饭。我告诉她我正在写这本书，并同她讨论了一些为人处世的问题。她告诉我，她在写扬·欧文的传记时，访问了一位曾与扬·欧文在同一房间办公了3年的先生。他说，这么长的时间里，他从未听扬·欧文向任何人下达过命令。他总是“建议”，比如，他从未说过“做这个，或者做那个”或者“别做这个，别做那个”。他总是说“你可以考虑一下这个”或者“你觉得这样合适吗”。当他口述了一封信后，他总是会说：“你觉得怎样？”在看完他助手写的信后，他总是会说："或许这样说会更好一些。"他总是给别人亲自做事的机会，而不是告知他们该怎样去做；他让他们自己做事，获取经验和教训。

宾夕法尼亚州威明市一所职业学校的老师唐·斯坦瑞利说了一件事：

一个学生违章停车堵住了学校的大门，一位老师冲进教室，怒气冲冲地喊道："谁的车堵住了大门？"

那个学生站起来回答时，那位老师怒吼道："马上给我开走，否则我就用铁链拖走它。"

这位学生的确是错了，但是从那以后，不只这位学生对那位老师的行为感到愤怒，其他学生也总是做一些让那位老师难堪的事情。

本来他可以友善一点地问："门口的车是哪位同学的？"并且建议："如果你能把它开走，别人的车就可以进出了。"这位学生一定会很乐意地开走车，而且其他同学也不会同他作对了。

即使作为长者或者上司，也不能用粗暴的态度与人说话；否则你只能得到激烈的对抗。同样，采用建议的方式可以让客户更好地接受你的意见，满足你的需求。

南非约翰内斯堡一家小工厂的经理伊安·麦克唐吉接到一份大订单，但他知道自己没有办法按期交货。他并未催促工人们加紧工作以完成这份订单，而是把大家召集在一起，解释了情形，并对他们说完成这份订单的意义。"我们怎样完成这份订单呢？""有没有什么办法可以让我们处理好这件事呢？""可以想想办法调整一下我们的工作时间和工作分配吗？”结果员工们提供了很多意见，并且坚持让他接下这份订单。他们用一种“我们可以做到”的态度，获得了这份订单并按期交货。

向工人们问一些问题，不仅让这家小工厂接到了订单，还激发了工人们的创造力，促成了良好的合作和增强了融洽的氛围。

所以，想要说服别人而不伤害感情和引起抗拒，就要注意你说话的语气和措辞，改变说话的态度：建议对方，而非命令对方。

即使别人犯了错，我们是正确的，但是没有给他保留面子，也会毁了他。强势的态度不会让我们达到目标，相反还会偏离得更远。当有人犯错的时候，我们通常用一种居高临下的姿态进行说教，告诉他该怎样做，而对方往往会为维护自己的尊严而同你争辩。我们知道，这种情况下，是无法说服对方的。所以，最好的办法就是维护对方的尊严，换一种方式指出他的错误，引导他改正。

沃德将军曾经担任新兵的训练教官。一天他驾着吉普车到新兵营巡查，正碰到一名士兵同他的女朋友散步。那名士兵似乎没有看到他，所以等他的车子经过的时候，那名士兵“碰巧”蹲下身子系鞋带。沃德明白是怎么回事了，于是他喊过那名不守军规的士兵。

“小伙子，”沃德说，“你真的没有看到我吗？”

“看到了，将军。”那名士兵只好坦白。

“那么，你为什么不向我敬礼，而是装作系鞋带呢？”沃德问。

士兵十分为难，不知道怎么回答。他看了看他的女朋友，哭丧着脸说：“将军，如果你是我，正带着你的女朋友散步，你会怎么做呢？”

沃德被士兵逗笑了，说：“我会告诉她：‘我先给这个老家伙敬个礼，怎么样？’”

士兵微笑着向沃德将军敬了个礼，沃德将军也回敬了一个，开车走了。

可以假设，如果沃德将军怒气冲冲地斥责士兵，士兵虽然会照做，但是会心怀怨愤；因为沃德让他在女朋友面前丢了面子。而沃德将军没有这样做，他巧妙地指出了士兵的错误，顾及了他的自尊。

俄克拉荷马州一家工程公司的安全检查员乔士的工作是检查工地上的工人是否戴了安全帽。开始他总会批评那些不戴安全帽的工人，而且命令他们立刻戴上。可这种方法收效甚微。等他走了后，工人们会立刻摘下安全帽。

乔士感到这种方法并不合适，于是换了种方式。他向那些不戴安全帽的工人们询问是不是安全帽不舒服、大小不合适；然后他给工人们讲安全帽的重要性，建议他们为了安全最好戴上。结果，这种方法效果很好。

工人们前后不同的两种反应，就是人们的心理作用使然——排斥指使的态度和命令。开始乔士采取命令和指使的方法，后来他成功地达到目的，是因为摒弃了这种方法。

同样的事情也发生在我身边。一年夏天我和一位朋友驱车去法国乡下旅行，结果迷路了。我们只得停下车向当地人问路。

我的朋友大大咧咧地冲上前去，几乎是吼着向对方问道："喂，××镇怎么走？"

几分钟后，我的朋友走回来向我抱怨这里的农民没有礼貌，不够热情。我明白是怎么一回事，于是微笑着走向那群农民，客气地问他们："我遇到一个麻烦，需要你们的帮忙。请问××镇怎么走？"

我很快就得到了想要的答案。他们很热情，而且很有礼貌。我感谢了他们，他们还邀请我去他们家里做客，因为时间不允许，我答应下次有时间一定会去。

对此，我的朋友很不理解，我告诉他："没有人喜欢被别人指使。"

也许你会说这只是礼貌的问题。的确，礼貌确实有一定的影响，但这不仅仅是礼貌的问题。正是那种没有礼貌的语气，让人觉得你是在发号施令。没有人喜欢被人指使，没有人喜欢别人告诉他该怎样做，这是人类的天性。

我班上有一个女学员道娜，她是一家公司的经理助理。一天，公司里来了一位客人，道娜像往常一样准备去倒水，但是经理却突然对她说："去，倒杯水！"道娜随口接道："我要去一下洗手间。"这种情况在我们身边时有发生，比如你在酒店时，服务员满口答应却迟迟不肯打水来。你可以投诉她的服务态度，但是这对你没有任何好处。你为何不换种口气说："我需要一壶水，能麻烦你帮我打来吗？"她一定会很乐意为你服务。

当我们在说服一个人的时候，我们也总是用指使的口气："你应该怎么做……”或者“你这样想才是对的……”我们经常使用命令或者强迫的语气，即使我们并不具有使用这种语气的资格。你应该使用一种柔和及委婉的语气。

不幸的是，很多领导喜欢指使下属做事，以此来体现自己的权威；而且大多领导都是这样做的，并且从未意识到这有什么不对。

我这里还有一个关于军人的故事。美国新兵营里最近接收了一批新兵。教官发现，对这些文化程度较低的新兵们，讲大道理是不行的，也不适合用强迫或命令的方式。于是教官告诉士兵们，他们应该给家人寄信，以免他们牵挂。教官印发了一些信件，让他们参考。这些信的内容大致是告诉家人们他们已经在军队里养成了良好的习惯，改正了以前的很多坏习惯，请家人们不用担心。奇怪的事情发生了，信寄出去后，很多顽固的士兵都改正了以前的坏习惯，成为一名合格的军人。

用建议代替指使，可以让人信服；用请求代替指使，可以让人乐意执行；用商量代替指使，可以让人主动请缨；用赞美代替指使，他们会用实际行动来证明你说的是正确的。既然有这么多方法可以代替指使，既然指使对于达到我们的目标没有任何的帮助，那么我们为何不换一种方式呢？

让别人对你产生信任感

信任，是人们进行交往的基本前提。倘若没有信任，人们之间的谈话就不是真正的沟通。

1858年，当林肯竞选美国上议院议员时，他需要到伊利诺伊州南部的一些地区演讲。但是那些地方的人们对他很不信任，甚至有强烈的敌对心理。

因为林肯是一个废奴主义者，但是他要去的地方却有着大量的黑奴。这种政见和当地利益的冲突很大，那里的人甚至扬言，只要林肯一来，他们就会立刻杀死他。

我们可以想象林肯做决定时需要多么大的勇气。但是林肯没有退缩，他说："给我几分钟，让我说服他们。"

演说前，林肯与当地重要的首领握了手，然后开始发表演讲：

"伊利诺伊的朋友们，肯塔基的朋友们，密苏里的朋友们！

在我来之前，就听到了一个谣言，说你们之间有些人要跟我作对——倘若真的有，这些人就坐在下面吧？但是我不相信，因为你们没有这样做的理由。我和你们一样，出身于穷苦的农村，是一个爽快而直率的平民。所以，我为什么不能和你们一样发表自己的意见呢？朋友们！我了解你们要比你们了解我多得多！你们将来会知道我是怎样的一个人，我不想跟你们作对，所以你们也不会跟我作对的。现在，我站在这里，就已经同你们成为了朋友——我相信你们会乐意同我交朋友的，因为我是一个谦卑的人。我诚恳地请你们给我说几句话的时间，勇敢而豪爽的你们，也不会拒绝我这个朋友小小的要求吧？那么现在，我们就开诚布公地讨论一下严肃的问题吧！”

林肯讲完这段话，原本愤怒的人们开始为他喝彩了。结果，这里的大部分人都成为了林肯的朋友——他们开始信任他，并帮助他成为了美国的总统。

从不信任到信任，这之间的差别有多大，林肯意识到了这一点，所以他向这些人说明他们之间没有不可逾越的鸿沟，说明他们是朋友。他做到了这一点。

我曾经受一家公司的委托，邀请我的一位学者朋友帮忙。一开始事情进行得很顺利，但是在即将开始工作的前几天，公司相关负责人打电话给我，说不知道什么原因，这位学者不愿为他们公司工作了。公司甚至答应宽限上岗日期，减少工作时间，增加薪酬，但他仍然拒绝。

于是我同那位负责人一起去拜访他。他见到我后依然很热情，跟我谈论了很多事情，只是这些东西都跟这件事没有什么关系。

后来，我直接询问他为什么会拒绝为这家公司工作。他说出了一些原因，但是其中我认为最重要的，就是他担心公司方面是否能够履行这个合同，以及与公司配合不够默契。

在回家的路上，我对那位负责人说："我不知道为什么他会对你们公司产生这种感觉，但是你们必须要让他对你们产生信任感。除此之外，一切都于事无补。"

第二天，那位负责人告诉我，那位学者已经改变了态度。原来，他在离开学者家后又返回去，拦了一辆出租车等候那位学者，然后送他上飞机。这种真诚的态度赢得了学者的信任。负责人还利用空闲时间，向学者说明他们愿意提前履行义务。学者爽快地答应回来后立即上班。

我们不能责怪这位学者，因为这个社会本来就很复杂。在这个真相和假象无从分辨的世界上，人与人之间早已不是单纯的合作关系，而是相互间充满了竞争和欺诈。所以，不信任感总是会干扰人们的行动。

我们无法想象，一个心怀戒备的人怎会听从我们的建议。那么怎样才能取得别人信任，让他们听从我们的劝说呢?

不用担心，虽然这本书中我没有直接指出这种方法，但是每一章节中关于说话和沟通的方法已经足够帮助你取得别人的信任了。只要你按照我说的方法去做，你一定会留给人一个真诚可靠的印象。

例如，最简单的方法就是微笑，这是最简单、最有效的与人沟通的方法。这个方法能够帮助你获得别人的信任，因为这让你看起来更加真诚；同样，我们要勇敢地承认自己的错误，这也能够让你得到别人的信任，因为这表明了你的诚实。

Part 5 利用一张巧嘴，在职场中游刃有余

曾经有来自各行各业的很多学员向我抱怨，说他们拥有相当高的才能，却没有办法取得成功。我知道他们的问题所在，大部分职场中人都有一个很大的误解。他们认为，在职场中要成功，要得到更高的薪水和职位，只有让自己的工作出色。如果你认为只要勤奋苦干就能让你在职场上一帆风顺，那么你就想错了。职场是一个十分复杂的地方，并不是全部由才干和能力来决定你的前途和方向。在这里，你的个人爱好和工作性质可能会发生冲突，因此你的个人需求和公司的需求必须有一个恰当的结合点。

搞定面试官的口才技巧

或许有些面试者认为只要自己有真正的才能就行，其他都只是次要的问题。但是你要明白，你的才能只有展现出来，那些雇主才会对你感兴趣。在你的才能展现出来之前，你在他的眼里跟别人是没有区别的。

毫无疑问，对职场新人来说，面试时的说话技巧是一件十分重要的事情，它是进入职场的第一次考验。面试的时候，你的语言交流技巧非常重要，因为它能表现出你的成熟程度和综合素质的高低。面试的过程，就是推销自己的过程，你的任务就是说服对方购买你这件独一无二的“商品”。那么，具体该怎么做呢？

保持正确的仪态

认识到对方有决定是否录用你的权力的时候，你就要知道该采取什么样的仪态。你应该穿上最正式的服装。当然，前提是不要过于繁琐，因为你是要工作，而不是参加舞会。最好的办法是，穿上适合你将来工作的衣服，它将使你给人一种非常胜任的感觉。

同样，针对你将来的工作来决定化不化妆。当然，即使要化，也不要过于浓艳。

尽量提前几分钟到达面试现场。当你到达之后，要注意你的仪表。

你需要端正地坐在座位上，安静地等待面试人员的召唤。与面试人员礼貌握手后端正地坐下，与面试人员保持恰当的距离——不要太近，也不要太远。

说话的时候要礼貌、热情和自信，要注意看对方，虽然对方有决定权，也不要因为害怕而不敢看他。你应该一直面带微笑，这会帮助你给人自信的感觉。

当对方说话的时候，要面带微笑地看着他，仔细倾听他所说的话。你应该用你的言行来对他表示回应，表示你正在关注他。不要打断他的话，这是很不礼貌的行为。

你要保持不卑不亢的态度。不要表现得低声下气，好像你在求对方一样。这是一种相互的选择，对方并不能决定你的命运。如果你表现得很卑下，会让对方对你的能力产生怀疑。

不要过于激动。即使对方对你很感兴趣，也不要忘乎所以；因为失控容易使你错漏百出。即使他已经明显地对你表现出了肯定的意向，你也不要太高兴；因为事情还有转变的可能。

注意语言表达

注意你的表达。你说话的声音和语调代表着你的性格、态度、修养和内涵。对一个陌生人来说，声音的特点会更加明显地传达这些重要的信息。

务必使你的口齿清楚、语言流利，不要含糊不清、吞吞吐吐。如果你能把每一个字都十分清楚地表达出来，你就会给人一种自信和头脑清晰的感觉。在现在的职场中，你的综合素质将受到更多的重视，而不仅仅是你的知识和智力。

保持适当的音量、语调和语速。如果你平时的声音非常小，那么尽量提高你说话的音量，因为声音小会给人一种懦弱、不自信的感觉。但是也不要使你的音量过高，你只需要让对方听清楚，而不是让隔壁的人都能听见，否则会给对方粗鲁的感觉。正确的语调能够给人一种亲切、沉稳的感觉，在无形之中拉近你和面试人员之间的距离。

有些职场新人由于紧张或急于表达自己，往往在对方问他一句话后，会连续不断地把自己的想法表达出来，他们说话好像是在跟火车赛跑一样。

在清楚地表达自己的同时，使用含蓄和幽默的语言，可以营造轻松愉快的谈话气氛，拉近你和面试人员的个人距离，这将使你获得更大的成功。但是，这些语言技巧都不要使用得过多。

从容地表现自我

一开始，面试人员通常会要求面试者作一个自我介绍，这是自我表现的第一步。不要认为这是件很容易的事情。因为虽然你最了解自己，但是要通过几句话——的确只有几句话——就让别人了解你却并不容易。

你首先需要知道你的目的是让对方了解你究竟是谁，而不是跟对方闲聊。可以简单地介绍你的姓名、性格、学历、工作经历等基本信息。这些信息可能很重要，也可能并不重要，关键要看雇主更加看重哪一方面。要记住这只是自我介绍，你不需要把你想说的话全部说完，接下来你可以慢慢补充。

面试人员最关心的可能是你的能力，从而判断你是否胜任你希望获得的工作。许多面试者总是想表现得很优秀，他们在言谈中，好像要表达这样一个意思："我什么都能做。"也许这是真的，但是能做不代表一定能做好。雇主希望找到的是能够真正做事的人，而不是一个夸夸其谈的人。

把自己的特点表达出来，这是最重要的一点。你需要实事求是，不要夸大也不要缩小你的优点和缺点。不要把面试人员当作傻子，否则他们也会像你这么做的，重要的是要让对方认为你的确适合你希望获得的工作。

妥善回答问题

“你为什么选择这个工作？”面试人员通常会这么问你。有些人回答得莫名其妙，让面试人员认为他们没有什么头脑。他们说：“我想来试一试，毕竟多一个机会。”或者说：“本来我不想来的……”说出这样的话之后，他们几乎已经没有成功的可能了。

面试人员这么问的意图是，想了解你的职业目标和你对公司的熟悉程度。认识到这一点，你就可以进行有针对性的回答——把自己的志趣和你将来的工作、公司联系起来。比如，“贵单位的管理理念正符合我的工作信念”，这样回答是十分合理的。

第二个问题是：“你认为自己有什么不足？”面试人员想了解你的诚信度和你是否与你应聘的职位相匹配。一般人只会顾及到两个方面中的一个方面，他要么直截了当地把自己的缺点都说出来，以求给面试人员一个诚实的印象；要么掩饰自己的缺点，向面试人员撒谎。

自然，这两种做法都是不可取的，我们应该在两者之间寻找一个平衡点。比如，如果你应聘的是一个财务工作，可以说：“我是个慢性子，这使得我常常对每件事情都考虑得很细致。”又比如，你笼统地说：“我的确有很多缺点，但是我想这些缺点并不会影响我的优点的发挥。”

面试人员通常还会这么问：“如果你的意见和上司的意见发生了

冲突，你会怎么做？”这种假设是想试探你的沟通能力和自我认同感。你的回答应该是：“首先，对上司的意见进行思考，因为毕竟他比我更有经验，看问题也会更加全面和深刻一些；其次，如果我的确认为我的意见更准确，那么我会和上司进行沟通，相信他也会赞同我的意见，毕竟我们的目标是相同的。当然，在沟通的过程中应该注意运用一定的技巧。”

第四个问题是你关心的，那就是薪酬。求职者即使不认为这个问题是最重要的，至少也会认为它很重要。如何跟面试人员谈论薪酬问题十分关键，它对你面试成功与否有很大的影响。

大胆地说出你的期望薪酬，不要说“按照公司的规定办”之类的话。

这表明你对现在的工作并没有很清楚的认识。当然，你的期望薪酬应该跟公司和你个人的要求都相符，过高或过低对你都没有好处。给出一个可以浮动的范围，这样让对方有考虑的空间。一般而言，如果你的确很适合的话，雇主不会让你失望的。

与下属说话的艺术

如果你是一个领导，就需要与下属进行有效的沟通，可以说，沟通艺术是领导艺术中非常重要的一种。遗憾的是，很多领导与下属之间出现了沟通上的问题，这不仅对个人产生很不利的影响，而且也阻碍工作的顺利进行。

该如何有效地和下属进行沟通？我认为应该做到下面这几点。

清晰、明确地下达指令

很多领导喜欢长篇大论，这往往导致在说完某件事情后，下属们完全不明白他想要表达的意思究竟是什么。因为领导者在下属的心目中已经建立起了某种权威，他们说的每一个字、每一句话都会被作为重要信息传达到下属的大脑里。接受的信息过多，下属就会忽略了领导想要表达的重要信息。我并不想说这完全是领导者的责任，但是至少他应该承担大部分的责任。

清晰、明确地下达指令，这是对领导者的基本要求。用简洁、有力的话表达你的意思，尽量让你的指令没有歧义，也要符合下属能够理解的水平。你考虑的除了你想表达什么，还包括听的人接受了什么；而且你的确不应该长篇大论，因为下属有他们自己的工作要做，不是来听你高谈阔论的。

不要朝令夕改，你的指令都应该是你成熟的想法。许多领导者有许多新奇的想法，他们是高效率的“点子”生产机，经常会否定一个小时前的指令，而用新的指令去代替它。这让下属十分头疼，不知道该怎么做，因为他们往往同时得到几个相互矛盾的指令。

对下属进行有效批评

下属做错了一件事情，或者没有完成某件事情的时候，领导当然应该对其进行批评和训导，关键在于，你的出发点是想解决问题。

保持平静的态度。不要给下属一种正在被审判的感觉，你需要营造一种平和、认真的沟通气氛。在这样的气氛当中，你们才能有效地解决问题。

对事不对人。在你进行批评和训导的时候，应该让他觉得你并不是针对他本人，而是针对具体的事情进行批评。你应该平静地指出问题之所在，并且以各种方式暗示对方，你的目的只是为了使工作做得更好，而不是显一时之威。

公正地指出下属所犯的错误和应该负的责任。任何一个错误都不会只由某一个人造成，你的下属当然也不希望犯错误。不要给他一种罪不可恕的感觉，你应该指出他只是造成这个错误的一分子，并且依照相关的规章制度客观地指出他应该承担的责任。

对其进行鼓励。不要忘记鼓励犯了错误的人，他们可能已经在某种程度上对自己失去了信心，急需别人给予肯定。当然，也不要忘记指导他们对错误进行改正。

好心做坏事是让很多领导都十分尴尬的事情，在批评下属的时候尤其可能如此。我们都不怀疑他们的出发点是好的，希望指出下属的错误，帮助下属改正错误，使其以一种更加积极的状态投入到工作当中……但是，他们也的确常常让批评发挥了与预期所相反的作用。对个人而言，领导者则常常因为批评而为自己招来了怨恨。

如何批评才不致引起下属的怨恨？经常有人问起这个问题。答案就是，要掌握批评的艺术。

不要让在下属面前拿出你的气势的行为成为你的习惯。他们都知道你的身份，没有必要去证明这一点。不要动不动就以训话和批评别人为乐，这样只会损害你的权威。可能他犯的是一个小小的错误，甚至只是你认为他犯了错，他完全有可能并没有错，只是意见不同罢了。因此，在批评下属之前，最好审慎地判断他是否真的做错了。另外，如果你把注意力集中在小错上，势必分散你在大的错误、大的事情上的注意力。

即使下属犯了较严重的错误，在对他进行批评的时候，也需要用一种更加有技巧的方式。你必须考虑你的批评可能导致的结果，不要让批评产生负面效应，不然的话就得不偿失了。许多领导过于意气用事，使用责骂、侮辱、拍桌子的方式对犯错误的下属进行批评，这正是让批评产生不良后果的罪魁祸首。这样做只会使批评成为领导者自己情绪的宣泄途径，而不利于问题的解决，甚至会产生更坏的影响。

你的下属做了一件十分愚蠢的事情，不要过于激动，不要冲着他大喊大叫。这只会使你失去理智，做出自己意想不到的事情来。你的本意是想冲他发一顿脾气，还是想用这种方式来给他压力，使他对自己所犯下的错误印象深刻?

你应该保持领导应有的涵养和风度，和对方冷静地谈一谈。既然错误已经发生了，必须有承认它的勇气。现在最重要的事情是进行挽救，使新的错误不再发生。如果你认为对方已经无可救药，你应该告诉他应该承担的责任，然后把他开除或者扣他的工资。

批评要以理服人，而不是用权威或者用声音来压倒别人。客观地看待下属犯的错误，是解决问题的第一步。不要夸大或缩小对方犯下的错误，这不利于事情的解决。

很少有人因为对方气势高过自己而被对方说服，他可能点头表示你说得很有道理，不跟你争辩，但是这并不代表你已经说服了他。

实事求是地看待下属所犯的错误及其所造成的后果。要让事实说话，而不要加入自己主观的评论。帮助他客观地分析问题产生的原因和解决的办法，要知道，你们的最终目的是使工作顺利有效地开展。

每个人的立场、经验和价值观都不相同，所以会产生许多截然不同的看法。听听对方的解释，也许这种解释会更加合理；他还有可能给你带来不同的信息。因此，不要剥夺对方说话的权利。

不要因为一个错误就轻易地否定你的下属。只是个错误而已，而且很多错误并不只是人的能力较低所造成的。千万不要说“你总是……”这样的话，更加不要说他无能，这会造成你在针对他的感觉，使他无法客观地面对自己所犯的错误。而且，他会产生一种抗拒的心理，想方设法为自己的错误找借口，而不是去承认。

很多公司的职员并不在乎自己的工作。如果他们认为自己的能力很强，而你针对的又是他们的话，他们可能会提出辞职。这样，损失的是公司的利益。

一些成功的企业家提倡一种“三明治”的批评方法。也就是在对别人提出批评的时候，先找出对方的长处进行赞美，然后力图使谈话在一种平和的氛围中进行，最后以赞美对方某一个优点结束。事实证明，这种批评方法十分有效。

受到赞美后，我们会更容易接受批评，这是人们的通性。因此，在你对犯错误的下属进行批评之前，应该适当地对他的优点进行赞美。

另外，人们在犯错误后，容易变得不自信，比如怀疑自己的工作能力，从而降低工作的积极性。

从这个意义上说，犯错误的人更加需要别人的肯定，只有赞美他们，才能帮助他们战胜错误给他们带来的不利影响。

让下属服从命令

让下属服从自己的每一个指令，这是领导极希望看到的事情。“拿着大棒轻轻地走路”，这个外交政策在让下属服从你的时候正好适用。在你“轻轻地走路”的时候，如果能够找出别人需要什么，然后告诉对方你能够满足对方，那么你就成功地控制了你的下属。

“称赞”这一古老方法依旧有效。告诉对方他干得十分出色，你实在很需要他，这样他就会听从你的命令。

了解他的需求，告诉他这项命令正是能够满足他的需求的，这样他就会很自然地为你效命。

告诉他如果能够干得出色，他就将得到很多实际的好处。这一方法很有用，但是你需要付出点儿东西；而上面两种方式不需要你付出什么。

如果上述的一切都遭到失败，不要灰心。不要忘记你是领导，把你的“大棒”在他面前挥一挥，这样他很可能就会听命于你。不过，你最好尽量少地使用这种方法。

巧妙地拒绝下属

当下属向你提出某个你不能满足的要求，或者提出某个你不同意的计划的时候，不要直接拒绝，你应该学会拒绝的技巧。

让他明白这是公司的制度或者他的计划的确不行，对任何人你都会拒绝的。不过尽量少以公司的制度来作为借口。如果他的确是那种可以通融的人才，不妨放他一马；如果正好相反，则告诉他你拒绝的理由。

为了使他容易接受，建议他换一种方案。比如，如果他想调整工作时间，但是现在公司却处在紧张的状态下，告诉他如果有同事愿意跟他调换，你可以同意他的要求。

还有一种不得已的办法就是拖延时间。它可以帮助你暂渡难关，一段时间以后，对方还会旧事重提，不过，那时候也许你会有更加巧妙的借口。

激励下属工作的积极性

我曾经看到过许多濒临破产的企业，他们的员工都是懒洋洋的，没有一点儿工作热情。我并不想讨论企业濒临破产是不是他们这么消极导致的，但是我敢说，如果能够激发他们的热情的话，这些企业中90%都可以起死回生。

我并没有高估这种威力，有很多人也是这么认为的。近来，越来越多的企业家热衷于领导艺术的研究，他们开始致力于研究如何使员工发挥出自己的潜能，从而走向事业的成功。他们发现，只有激发员工的这种工作热情，企业才能走向成功。

赞美是激起员工积极性的一个非常直接、有效的方法。安德鲁·卡内基非常善于运用这个方法去激励他的下属。他的下属之一、造船厂的总经理修韦伯曾经这么描述过他："公司里的重要人物、那些能干的人，基本上都是因为他的称赞而成功的。在我见过的大人物，其中包括不少优秀的企业家中，他是最擅长使用称赞而使人获得进步的。这种方法的确很有效，正是它成就了很多人的事业。它也是卡内基先生获得成功的一个重要原因。"

修韦伯本人也是自己描述的人之一，他从卡内基那里学到了赞美的方法。作为一个造船厂经理，他的职员的工作热情都非常惊人。

在建造塔卡特号轮船的时候，他们只用了27天就完成了任务，这又是一项新的纪录。为此修韦伯和所有员工举行了一次庆祝大会。他发表了一番赞美他们的演讲，并且送给每一个职工一枚银质奖章和一份威尔逊总统贺信的复印件。他还送给船厂每一位质量管理员一块金表。

挑起员工的竞争意识，这也是激起他们积极性的又一个绝好的办法。

一天，查尔斯·史考伯在下班时，被一位分厂厂长拦住。他对史考伯说："我不知道这是怎么回事。我用了各种办法去激励我们厂的员工，但他们却总是不能完成生产任务。"

"我很奇怪，"史考伯说，"你是一个能干的领导者，竟然也不能使他们热情地工作？"

"确实，"那位厂长哭丧着脸说，"我已经用了所有办法。我苦口婆心地引导他们、激励他们，甚至威胁和责骂他们，可是他们却无动于衷。"

于是，史考伯跟那位厂长一起去了工厂，当时正是他们厂白班和夜班的交替时间。史考伯拦住一位正准备下班的员工，问他说："你们今天生产了多少台机器？"

"6台。"那位员工回答说。

史考伯点了点头，向厂长要了一支粉笔，然后在地板上写了一个大大的"6"字，什么也没说，就一声不响地离开了。

那些上夜班的工人看到地板上的字很奇怪，于是就问那些上白班的人是怎么回事。

"刚才，史考伯先生来过，"上白班的人回答道，"他问我们生产了多少台机器，然后就在地板上写下这个数字。"

第二天史考伯再次到来的时候，地板上的数字已经被上夜班的人擦掉，改成了一个大大的"7"字。史考伯满意地笑了，然后又一声不响地离开了。那些上白班的人来的时候，看到这个"7"字，感到好像在说上夜班的人比他们强。他们当然不甘示弱，于是他们加紧工作。到下班的时候，他们得意地在地板上写了一个"10"字。

而结果是，到了月底，他们超额完成了生产任务。

我们看到，史考伯先生在整个过程中，从没有对那些员工说过要努力工作，但是他究竟使用了什么样的魔法，使他们积极主动地工作呢？很简单，他激起了员工的十分重要的竞争意识，就是那种相互超越的欲望。事实证明，这种欲望的力量是强大的。

每个人都有一个理想化的自己，而这个理想化的自己拥有几乎所有的美德。莎士比亚曾经说过："如果你希望拥有一种美德，不妨先假定你已经拥有了它。"看来，如果你给了对方一个美名，那么他会竭尽全力去做到这一点。

我的朋友钦特夫人最近雇用了一个女佣，并告诉她星期一上班。然后，钦特夫人打电话询问这位女佣以前的情况，她以前的雇主说她的表现不是那么让人满意。

但是要换人是不可能了，因为钦特夫人已经雇了她。于是钦特夫人想了一个办法。

星期一的时候，女佣准时到达。钦特夫人对她说："我昨天打了电话给你以前的雇主。她告诉我，你是一个诚实、勤劳的女孩；你的菜做得很好，而且很会照顾孩子。她说你唯一的缺点就是做事有点随便，屋子收拾得不是很干净。不过，我并不相信她说的话。因为你穿得十分干净和整洁，怎么可能不爱干净呢？"

这段话改变了这个女佣。她和钦特夫人相处得很好。这个本来不爱干净的女佣，为了维护自己的美名，每天勤快地打扫，不惜多花费几个小时。

与领导说话的艺术

听起来让人比较沮丧的是，你在职场的前途是由你的领导决定的，因此你必须得让他觉得满意；或许有些事情可能要询问同事的意见，但不管如何，你的升迁或加薪等事情毕竟最终是由他说了算的。因此，如果你身处职场，就要学会恰到好处地跟领导交流。

威尔逊是美国某连锁店的老板，每周他都会举行一次经理会议。某一年夏天，由于市场疲软，几家店的业绩连续几个星期都在下滑。威尔逊打算批评这些经理，但他并不打算直接对他们进行批评，因为这对公司没有任何好处。所以，会议一开始，威尔逊极力赞扬了这些经理，肯定了他们为公司做出的很大贡献——在市场这么疲软的状态下，都只是稍微减少了公司的利润。

本来打算为自己辩护的经理们对威尔逊的赞扬十分认同，他们感到自己受到了重视，心情自然就好起来，一个个都精神焕发。威尔逊的话音刚落，马上就有一位经理站起来发言。他对自己经营的店面的业绩下滑展开了自我批评，认为自己完全可以做得更好，并向威尔逊表示，他打算在下一阶段推行一些新的政策，力争使业绩回升。其他的连锁店经理也纷纷表明自己的意见和决心。这种热烈的场面是以前从来没有过的。

威尔逊作为连锁店的老板，具有绝对的权威，但是他明白用强迫的方式不一定能够达到自己的目的。事实证明，他采用的这种说话方式的确取得了成功。

如果说领导对下属应该注意说话的方式，那么下属对领导说话就更加应该注意。下面是一个十分有代表性的例子。

德国一家著名的电器公司在某一年推出了一个新产品。他们准备设计一个出色的商标，并把这个新产品重点推向日本市场。

这家公司的总经理亲自设计了一个商标，并为此自鸣得意。在一次会议上，他提议大家对他设计的商标进行讨论。会上，这位总经理说："我想，这个商标绝对是非常合适的。它的主题图像是太阳，看起来像日本的国徽，日本人一定会喜欢的。"

看得出来，这是次没有多少实际意义的会议，因为大家似乎都只有一种选择，那就是同意总经理的意见。所以，绝大多数人都极力赞扬这个商标设计得非常出色。

但是，一个年轻人——广告部的经理，站了起来说："这个商标并不太合适。"

这时候所有人的惊奇目光都集中在他的脸上，总经理也露出了惊讶的表情，大家都等着他继续往下说。

“它设计得太完美了，”这位年轻的经理不慌不忙地继续说，“毫无疑问，日本人一定会喜欢这样的商标。但是问题在于，我们的商品并不是全部销往日本，也销往其他亚洲国家。他们都会喜欢吗？”

这样，他不但给总经理留了面子，而且也巧妙地暗示了这个商标的错误。总经理在会后说，这位经理的话简直是“再高明不过的语言”了。

这位年轻的经理成功地使领导接受了他的意见。为什么他能够成功？因为他采用了正确的表达方式。

一般人如果认为自己的意见比领导的好，就会直接提出来，他们满以为领导会接受，但是事实往往与他们想象的相反——领导拒绝了他们的意见，于是他们就开始抱怨这个领导过于独断、自私和蛮横。

实际上，每个人都有这些性格特征，只是没有表现出来而已。当自己的意见被下属否定时，领导一定会产生一种不满意感，觉得自己很没有面子，而失去客观的立场。他拒绝下属的意见也是顺理成章的。所以，我们在与领导说话时，要注意使用这些方式：

主动地与领导交流

你不一定要等到领导召唤才走进他的办公室。如果你有一个工作上的意见或建议，随时可以去敲他的门。我还没有见过哪位领导的办公室是不让下属进的，一般而言，他们是欢迎你的。

主动与领导交流能够使你给领导非常好的印象，因为这代表你在用心工作。用心工作我并不反对，但是关键要让领导知道这一点。另外，了解所有下属是领导需要掌握的一种信息和基本的工作任务，因此即使你不找他，他也会主动找你谈的。

不卑不亢的态度

领导对身处职场中的人来说的确非常重要。即使某些人不是你的直接领导，也或多或少具有一定的影响力。

另外，他们的确在某些方面比你更加出色，在工作和事务上，他们也扮演着更加重要的角色。在这个意义上说，我们必须对他们保持相当的尊敬。

但这决不意味着你很卑微，因为在人格上，大家是平等的。传统的那种对领导一味奉承和附和已经没有多大的意义，你并不会因此给领导留下深刻的印象。

现在的领导都相信，自己需要的是有见识并且诚实可靠的下属。

随声附和除了能够满足他们的虚荣心之外，对他们没有任何意义，你需要勇敢地表达自己的观点。

要游走于尊敬和独立之间，做到这一点的确很难，但是如果你想在职场中取胜，只有做到这一点。你也可以把这当作一次挑战。

合适的表达技巧

为了不浪费领导宝贵的时间和展现自己的语言表达技巧，你应该言词简短——当然是要以把你的意思表达清楚为前提。注意你和领导说话的方式。做到语气适当、措辞委婉，继续保持那种尊敬和独立之间的平衡。注意一些说话的禁忌。选用那些合适的词语，不要使用和你的地位不相称的词语。这些词语包括“您辛苦了”“我很感动”“随便都行”等等，因为它们会让你听起来更像领导。

正确对待批评和指正

所谓的“正确对待批评和指正”是指，对领导所说的话，接受正确的部分，拒绝错误的部分。领导有责任、有资格对我们进行必要的批评和指正，他们比我们拥有更多的学识和经验，看问题也更加全面和深入，角度也更新。因此，我们不应该因为受到批评而羞愧，甚至怨恨；应该很高兴才对，因为我们又可以纠正自己的一个错误。

当意识到领导的观点有错误的时候，一般人首先会对自己的观点产生怀疑。这种怀疑是十分必要的，关键是不能因为怀疑而轻易地否定自己的观点。还有一部分人经过怀疑后确认自己的观点正确，却不做任何反应，就好像领导的话是金科玉律一样。

领导怎么可能没有错误呢？他们只是比我们少一些错误罢了。一种观点是，我们好不容易发现了领导的错误，因此不应该错过表现自己的机会；但我更喜欢换一种方式理解，即认为这是对工作的一种认真态度。做任何事情都要尽自己的所能做到最好，而不是采取马马虎虎的应付态度。

当然，向领导提出我们发现的问题也不是一件十分简单的事情。虽然我们一再强调领导应该宽容、大度和理性，现实生活却是另一番情景。他们往往在做事的时候并不那么理性，甚至比我们还偏激。

因此，我们应该采用一种既符合我们的身份又可以被他接受的方式，去提出我们发现的错误，并且说出自己不能接受的理由。当然，在任何时候，我们都应该以理服人。

千万不要当面顶撞领导，这会给领导和你自己都带来伤害。那些莽撞的，自认为有才识、有能力的下属常常以顶撞领导为乐，好像这能说明他的确很有才能和与众不同。也许的确如此，但是他们这样表现出来并不是很高明。

注意提建议的方式

如果你的领导对你说："有自己的想法是好的。"在一般情况下，这不是客套话。一般的领导都喜欢有想法的下属，他们似乎更喜欢那些新奇的玩意儿。千万不要忘记，正是这些东西能够给他们带来好处。

因此，向领导提工作意见，是博取领导好感的一个很有效的方法。当然，其实际内容也应很不错。不过，在此之前你必须先做一些事情。首先，你应该对自己的意见或建议有十分成熟的思考，而不是仓促之间一个灵感闪现。如果是一个建议，你最好不仅告诉他你的建议是什么，还要告诉他为什么要这样以及应该怎么做。有时候，一个点子的可执行性恰好是决定它的好坏的关键。其次，摸清你的领导的工作习惯，把握好交流的时机。当然，你不能在领导会见客人或者通电话的时候去见他，尽量不要在他专心思考某个问题的时候去打扰他。

不要表露“我比你聪明”之类的想法。这种想法本身就不是事实，也没有任何好处，它对你来说是致命的错误。因为这正说明，你向领导提建议的本意只是为了表明自己更加优秀而已，而不是为了工作本身。

如何向领导提出你的要求

为了谋求更高的职位和薪水，或者更好的工作环境，你可能需要向领导提一些要求。一般来说，领导对提出要求的下属的态度是：

理解，但也十分为难。领导感到为难的原因很复杂，其中有一些与下属无关，另外一些有关。为了使自己的要求更容易被领导接受，你需要注意一些提要求的技巧。

（1）不要提过高的或不切实际的要求。

领导不但无法满足你那些要求，而且会因此对你产生反感，它很容易使你和领导的关系变得很糟糕。

（2）注意你的措词。

不管你认为你的要求多么合理，都要尽量用商量的语气跟领导说话。不要让领导觉得自己受到威胁，或者被命令满足你的要求，他会不自觉地拒绝你，即使没有太多的理由。

与同事说话的艺术

不论你对同事多么喜欢或者讨厌，在跟他们交谈的时候，你都要首先尊重和体谅对方。每个人都有自己的优点和缺点，他们会给我们提供很多工作上的经验和知识。如果在你们之间划出一道鸿沟，你就失去了更多提高的机会。

除了亲人之外，最经常见到的人恐怕就是同事了。一般而言，同事和你仅限于工作上的合作关系，当然，你们可能成为朋友，且大部分同事的确如此。如果你愿意，你可以从同事那里学到很多有用的东西，就好像你从朋友身上学到的一样。

那些职场中的人们有时候会非常惊讶地发现，讲话方式有时候甚至比讲话的内容更重要。如果想要领导同意自己的某个计划，不仅需要这个计划很出色，更重要的是要让他相信；让下属努力工作的方法不是命令他们这么做，而是鼓励和建议他们这么做。同事不会因为出色的工作而尊重你，除非你也尊重他们。

就同事之间而言，说话的方式也很重要。相对于领导和下属而言，同事之间有的只是平等的合作。如果你打算请求同事配合你的工作，你没有权力要求别人这么做，所以就应该特别注意说话的方式。

少说话，多倾听

不要在办公室里唧唧喳喳地说个不停，这里不是表现你的演讲才华的地方。你应该把你的主要精力放在观察和学习而不是表现自己上。只有向你的同事请教工作上的问题，才会使你自己得到提高；否则，你就将落后于他人。

仔细倾听同事所说的话，不要因为对方说的话不重要或者没有水平就心不在焉，尽量发现对方说话中的积极因素。任何人都有可能成为你以后的合作伙伴、好朋友，甚至是顶头上司。

多赞美同事

不论是同事穿了一件漂亮的衬衫，还是工作干得出色，你都可以赞美他，因为这是最直接、最有效的使他对你产生好感的方式之一。当然，你不能毫无原则地赞美他，否则会给人一种不真诚的印象。

注意开玩笑的场合

为了活跃工作气氛，办公室里可能需要一些欢声笑语。你的一两句幽默话可能会起到这样的功效，也可以展示你的才华和个性，但是你必须注意开玩笑的分寸。

在专心工作的时间内，最好不要突然来一句幽默，这样不但违反纪律，而且会影响工作。不要把玩笑开得过火，否则势必会给你和同事带来不利的影响。

巧妙地拒绝

同事之间难免有工作上或者生活上的事情需要相互帮忙，但是有些时候你不得不拒绝对方的请求，这是让人为难的地方。

拒绝同事必须以维持你们之间的关系为前提。当你的同事打算请你办一件事情的时候，你可以告诉他你还有一些重要的事情要做，等把这些事情做完了，你才能帮他做这件事情。摆出你拒绝的原因，对方一定会理解你的。

巧妙地指正同事的错误

前面我说过，不要指责别人的错误，这样做，别人不但不会承认错误，反而会对你产生反感。当别人做错了事情或者说错了话，你应该采用委婉的方式指出来。在职场中，你更加应该这么做。如果说亲人、朋友犯了错误，你直截了当地指出来，他可能因为了解你或跟你比较亲密而接受你的意见；但是在职场中，情况就变得十分复杂。你和对方仅仅是工作上的关系，如果你直截了当地指出了对方的错误，很可能会引起你们之间的误会。

用一种行为或语言向对方暗示对方的错误。这是一种十分常见的方法。

“我的错误是……”以这样的话开始，对方可能会对你所说的话表示出很大的兴趣。人们似乎更愿意看别人犯了什么错误，而对自己所犯的错误并不关心。

在指正别人的错误之前，先说出自己的错误，这样更加容易掌握谈话的主动权。在心理学上，这实际上是一种平衡心理在起作用。一般的人可能对自己一个人犯错误感到不可接受，如果你提醒他自己也有错误的话，会使他更加容易接受。

用一种轻描淡写的方式提醒对方犯了错误。在一般的交流之中，领导说的每一句话，下属都会仔细地聆听；而那些注重下属的领导也会如此，这样就给了对方一个反思的空间。

“我听人说你最近心情不是很好，因此在工作上出了一些问题。”一位领导在下班后走出公司的时候，对他的下属说。这位下属说：“是的，不过我本不应该把我的情绪带到工作上来的。”如果这位领导非常正式地把下属叫到办公室，对他说同样的话，效果一定会大为不同。

那些聪明的人是不需要对方强调自己的错误的，他们都会从提醒中得到一些重要的信息；而那些并不怎么聪明的人，即使对他们进行了严厉的批评，效果也不会很好。当然，如果对方犯的错误的确很严重，给工作带来很大的麻烦，则应该用严肃和认真的语气提出来。

先肯定后否定。虽然这种方法非常老套，但十分管用。这实际上也是一种平衡心理的方式。用赞扬拉近你和对方的心理距离，从而创造一个十分和谐融洽的谈话氛围，这样对方就不容易因为你指正他的错误而对你产生抗拒。

“你一直干得很出色……”以这样的方式开头，让对方知道自己的错误是一时不慎造成的，而并不是他一直以来都如此。另外，这种方式实际上是告诉了对方你对这件事情的态度，并没有因为这件事情而否定他。

如果是你的领导犯了错误，这种方法仍然管用。我们举过的那个经理否定总经理设计的商标的例子中，聪明的经理对总经理说：“这个设计太完美了。”谁不喜欢听这样的话呢？那么接下来，领导自然会顺理成章地接受建议，只要你解释得合理。

这种方法十分高明。在整个谈话的过程中，甚至可以在许多人参加的会议上这么做。你并不需要提到对方犯了错误，而只需要直接告诉对方正确的做法是什么，让对方拿自己的做法去和正确的比较。这样做，对指正错误的效果也许会更大。

“我十分欣赏杰克。他上班从不迟到，对工作也相当认真。”你这么说，对方肯定会知道自己在某些方面没有杰克出色，并且知道了应该怎么做。最好的方法莫过于让对方自己意识到自己犯的错误。

办公室中禁谈的话题

我们在前面已经讲过了说话要注意场合，也可以说，每一个场合都有不应该说的话。在办公室里，同样有不能谈论的话题。我将把它们都列在下面。

（1）谈论薪水问题

千万不要问别人的薪水是多少，也不要讨论公司的薪酬水平如何，因为在办公室讨论这种问题对你没有任何好处。

人们往往会把薪水问题当作个人隐私。人们他们都喜欢知道别人的隐私，却不喜欢让别人知道自己的，因此，如果你不打算自讨没趣，最好不要问别人薪水多少。另一方面，很多公司都运用不平衡的工资制度，使员工有不同的薪水，这是公司采用的激励机制。同工不同酬对公司而言，是一件十分机密的事情。公司不希望引起员工和自己的矛盾，因此反对那些在公司里讨论薪水问题的行为；老板和领导也十分讨厌那些在办公室谈论薪水的员工。

当别人问及你的薪水的时候，你必须拒绝他。不要因为不好意思拒绝而去回答。当他有这个想法的时候，提醒他这并不是一个很好的话题；如果他已经问出了这个问题，告诉他自己不想回答这个问题。

（2）谈论家庭财产问题

很多人喜欢在办公室里和同事提起自己最近去了一趟欧洲，或买了一套房子，并且表现出很自豪的样子。他们的心情确实很好，但是这样却伤害了其他同事，因为实际上他们就是在炫耀自己家里有钱。

不要谈论关于自己家里的财产问题，这种问题除了给自己带来满足或者使别人伤心之外，不会有更多的作用。很多人喜欢拿自己家庭的财产和别的同事的比较，他们只是为了满足自己的好奇心和虚荣心。

（3）谈论私人问题

你大概从没有看到过一个人在办公室里向同事哭诉自己失恋了，但是我却看到过。那位下属并没有得到我的同情，而是受到我的批评。我给她的建议是，不管她是失恋或者热恋，都不要把她的情绪带到办公室来；并且不要在办公室里和同事分享自己的故事——这个地方并不适合做这些。

还有一些人喜欢把自己生活中的事情在办公室里和同事分享，比如，昨天猫生了几只小猫，小猫真是可爱极了。这的确是令说话者高兴的事情，但是对同事来说却很无聊。这些无聊的话题只会分散工作时的注意力，不会有助于工作。

（4）谈论你的理想

不要对你的同事发表演讲，说你以后打算怎么样。你现在只是职员，而不是老板，那些“我以后一定要自己当老板”之类的话，还是去跟你的朋友、家人说吧！更加不要说以你现在的能力应该可以做一个什么职位的话，这样会使你在无形中树立很多敌人。因为据我所知，几乎所有人都认为自己被低估了。你应该在工作中表现出你有多么能干，而不是表现在说大话上。

（5）说长道短

不要在一个同事面前说另一个同事或领导的坏话，或者是公司的坏话。那些人事关系的变动、职务的升迁都有自己的原委，并不是你想象的那样。搬弄是非对你没有什么好处，只是使你多了一种危险。你无法保证你的同事不说出去，即使他们看上去都十分可信。要知道，世上没有不透风的墙，即使你说的是一些非常中肯也没有什么恶意的话；人们传来传去，总会使你的话变了形，到时候，你会发现你已经无能为力了。

（6）和别的公司比较

不要拿自己的公司和别的公司比较。“家家都有本难念的经”，难道自己的公司一定就比别的公司差？如果你的确这么认为，另谋高就应该是你正确的选择；如果你不打算这样做，而只是抱怨别的公司比你的公司好，这正说明一点：你现在之所以在这个不好的公司，是因为你无能。

不要拿自己过去的公司说事。不要说“我过去的公司资本雄厚，工作环境好”。如果真是这样，你为什么不回原来的公司呢？老板不会喜欢你这样的话，同事也不会喜欢，因为他们好像听见你在说：“你们都是一群废物。”

谈判高手的说话之道

在我们的脑海中，谈判的场面一般都是这样的：双方都非常严肃地注视着对手，生怕错过对方的任何一个细节；然后，他们为了某一个问题高声争吵起来，甚至到了剑拔弩张的地步；最后，某一方得意洋洋地以胜利者的姿态走向门外，而另一方则垂头丧气，像泄了气的皮球那样。现在我们已经知道，谈判并不一定非得如此不可，因为我们都希望能够达到一种双赢的结果。即使我们希望自己能够获得最大的利益，也知道需要经过对方的同意，因此都会以一种温文尔雅的方式去取得。

1915年，洛克菲勒在科罗拉多州声名恶劣，遭受人们极度轻视。那次美国工业史上流血最多的工潮，震惊了这一个州，影响长达两年之久。

矿工们愤怒地要求科罗拉多州煤铁公司提高工资，而那家煤铁公司正是洛克菲勒经营的。矿工们损毁了厂房，以致最后不得不调集军队镇压。流血事件不断发生，很多矿工死在了枪口之下。

在这种情况下，仇恨的气氛萦绕在每一个角落，但是洛克菲勒想要获得那些矿工们的谅解。他也做到了。他是怎样做成这件事的？当时的情形是这样的：

洛克菲勒花费了几个星期的时间结交朋友，然后他对工人代表们进行了一场演说。这场演说，是他的一部杰作。它产生了效果，完全平息了工人们的愤怒情绪。他的这场演说赢得了很多人的称赞。这场演说中，他表现出极为友善的态度，劝服那些罢工的矿工们回去继续工作。其中最重要的一项就是关于加薪的问题，而那些工人们听了演说后却未在此事上提一个字。

不要忘了，洛克菲勒的这场演说的听众，是前几天还想把他的脖子吊在酸苹果树上的那些人。但是他所说出的话，真是比医生、牧师更为和蔼谦逊。

洛克菲勒开始就说：

“这是我一生中最具有纪念意义的一天，也是我此生第一次如此荣幸，能够和公司方面的劳工代表、职员，以及督查们聚集在一起。像今天这样的聚会，我会终生难忘。假如在两个星期前举行这样的聚会，那么我站在这里就是一个陌生人，即便有认识的，也为数不多。

“前一阵子，我有机会去南煤区的住处跟各位代表们一一谈话，拜访了你们的家庭，见到你们的太太和孩子们，所以今天我们在此相会，已经是朋友而不是陌生人了。在这种友爱、互助的精神下，我很高兴能有这样的机会，与你们一起讨论关于我们共同利益的事……”

像这样一场演讲，是不是化干戈为玉帛的一个最具体的例子？

如果洛克菲勒用了另外一种方法，与那些矿工们进行一次激烈的争辩，在他们面前用可怖的事实痛斥、胁迫他们，并且指出他们所犯的错误，那么结果又会如何呢？显然，那样会激起更多的愤怒和更多的仇恨，那些矿工们会更为激烈地反抗。

大概在一百年前，林肯说过：“一滴蜂蜜，要比一加仑的胆汁捉到的苍蝇更多。”我们对人也是这样，如果要人们同意自己的见解，就要先让他相信我们是他忠实的朋友。这就好比一滴蜂蜜，黏住了对方的心，我们也因此走向了宽广、理智的道路。

对于商人来说，知道怎样运用友善的态度对待罢工者，是一件很有必要的事情。一次失败的谈判会使双方都遭受损失，但如果运用恰当的谈判策略，也许能达到一种双赢的效果。

谈判中的态度

怀特汽车公司有2500个工人，为了能够增加工资，他们组织工会进行罢工。公司的经理白雷克非但没有震怒、痛斥、恐吓甚至指责他们是一场暴动，反而称赞、夸奖工人们。他在克里夫雷各家报上刊登了一则广告，赞扬他们这种罢工是“放下工具的和平方法”。

他看到罢工的纠察人员闲得无事可做，就去买了几套棒球，跟他们在空地上打起了棒球。他还为一些爱玩保龄球的人租了一间屋子。

白雷克友善的态度，获得了很好的效果。那些罢工的工人们，找来了扫帚、铁锹、垃圾车，自愿地把工厂周围的纸屑、火柴、烟头打扫干净。想想看，那些罢工的工人们，在要求增加工资和得到工会认可的时候，还不忘整理工厂四周的环境。这种情形，在美国劳资纠纷中很少见。那一次罢工，在一个星期之内就和解了，没有一丝怨恨和恶感地结束了。

在谈判的过程中，许多人担心自己的观点没有很好地被对方了解。如果你能够让对方知道你对他的观点已经十分了解，甚至告诉对方你知道他观点背后的一些想法，那么效果一定会很好。

首先，需要从对方的立场去思考问题。试着想象自己处在对方的情境之中会有什么想法和感觉，想要得到什么，以及会想什么办法来得到这些东西。但是，千万不要以自己的负面心理来随意猜度别人。

其次，积极倾听对方的意见，这一点至关重要。他的语言代表了他部分重要的思维，而他所表达的信息是你了解他思维的重要渠道。即使他没有把自己的真实想法表达出来，你也可以从语言中找出一些蛛丝马迹。所以倾听对方的意见当然是了解对方最直接的手段。

最后，你需要用真诚的态度表示自己很了解他，并且很理解他。如果有必要的话，你可以适当地复述一下他的观点或他的需求。

在谈判的过程中，坦白自己的想法是一个争取别人信任和同意的好办法。每个人都希望别人能够把心里话表达出来，并且坦率地和自己分享他的想法、感受和需要；每个人都喜欢跟真诚、坦率的人打交道，而且这也并不是什么见不得人的事情。当你毫无保留地把自己的想法表达出来的时候，谈判可能会让你收到意外的好效果。

直接挑明你们的共同利益和对方的利益，这一点胜过千言万语。冲突和矛盾意味着一些立场的对立，但是更多的却是共同利益的存在，而这正是人们进行谈判的原因。有时候对方坚持某项要求，并不是因为这项要求很重要，而是因为这种坚持的象征意义很重要。因此，你需要了解哪些是对方真正感兴趣和重视的利益。在你了解了对方的需求之后，最好反复强调能够满足他需求的那些利益。

如果你在谈判的时候遇到很大的困难，不要灰心丧气，你可以运用迂回的方法，来达到你的目的。英国人哈利说：“在战略上，迂回包抄常常是达到目的的最佳途径。”这句话恰好说明了迂回的重要性。有时候，直接的方法可能会使你失去方向，而间接的方法却能够达到你的目的。当大路走不通的时候，为什么不走小路试试呢？

那些谈判高手都会展现出一种大度、礼貌的形象，以营造出融洽、友好的气氛，即使他们和谈判对手的利益和立场的对立已经相当严重。事实上，他们的努力收到了应有的效果。礼貌的确能够使交谈双方心情变得更好，更加容易接受别人的意见和建议，也更加愿意满足别人的一些要求。谈判高手的这些方法值得我们借鉴。

有经验的谈判者，往往会借助高超的技巧，委婉、含蓄、间接地发表自己的意见。礼貌只是表达自己看法的手段，而绝不是目的。如果说他们的意见有可能伤害到对方的话，他们不是不把它表达出来，而是会选择另外一种让对方可以接受的方式，同时丝毫不会影响到自己想要表达的意思。在这里，主要介绍在谈判中经常用到的三种礼貌的态度。

首先，谦虚能够促成谈判的成功。在没有听清楚或弄明白对方的谈话内容、相关专业词汇时，有的谈判者以为说出来会影响自己的形象，因此避免说出来。其实，适当地表示自己有不明白的地方能够使自己得到对方的好感，也更加容易得到对方的帮助。那些趾高气扬，号称自己无所不知、无所不能的人，才容易引起对方的反感，因而也会勾起对方挑战的欲望。因此，适当地说“我不太清楚”“这个词是什么意思”这样的话，对谈判是会有促进作用的。

适时地对对方表示欣赏，也有利于谈判的成功。每个人都希望受到别人的尊重，喜欢被人称赞，这是人的天性。工程师斯托伯就曾经利用这一点成功降低了他的房租。

斯托伯觉得自己住的房子房租有点高，希望能够减少一些租金，但是他知道房东是一个执拗的老顽固。于是，斯托伯给他的房东写了一封信，告诉他要在租约期满后搬出公寓，但是其实他并不想搬，如果能够降低房租的话，他愿意继续在这里住下去。

房东收到他的信后，带着他的秘书一起来了。斯托伯站在门口热烈地欢迎了他。斯托伯并没有一开口就提到房租高的事情，开始的时候只说他是如何喜欢他的公寓，赞赏他管理房子的方法，同时告诉他，自己很乐意继续住下去，但他的经济能力无法承担。

相信这位房东从未被房客这样夸赞过，所以他有点不知所措。接着，他告诉斯托伯，他也遇到了许多困扰——他说有房客一直向他抱怨。其中有个房客甚至写了14封信给他，有的简直就是在侮辱他。还有一位房客恫吓他，除非楼上的人睡觉不再打呼噜，否则就立即解除租约。

房东对斯托伯说："对我来说，能有你这样一位房客，再好不过了。"然后他主动降低了租金。斯托伯希望租金还能够再低一些，就说出自己所能负担的数目，房东也没有多说一句话就接受了。

如果当时斯托伯用与其他房客相同的办法要求房东降低房租，相信会跟他们遭遇到一样的情况。是这种和善、赞赏的方法，才使他获得如此效果。

最后，当对方称赞你或者表示同意你的某个意见的时候，你应该对他表示感谢。"谢谢"是被运用得最广泛的一个词，在谈判桌上它仍然有效。任何人都希望自己被人重视，能够对别人有所帮助，因为这能够体现自己的价值。

在营造平和、融洽的气氛的时候，应该避免犯那些不该犯的错误，下面的这几点就是谈判时的一些禁忌。这些禁忌会使气氛变得不和谐甚至使双方对立：

（1）弄虚作假

（2）卑躬屈膝

（3）目中无人

（4）以自我为中心

（5）咄咄逼人

（6）信息不确定

谈判中的让步

电器设备供应商泰莰公司生产的电机产品在国际上处于先进水平，而且型号齐全，公司服务完善。当公司打算进军波士顿的时候，那里的市场已经被另一家电机生产公司——肯德公司占领了。泰莰公司一直在努力争取，却没有能够占领一席之地。后来，他们了解到伍德公司正打算引进电机设备，于是就派了业务员和对方进行谈判。为了能够打破肯德公司的垄断地位，泰莰公司在价格上做出了很大的让步，最终和对方达成了协议。

这种让步虽然让他们开始进入波士顿市场，但是在波士顿的产品价格却比其他地方的价格低了很多，而且提价也变得十分困难。

这个案例给了谈判者一个印象，那就是在谈判中不能让步，否则对自己会很不利。他们认为，泰莰公司完全可以依靠自己性能先进的产品和完善的服务跟肯德公司竞争，最后也一定会取得胜利。

的确，在谈判中，泰茨公司在价格方面的大幅让步，使得他们以后的经营陷入了不利的局面。但是，他们公司的做法的错误，不是在谈判中做出了让步，而是他们在价格方面做出了让步。因此，不能因为这个案例就否认让步在谈判中所起的作用。我们完全可以想象，如果泰茨公司咬紧牙关一点儿都不让步，他们肯定无法进入波士顿市场。

在谈判的过程中，谈判的双方不可能都没有让步，否则就无法达成一致。既然是谈判，那么就必然存在可以沟通的空间。如前所述，谈判者只是在尽量争取使达成的协议逼近对方的底线，而并非一成不变地进行交谈。可以说，正是让步使谈判变得有意义。必须强调的是，谈判者的让步也不是没有目的、毫无意义、无原则的妥协退让。

谈判过程中，有些时候应该坚持自己的观点，有些时候则应该做出一定的让步。把握好这个分寸是十分困难的。因此，我们必须讲究一定的策略，即在必要的时候让步。谈判者在谈判中让步，一般都是希望对方也同样能够做出让步。这样做有两种作用：一是用自己的让步来满足对方的需求，对方才会满足自己的需求；二是表达自己的诚意，表示自己希望协议达成。

是否让步、如何让步，这是关于让步的两个基本因素。下面我简单介绍一些在让步时必须掌握的原则：

（1）最好不要首先让步

（2）只能在次要问题上让步

（3）在损失很小的时候让步

（4）每次让步小一点

（5）估计自己让步的价值

（6）拒绝对方让步的要求

不要因为你需要达成协议就轻易答应对方的要求，因为对方也有同样的需求，否则你们就不会坐到一起来谈判了。

谈判中的语言陈述技巧

许多谈判者在谈判的过程中闪烁其词，似乎在隐瞒自己的想法和动机，这样势必会给对方留下一种不真诚的印象，从而影响谈话气氛的和谐。谈判者应该把自己的想法和需求明白地表达出来。只有这样，对方才能知道你的想法，或者满足你的需求。另外，把对方想了解的情况告诉他们，这样你才能得到对方的信任，从而也了解对方的想法，并最终达成一致的意见。当然，你只需要在一定程度上坦诚相对，某些时候，绝对的坦诚可能会被对方利用。

谈判的目的性和急促性不允许你发表长篇大论，你们需要的是马上找到一个明确的解决方案。不要使用过多的论据来证明你的观点，这样会使对方无法抓住重点，认为你说了太多的废话。事实证明，大多数谈判者都对那些夸张的、有着许多虚华文采的字句很反感，并且会在谈判的过程中显现出不耐烦。直接说出你要表达的观点，并且进行必要的解释和说明，这样就足够了。

很多谈判者急于表达自己的观点，希望尽快说服对方同意自己的意见，以快速地达成协议，因此总是非常急促地说话。这样做的后果是对方并不明白他说了些什么，并且对此颇不耐烦。另外，有一些谈判者总是打算用气势压倒对方，似乎希望对方连话都不要讲，想用这种方法赢得谈判的成功。这样做的后果是对方干脆保持沉默，但是也决不会同意他的观点。这两种做法的结果都会使谈判破裂，无果而终。因此，不要试图用咄咄逼人的气势去压倒对方，最好使用平和的语调；也不要使用过快或者过慢的语速，只要对方能够听得清楚就行。

在谈判中，为了使你看起来更加有实力，你可以使用一些专业术语，但是，有一些谈判者对专业术语的处理方式令人失望。他们抛出一个专业术语之后，往往不做任何解释，就直接运用在下面的谈话中。他们想当然地认为，对方应该明白自己所说的词。实际上，即使是在商业谈判中的谈判者也未必就一定是专业人员，他们更多的可能是业务人员，更不用说其他类型的谈判了。只有对那些专业术语进行恰当的处理，如询问对方是否懂得自己所说的意思，或者干脆进行一些简单的说明，效果才会更好。

（1）缓冲语言

在谈判的过程中，谈判双方的观点难免发生冲突，双方的需求自然也会有矛盾。为了使自己的想法和观点更加容易被对方接受，你需要使用一些缓冲对立的语言技巧。比如，“你的观点有一定的道理，但是我有另外一些想法，不知道对不对……”这样你既没有直接指出对方观点的错误之处，也没有拔高自己的意思，而是以一种商量的口气表达了自己的看法。对方的观点得到了一定程度的肯定，所以对方不会反感你，也不会对你的观点产生抗拒，因而也更加容易接受你的观点，也许还能够平心静气地跟你一起讨论。

（2）解围语言

有一种情况是所有谈判者都不愿意看到的，那就是谈判似乎马上要破裂了。谈判双方出现了难以调和的矛盾和冲突，气氛也变得紧张起来。双方好像站在完全对立的两面，都陷入尴尬的境地。这时候，需要运用解围语言来处理这种局面，比如：“我觉得我们这样做，可能对谁都不利。”指出谈判正朝着危险的境地发展。对方也一定不愿意看到这样的情况出现，而你也表达了你希望谈判成功的诚意，因此这样做一般会使气氛变得好起来，双方也更加可能达成协议。

（3）弹性语言

我们在前面已经说过，应该针对不同的人说不同的话。这并不是说要改变自己说话的内容，而是要运用一些说话的技巧而已。在谈判中也应当如此。如果对方谈吐优雅，文明礼貌，谈判者也应该尽可能使自己文雅一点；如果对方朴实无华，语言直接，那么谈判者也不必使用那些高雅的词语。这种做法能够快速而有效地缩短谈判双方之间的距离，更加有利于沟通思想、交流感情。

（4）肯定语言

即使对方说了一些愚蠢的话，你也不要直接指出来。应该尽量看到对方正确的地方，并且诚恳地指出来。你无法使一个受到指责的人同意你的观点，除非你肯定他。更重要的是，千万不要在谈判结束的时候说一些否定性的话，这样会使谈判以一种不愉快的方式结束，也会对以后的交流产生很大的影响。应该告诉对方，这次谈判让你收获不小，跟他谈话是令你很愉快的事情。

谈判中的问答

在一次谈判中，卖方和买方进行了如下的对话：

卖方："看起来你好像对我们公司的洗衣机不太满意，我可以知道是什么原因吗？"

买方："我不太喜欢你们洗衣机的外形，它看上去好像不是很结实。"

卖方："的确如此。如果我们在生产下一批产品时，改变它们的造型，使之能够防腐，你是否会满意呢？"

买方："这很好。不过，这样一来，交货时间一定会延迟很多了。"

卖方："那么，如果我们能够尽量缩短交货时间，按照你要求的时间交货，你能够马上签字吗？"

买方："完全可以。"

我们看到，在这次成功的谈判中，由于卖方提问得恰当，最终使双方达成了协议。这说明提问在谈判中的确十分重要。可以说，提问在严肃而紧张的整个谈判过程中，自始至终都发挥着重要作用。正如我所举的案例中的卖方一样，那些谈判高手对提问这一方式的运用有着十分娴熟的技巧。正是这样的提问，使他们始终有力地控制着谈判的方向，牢牢地掌握着谈判的主导权，从而通过谈判达成了对他们有利的协议。

那么，提问在谈判中究竟有什么作用？具体地说，有以下一些作用。

（1）开场时投石问路

许多谈判高手在已经做了充分的准备、非常了解对方的情况下，为了获取更加具体、可靠的信息，在谈判开始时都会使用提问这一方式。谈判该采取什么样的策略、对方可能会有什么想法，谈判者都能够在开场的提问中获得一定的信息，然后再利用这些信息去制定或改变自己的谈话策略。

（2）获得信息

提问是谈判者获得对方信息的最直接、最有效的手段。对方的真实情况是什么、需求是什么、想法是什么，都可以通过提问来得到。不过，我们需要注意对方提供的信息是否真实。

（3）提请对方注意

为了吸引对方对我们提供的信息的注意，你也可以使用提问。提问可以建立自己的观点和对方意见之间的联系，使对方认真思考你所表达的观点。比如，“我认为……你觉得是不是这样？”这种方式很自然地会把对方的注意力吸引过来，使对方不得不给你一个答案。因此，即使你的本意并不是想询问对方的意见，而只是表达你的观点，也可以使用提问。

（4）传情达意

当对方谈了一个看法的时候，提问可以传递你对这个看法表示关注的信息，而对方一定会非常热情地回答你的提问，这样就营造了一种和谐的谈判气氛。比如，“我对你所说的很感兴趣，不过我有一个问题……”这表示你对对方所说的东西十分关心，而对方一定也会用同样的关心回报你。

（5）引发对方思考

提问当然能够引起对方的思考。你不能直接地对对方说：“关于我刚才说的，你好好地想想吧！”因为这样说似乎是一个命令。你可以说：“关于我的意见，你有什么看法呢？”这样自然更加容易让对方接受。

（6）谈判结束时做结论

在谈判快要结束的时候，结论可以以提问的形式出现。比如，“现在是不是该到下结论的时候了？”这种问话很明显地比说“让我们赶快下结论吧”更加容易得到对方同意。对于后者，对方的回答很可能是“不急，还有些问题没有解决”。

上面提到的是谈判中提问的重要作用。如果谈判者想要取得谈判的成功，就有必要学习恰当地提问的技巧。

总的来说，提问应该使谈判朝对你有利的方向发展。具体来说，在运用提问这一方法的时候，应该注意以下一些问题。

（1）把握恰当的提问时机

提问十分重要，这也恰好说明不能滥用提问这一方法。不要认为随时都可以提问。不要在别人谈兴正浓的时候打断别人的谈话，这样显得很没有礼貌，也会使谈判受到影响。

（2）提恰当的问题

谈判者提的问题一定要有针对性，也就是要提恰当的问题。提问应该把谈判引到某一个方向上去，而不能随意发问，不要因为那些跟谈判没有关系的疑惑去提问题。在谈判中，如果你了解到对方可能对某个问题产生了怀疑，你可以用提问的方式去引导他把自己的疑惑说出来，然后找到合适的说辞进行有针对性的说服。在提出一个问题之前，你最好能够对自己的问题进行思考。要避免那些可能有歧义、让对方不知道怎么回答的问题。

（3）用恰当的方式提问

我们知道，提问的内容一样，得到的回答却可能不一样。这是提问方式的不同所引起的。提问的方式十分重要，要有技巧地表达问题。

一位信徒问牧师："我可在祈祷的时候吸烟吗？"

牧师答道："当然不行！"

另一个信徒问同一位牧师："我可以在吸烟的时候祈祷吗？"

牧师答道："当然可以！"

两个相同的问题，却得到了完全不同的回答，这是因为提问的方式发生了变化。

有问必有答。如果说提问是贯穿在整个谈判过程中的重要组成部分，那么跟它相匹配的应答也有着同样的地位。关于应答的重要性，我们已经在前面说过，但由于谈判在某种程度上具有强烈的针对性，因此应答在谈判中也显得更加重要。

在《新约》里有这样一个故事：犹太人和法利赛人带来了一个通奸的女人，他们当众问耶稣："按照摩西的法律，应该用石头砸死这个女人。你说应该怎么办？"这是一个圈套。如果同意的话，耶稣身为一个"救世主"就要为这个女人的死负责任；但是如果不同意，那么他就违反了摩西的法律。于是耶稣说："你们中如果谁没有犯过错的话，谁就用石头砸死她吧！"众人扪心自问，都觉得自己并不干净，于是就走开了，而那个女人也就得救了。

在谈判的时候，有些问题不见得比耶稣面对的问题更难回答。耶稣凭借自己的聪明机智巧妙地回答了，而有些谈判者却倒在了那些问题面前。

那么，在谈判中该如何回答问题呢？

这里，把我所了解的一些应答技巧告诉你们，并且希望大家从此能够从容地应答所有问题。

（1）留下充分的时间进行思考

回答问题之前，你应该给自己留下充分的时间进行思考。不过，一般来说，在谈判的过程中，对方不会给你充裕的时间让你从容地思考。因为他知道，时间越长，你越能给出对你自己有利的回答。在这种情况下，即使他催促你立即回答，你也可以礼貌地告诉他，你必须对这个问题进行思考，需要一些时间。

（2）对问题进行分类

你思考的第一点应该是对问题进行分类。

第一类问题，像你的一些基本的信息等，由于对方并没有敌意，而且说出来对你也并没有什么影响，如果你还闪烁其词的话，就显得不够真诚了。（甚至有可能是对方用已经掌握的信息在对你进行试探。）

第二类虽然没有敌意，却是你不想回答、不便回答的问题，对方可能是无意之中问的，也有可能是故意这么问的。总之，回答这类问题应该把握好分寸，看是否会对谈判有影响。

第三类问题是发生在你们的矛盾很严重的时候，对方可能因为对你的行为有所不满，对你有敌意，所以问这样的问题。回答这种问题时应该礼貌，不应该采取针锋相对的态度，然后把握好回答的分寸。

（3）转移话题

在有些谈判中，对方可能会直接问你底线问题。如果你回答了，那么会很明显地陷入被动。对于底线这样的问题，你自然不想这么直接地告诉他，因为在一般情况下，无论哪一个谈判者都不希望谈判结果只是底线。一旦告诉了对方你的底线，就已经失去了继续谈判的意义。对于这样的问题你必须想办法进行转移。比如，对方问你，产品的价格最低是多少。你可以跟他说，你提供的价格绝对不会过高，在你告诉他之前，你打算先介绍一下你们产品的一些优越的性能。这样，你就把话题转移了，也为自己赢得了主动权。

（4）模糊回答

对那些不得不回答，但是难以立即做出回答的问题，你可以使用模糊语言，即那种给对方不确定的答案的语言。比如，对方问你价钱最低多少，你可以说："不会高于你能承受的价格。"这种模糊语言显得十分巧妙，既回答了问题，又没有使你陷入被动。

模糊语言能够为自己留有足够的余地。比如在应聘的时候，面试人员问你："你的期望工资是多少？"你不能给对方一个确定的答案，但可以说："2500到3500之间。"这样，显然有可能与对方能给你的工资符合。

（5）延迟回答时间

当对方要求你立即回答某个你不想回答的问题的时候，你可以拖延回答的时间。比如，你可以对对方说："我想，现在还不是谈论这个问题的时候吧！"或者："我现在没有第一手的资料，我想等我查阅完第一手资料后再给你一个详尽而准确的答复，这样可能会更好些。"这些理由都具有不可辩驳的说服力，因此你将不会再遇到同样的问题。

不过，这也只是暂时的。你这一次拖延回答对方问题的时间，下一次就不能再借故拖延了，因此，最好找一个更好的办法来解决这个问题。

（6）适当地处理对方的错误

由于沟通上的问题，对方可能并没有完整地理解你说的话，产生误解是谈判中经常会出现的情况。一些谈判者在对方误解自己的情况下采取了观望的态度，如果这种误解有利于自己，他们就视而不见，将错就错；而如果对自己不利，则马上指出对方的错误。这是一种只看眼前而不顾长远的做法，他们害怕自己会受到损失，而忽视了谈判实际上是以坦诚为基础的。

这种情况下的正确做法是，不管对方的误解对自己有利还是不利，都应该委婉地提出来。你不用担心会因此而遭受损失，那些东西可能并不是你应该得到的；如果你隐瞒了真实信息，那么等对方发现的时候，你会得不偿失的。

谈判中如何拒绝对方

谈判就是为了满足双方的要求而彼此参与的过程。每个人的需求不同，因而会展现出不同的行为和表现。虽然我们希望双方能够配合默契，顺利地完成谈判，但是大多数情况下，利益冲突导致的问题还是会不断地发生。鉴于要营造一个平和、融洽的谈判氛围，以使谈判成功，我们不能直接拒绝或否定对方，而是必须进行有策略的拒绝。

在下面这个十分经典的案例中，谈判的一方使用了一种极高的拒绝策略，使原本对对方有利的局面变成了对自己有利的。

美国有名的电器生产商海锐公司和另一家不怎么有名的公司进行商业谈判，希望能够把电器设备卖给那家公司。那家公司的三个采购代表看起来像他们的公司一样不起眼，而海锐公司的谈判代表则准备十分充分，并且似乎十分精于谈判。

海锐公司的谈判代表约翰和他的同伴们的表现是压倒性的。他们在一开始的时候拿出准备好的一大堆图表、图像和数字，无可辩驳地说明了他们公司的电器产品是最合适不过的。等他们介绍完自己的产品之后，两个小时已经过去了，而对方在整个过程中一直安静地坐在沙发上，一句反驳的话也没有，只是默默地听着。

约翰说完之后，吐了一口气，轻蔑地对反应迟钝的对方说："你们觉得怎么样？"

其中一位采购代表彬彬有礼地说道："的确，你讲得十分精彩，但是我们却不大明白。"

约翰惊诧地问："你们不明白？我们讲了这么久，你们居然说不明白？那好，你们不明白什么？"

采购代表说道："所有事情。"

锐气十足的约翰感到不可思议。因为他们的介绍十分详尽，而且颇具说服力。

他只得问道："你们从什么时候开始不明白的？"

"一开始，"采购代表说，"我们从一开始就不明白。"

约翰又能怎么样呢？于是他问道："你们想要我们怎么样呢？"

“你最好重复一遍吧！”

约翰像泄了气的皮球一样，刚才的那股信心和气势一下子都不见了。

对方并没有针对某一点提出反对，他们的沉默就是对所有意见的否决。但约翰和他的同事们难道会继续用两个小时来重复介绍他们的产品吗？当然不会。采购代表们正是运用这一点巧妙地拒绝了对方，同时也为自己赢得了谈判的主动权。果然，海锐公司的价格开始下跌，而且形势对他们越来越不利。

这就是拒绝策略的奇妙用处。在谈判中知道何时拒绝、如何拒绝，你会收到很好的效果。有些谈判者担心拒绝会给自己带来不利的影响，因而即使不同意对方的意见，也从不表现出来。他们担心的其实不是拒绝本身所带来的影响，而是担心拒绝的方法不当。

另外，我们鼓励谈判者进行拒绝，并不意味着他可以随时拒绝对方。

谈判者如果不是对对方表示不满，或者想和对方进行争论，就不要轻易地使用拒绝。你必须在恰当的时机进行拒绝。比如，当对方的确非常想要买下你的产品，却因为价钱的问题迟迟做不了决定的时候，你可以对他说：

“先生，我决定不卖这件产品了。”一般情况下，对方都会提高价钱来购买你的产品。

究竟该如何拒绝谈判中的对方？我觉得以下这些拒绝方法值得借鉴。

（1）援引客观条件的限制

在很多情况下，如果对方给你提出了一个无法回答的问题，而且无论你怎么解释，对方都苦苦纠缠的话，你最好表示自己也爱莫能助，由于客观条件的限制，你无法回答对方的问题。这样能够使对方不再纠缠，并且对你表示谅解。

所谓的客观条件主要包括两个方面：

一个是局限于你自身的客观条件，比如技术力量、权限和资金条件等；另一个是社会条件的限制，比如法律、制度和形势等。当然，这两者可以单独使用，也可以综合运用。

（2）先肯定后否定

当对方提出了一个要求或看法而你不能同意的时候，你可以先找出其中合理的部分予以肯定，然后委婉地表示你不能确定其他的部分。“总的来说，你的看法有一定的道理。”以这样的话语答复对方，对方会更加容易接受你的意见。

在谈判的时候，尽量不要使用否定性的词语，即使你需要表达出来，也应该用一种更加有技巧的方式。对每个人都应如此，尤其是谈判的对方。他们是提供给你某种利益的人，一旦遭到了否定，他们就会产生不快，从而产生一种抗拒的心理。

（3）以攻为守

当对方提出某个你不能接受的要求的时候，为了不受到对方的牵制，你可以化守为攻。你可以提及对方在前面拒绝的你的某个要求，告诉对方你可以同意他的这个要求，但是他也必须满足你的那个要求，并说对方的这个要求跟你的那个是一致的。这样，即使你同意了对方的要求，也不会有任何损失。

（4）引导对方自我否定

即使对方提出了一些不合理的要求，你也不要针锋相对。有时候，你可以旁敲侧击地暗示对方，让他认识到自己的看法有一定的局限，进而自觉地撤销自己的不合理要求。只有让对方自己否决自己的想法，他才会真心地接受，而不会产生不快。

（5）补偿安慰

如果你不想因为拒绝而引起对方的不快，但是又不得不拒绝，你必须想办法对对方进行补偿和安慰。不论你的拒绝策略有多么巧妙，都终究掩盖不了拒绝了对方这样一个基本的事实，对方可能会因为被拒绝而产生消极的情绪。这时候，你必须想办法进行补偿和安慰。

提出你可以满足对方某一个对你来说无关紧要的要求，或者对你的拒绝表示遗憾，这样，对方的心情可能会好一点儿。充分地表达你的谈判诚意，这一点对你来说很重要。

谈判中的说服技巧

谈判在某种程度上是一种要求很高的说服术。一般的说服术预设了一个前提，即你要么能说服对方，要么不能说服对方，而对方一般不会反过来说服你。但是在谈判的时候，由于谈判双方地位的平等，你需要做到的是，在对方说服你之前先说服对方。

许多人认为，要在谈判中说服对手太困难了，因为双方的利益冲突实在是很激烈。为了解决这个问题，我先举一个小例子。

我和一位同事曾经到曼哈顿出差。在我们吃早餐的时候，因为点完菜之后还剩下不少时间，于是同事出去买报纸。大概10分钟之后，他两手空空地回来了，嘴里似乎还在咒骂着谁。

“怎么回事？”我问他。

“该死！”他回答道，“我到马路对面那个报刊亭去买报纸，当我拿到报纸后，递给了那家伙10美元。他居然不接我的钱，而是把我手里的报纸拿走了。之后他还教训我说，他的工作不是在上班高峰期为别人找零钱。”

“这的确让人不高兴。”我说。

“这个傲慢无礼的家伙！”那位同事接着说，“我敢打赌，像他这种爱发脾气的人是绝不会给别人兑换10美元的。”

“虽然我不喜欢跟人打赌，”我说，“但是我愿意接受这一挑战。我待会儿就去和那个老板试一试。”

于是，我在吃完饭后就去了同事所说的那个报刊亭，而他在饭店门口看着。当那个报刊亭的老板注意到我的时候，我用一种胆小的外地人的声音对他说：“先生，不好意思，我不知道你能不能帮我一个忙？”

那位老板随口问道：“什么事？”

“我是外地人，”我说，“我需要一份《纽约时报》，但是我只有一张10美元的票子。我该怎么办呢？”

还没等我把话说完，对方就递给我一张报纸，说：“拿去吧，这不是什么大事！”

我的同事亲眼目睹了这一幕，他后来称这件事情为“54街上的奇迹”。

很多谈判者都像我的同事一样，把在谈判时说服别人当作是一件十分困难的事情。他们都把谈判对手想象得过于固执。我对我的卡耐基口才训练班的学员多次说道：“这并不困难，只是需要技巧而已。”

的确如此。既然谈判双方都坐到了谈判桌前，就必定有着共同的利益。双方深知，如果要对方满足自己的要求，那么自己就一定也要满足对方的要求。为了达到说服别人的目的，你只是需要一定的技巧罢了。

那么，谈判者需要什么样的说服技巧呢？以下是比较重要的几种方法。

（1）迎合对方的需求

在此之前，你已经对你的谈判对手做了一定的了解；而在谈判的过程中，相信你也已经对对手有了更进一步的了解。在此基础上，你首先要确定他的需求，然后针对他的需求进行说服。

你只有告诉对方自己的意见能够满足对方的需求，才更加容易让对方接受。任何人都只对自己感兴趣——在谈判中尤其如此。他所有的善意举动可能都是为了你能满足他的需求，因此，这一点特别重要。

（2）评估对方的实力

如果对方的实力足够强大，他们可能就会对那些蝇头小利没有太大的兴趣。大企业或者实力较强的人，一般更加注重的是品牌或荣誉，因此，尽量满足对方这些方面的要求对你的说服工作可能大有帮助；如果对方的实力较弱，则往往对价格、价值、服务更加关心。只有针对不同实力的谈判对手采取不同的策略，才会最大限度地得到对方的认同。

（3）赢得对方的信任

信任是使对方同意你的观点的第一步，同时也是最重要的一步，对那些陌生的谈判者来说尤其如此。尽量消除对方的不信任感、担忧或恐惧，这会使你更加容易说服对方。

（4）寻找共同点

尽量找出你们的共同点，即使是谈判者个人方面的，这样可以拉近彼此之间的距离，使对方不至于抗拒你的意见。你可以从你和对方的职位、兴趣以及许多看法中找出一些共同之处，这样更加容易拉近彼此之间的心理距离。另外，共同利益应该是你们始终关注的，因此，在谈判的过程中要不断强调这一点。

（5）态度要诚恳

使用礼貌而且谦虚的态度说服对方，不要因为你的观点比较高明就轻视对方甚至否定对方的意见。在你说服对方之前，你需要的是对对方的尊重，而不仅仅是摆出你的意见。

（6）不要指责对方

无论对方提出了多么愚蠢的意见，你都要把你的态度放在心里，而不要显露出来。你应该对对方提出的意见给予称赞，并找出其中一些值得肯定的地方，然后再说出自己的想法。不要指责对方犯了错误，这样只会使他坚持自己的意见，而不会听从于你。另外，在谈判中，最好不要使用否定性的语言。

谈判中如何才能打破僵局

谈判似乎总是要经历双方都不愿意见到的局面：谈判气氛似乎都凝固了，双方沉默不语，注视着对方，好像都心怀鬼胎一样；或者双方为某个问题发生争执，面红耳赤地进行辩论。这种局面不知不觉地发生了，它使双方都陷入尴尬的境地。

这就是谈判中的僵局。僵局在某种程度上象征着谈判的破裂，是对双方的极大伤害。为什么会产生僵局呢？因为双方都不肯在某个方面让步，因而无法达成一致的意见。这是一般的情况，然而，有一些谈判高手喜欢利用僵局来促成谈判的成功，因为人们一般都不喜欢僵局。他们可能会在许多次要的问题上让步，而当谈到主要的、原则性问题的时候，则利用僵局来实现他们的目的。他们可能会对对方说："我们已经做出了最大让步，充分表达了我们的谈判诚意。现在，我希望你们也能够做出一点让步，否则的话，我们只能对这样的结局表示遗憾。”

为了谈判的成功，大多数谈判者还是希望能够尽快打破僵局。那么，如何打破僵局？

（1）保持稳定的情绪

很多谈判者因为想要坚持自己的意见、改变别人的看法，会变得非常激动。我们知道，当人们在激动的时候，往往会失去理智。也许在谈判之前他已经想好了该怎么处理僵局，但是当僵局真正出现的时候，他们却忘记了之前想好的做法。另外，有一些谈判者似乎已经做好了最坏的心理准备：既然对方能对他们的要求不依不饶，恐怕自己的目的达不到了，也没有希望获得谈判的成功。这使得他们放弃了原来的礼貌和谦逊，口气开始变得咄咄逼人，甚至开始指责对方。总之，不论因为何种原因，他们都已经对谈判失去了信心。

由于我们之前已经预测到谈判僵局可能出现，那么等它真正出现的时候，就不应该使其成为谈判的终结。你应该慢慢地平息自己激动的情绪，对谈判的成功恢复信心，然后采取积极的对策。消极回避对谁都没有好处。

（2）换个话题缓解紧张气氛

当对方不论你怎么解释都不同意你的要求的时候，你不妨转换一个话题。并不是再也不提你们发生争执的话题，而是将其暂时搁置，到适当的时候再进行讨论。转移话题的作用非常明显，它可以缓解紧张的气氛。只有这样，才能使双方平心静气地展开讨论，不再发生争执，有利于谈判的成功。对你来说最重要的事情是缓解谈判的紧张气氛，因为这对谈判而言是致命的威胁。

然而，转换话题并不是一件容易的事情。它并不是消极地回避，而是积极地争取机会。在适当的时候，你的话题还是要回到你们产生争执的地方上来。因此，转移的话题必须跟你的主题有关，只有这样，才能保证随时都能把话题转换回来。不要谈那些不着边际的话题，这会让对方认为你在故意拖延时间，而且你也无法成功转回到原话题上。转移话题之后，要使话题自然而然地朝正题靠拢，从而让对方在不知不觉中接受你的意见。

（3）换个新面孔

谈判者可能会因为情绪问题而影响自己的判断，而且可能会在很多问题上形成成见，正是这些成见使谈判陷入僵局。对对方而言，现在的谈判者及其各种做法和想法可能正是刺激他的主要原因。如果可能，更换主谈人也是一个打破僵局的好方法。但是不能选择那些对本次谈判完全不了解、没有多少谈判技巧的人来继续。因为如果你们更换了谈判者，说明你们已经做出了让步，而这样的谈判者无法掌握谈判的方向。

（4）扩大双方的利益

可以适当扩大双方的利益。在某个问题，即便是原则问题上做出让步，而对方也能在某些重要问题上做出让步，这使双方都能够得到更多的益处。不过，这自然是建立在做出一定牺牲的基础上的。

必须要注意的是，务必使自己得到的益处比做出的让步多，这样才有让步的必要，否则你失去的将会更多。你的目的并不只是要达成协议，而应该是达成对你有利的协议。另外，不要要求对方做出太多让步，这样你也将达不到目的，而且可能会在另一个问题上造成僵局的出现。

（5）调整自己的策略

僵局出现的一部分原因是谈判策略不当。有经验的谈判高手甚至认为，没有不合适的目标，只有不合适的策略。他们的意思是，只要你的策略合适，那么无论你的目标有多高也都可以实现。这样说虽然有些夸张，但是的确表明了策略的重要性。实际上，对一次谈判、一个谈判对手而言，可能只有一种合适的策略。因此，如果你发现这种策略不合适，可以换另一种更加合适的策略。

（6）从对方的角度考虑问题

很多时候，由于经验、学识、立场和价值观不同，不同的人对同一个问题的看法存在很大差异，甚至会相互对立。如果你能够从对方的角度来看一些问题，对这些差异你可能变得更加容易接受。当然，你也可以要求对方从你的角度和立场来考虑问题，前提是你要告诉对方，你已经从对方的角度思考过这个问题了，然后，采取一种合适的、折中的方案来解决使你们陷入僵局的问题。

伟大推销员的说话术

作为一个推销员，最大的问题就是无论他怎么努力，对方都仍然无动于衷。而一个出色的推销员却能够掌握推销时的说话艺术，从而使推销变得很简单。我想，任何一个推销员都渴望拥有这样高超的说话艺术。遗憾的是，这种说话艺术并不是轻易就能得来的。在商业活动中，成功的毕竟只是少数，大多数推销员都还在苦苦地奋斗着。

柯达公司的总经理伊斯曼先生为了纪念自己的母亲，准备建造“吉尔本剧院”。纽约优美座椅公司的经理艾当森想要得到剧院座椅的订单，于是跟剧场的建筑师约特一起去见伊斯曼先生。

在路上，约特告诫艾当森说：“伊斯曼先生很忙，脾气也不怎么好，你与他的谈话最好不要超过5分钟，否则你就一定得不到这个订单了。你最好长话短说，然后迅速离开。”

伊斯曼先生确实很忙，当他们走进办公室的时候，他正在埋头处理文件。他摘下眼镜点头示意，并且问道："两位有何贵干？"

艾当森并不急于说明自己的来意，而是说："伊斯曼先生，我没有想到你的办公室这么漂亮！能够拥有一间这样的办公室，是一件多么美妙的事情啊！说实话，我从未见过这么漂亮的办公室。"他走到办公桌的旁边，问道："这个办公桌一定是用英国橡木做的，如果我没猜错的话。"

"是的，"伊斯曼回答道，"是从英国进口的，我的一位研究木材的朋友帮我选的。"

接着，艾当森又称赞了伊斯曼先生的许多收藏品，并且对其表示了由衷的赞美。伊斯曼在艾当森的引导下开始滔滔不绝地说起了自己早年的创业史。他深情地回忆自己早年的贫穷日子，如何为了赚50美分而去推销，如何拼命地赚钱，为了让和自己一起受苦的母亲过上好日子。

时间一分一秒地过去，很快就超过了两个小时，但是伊斯曼先生却谈兴正浓。到了午餐的时间，伊斯曼先生邀请艾当森一起进餐，艾当森当然不会推辞了。

艾当森一直没有提订单的事情。但是他知道，伊斯曼已经把自己当作朋友了。后来，等艾当森打算告辞的时候，伊斯曼主动提出要向艾当森公司下订单。

艾当森看起来好像并没有在说服伊斯曼上费多大劲儿，但是他用适当的话题使谈话以一种平和、愉快的气氛朝对他有利的方向发展，并在最后达到了自己的目的。

最重要的一点其实不是你的产品多么出色，而是对方对你和你的产品的认同。一般来说，这种认同跟他的兴趣是相符合的——只有这一点才最重要。因为这种方法可以拉近你和客户之间的关系，建立相互的信任。

一家大医院准备扩充一个部门，需要购置一套精良的X光仪器，这件事由一位L医生负责，他被包围在众多X光仪器制造商的推销员中间，听他们一个劲儿地夸耀自己的东西是如何的好，简直是眼花缭乱。这时，一位制造商给这位医生写了一封信，信上说：

“敝厂最近完成了X光仪器的第一批货，已经运至我们的办事处，但是我们不敢保证它十分完善，我们想加以改良。所以希望你能够在百忙之中抽出时间来我们这里参观一下，并请多多指教，该怎样使它更好地运用于你们的事业，我们对此非常感激。我很清楚你平日工作很忙，所以请你告知我具体时间，我将派车接你。”

L医生接到这封信后感到十分讶异，同时也十分高兴。还从没有X光仪器制造商来征求他的意见。这让他觉得自己被重视，感到十分光荣。于是他特地取消了一个约会，去看那套新的仪器。最终，他购买了那套仪器。

没有任何人强迫他购买，这个结果完全出于他的个人意愿。

爱莫塞尔负责推销铅管和暖气材料，他进入这个行业已经很多年了。这次，他在布洛克林地区推销的时候，遇到了一位难缠的客户。这位铅管经销商只要一见到爱莫塞尔，就会冲他吼道："走吧！我什么都不需要！"

爱莫塞尔作为一个优秀的推销员，并没有被这种困难打倒，他依然坚持不懈地对这位客户进行推销。后来，他想出了一个好办法来解决这个难题，于是他又一次走进了那位经销商的办公室。

"我不是来推销产品的，"爱莫塞尔说道，"而是来请你帮个忙。我们公司准备在这里成立一个分公司，而你正好对这个地方比较熟悉，你认为应该把分公司选在哪儿呢？"

这位喜欢吼叫的经销商一下子就变得非常友好，滔滔不绝地跟爱莫塞尔聊开了。当离开的时候，爱莫塞尔已经用这种方式同这位经销商建立起友谊，并且得到了一个不小的订单。

每个人都希望被别人重视，不管他处在何种地位，有多么成功或失败。在推销商品的时候，请别人帮个忙，能够使别人得到一种被欣赏和受尊重的感觉，更加愿意购买你的产品。

很多推销员急于把自己的产品推销出去，大多用的都是肯定性的语气。他们在无形之中给人的印象是，自己的产品适合所有人，而且没有一点儿缺点。事实当然并非如此！即使你把自己的产品说得天花乱坠，也无法打消顾客的疑虑。你的产品真的很完美、无懈可击吗？其实人人都知道这是不可能的。他们需要知道关于这种产品的一些不好的信息，否则会认为你正在隐瞒什么。

因此，你应该适当地给对方介绍一点儿你产品的不是之处，说明它并不是完美的。你应该知道，你现在的推销只是针对这位客户而已，并不需要把自己的产品说成适合每个人。

“这种产品并不适合那些油性皮肤的人，但是非常适合你。”这样来介绍你的美容产品，对方当然会更加相信你说的话，而这是帮助你建立诚信的一个很好的机会。

在你推销的过程中，即使对方做了一件事或者说了一句话而冒犯了你，你也不要和他争论。对推销员来说，这可能算是一个最好的建议了，因为一旦你与对方发生争论，就说明你的推销已经彻底失败。

纽约泰洛牧场的推销员克劳雷，近几年来一直在挑木材检查员的毛病。他经常在争辩中获得胜利，但从未讨到一点便宜。因为喜好争辩，克劳雷的两家木材厂损失了上万美金。后来他到我的培训班里听课后，决定改变策略，不再与人相争，结果怎样呢？以下就是他的报告：

一天早上，我办公室里的电话响了，是一个愤怒不已的顾客打来的，他指责我们送去的木材完全不能使用。他的工厂已经停止了卸货，并且要求我们立即想办法把那些木材从他们的工厂里运走。当他们卸下1%的货时，他们的木材检查员说这些木材还没有达到标准等级的55%，因此他们拒绝收货。

我知道这个状况后，立即赶去他们的工厂。在路上，我心里一直盘算着，怎样才能很好地处理这件事。平常我碰到这种情况，就会引证木材分级的各项规则；同时从我自己做检查员的常识和经验来看，对获取那位检查员的信任我有足够的信心。木材是合乎标准的，那一定是他检查上出现了差错。但是，我还是运用了培训班里所学到的方法。

我赶到那家工厂，看到采购员和检查员的神情都不是很友善，似乎已经准备好跟我谈判了。我到他们卸木材的地方，要求他们继续卸货，我好看看错误出在哪里。我请那位检查员把合格的货物与不合格的货物分类摆放。

我查看了一阵子，发现他的检查似乎太过苛刻了，而且混淆了规则。这次的木料是白松，而我知道这位检查员只懂得关于硬木的知识，对白松却并不在行。我却对白松的检查规则很清楚。我试探着问他那些不合格的木材问题在哪里。我没有任何的暗示，也并没有指出他的错误。我只是表示——为了以后再送木材时不会出现类似状况，所以才会发问。

我用友好合作的态度与那位检查员交谈，同时赞扬他精明、能干。这样，我们之间的紧张氛围逐渐消失，变得融洽起来。我极其自然地插进一句话，那是我经过慎重思考的话，让他们觉得那些不合格的木材应该是合格的。但是我还是说得很委婉、谨慎，让他们知道我并不是故意这样说的。

慢慢地，他的态度转变了！最后他向我承认，他对白松这一类的木材并没有多少经验，他向我请教了很多相关问题。我便对他解释，怎样才算是一块符合标准的木材。同时我也表示，如果不符合需要，他们完全可以拒绝验收货物。最后，他发现了自己的错误所在。我走之后，这位检查员又将全车的木材检查了一遍，而且全部收下，同时我也收到一张按期支付的支票。

很多推销员在推销的时候兴致不高，这直接导致了他们的失败。他们的话显得平淡无奇，对顾客没有足够的吸引力，甚至会使顾客产生反感。在需要有技巧地表达自己的意见的时候，他们也并不能让人满意。他们喜欢直来直去，而不喜欢运用语言的技巧。老实说，虽然职业要求他们更加能说会道，但是事实上却并非如此。因此，我对这些没有运用语言表达技巧的推销员的忠告是，完善自己的语言表达技巧，这是你成功的一个重要因素。

那是很多年前的事了，《费城晚报》遭受到谣言的恶意攻击。有人说那家晚报的广告太多，而对于新闻缺少报道，内容空泛。这导致读者失去兴趣，同时也对该报的销售造成了影响。这家晚报立刻采取了相关措施以挽救这个谣言所造成的后果。

怎样采取措施呢？

这是他们使用的方法：

这家晚报把一天中的各项阅读资料裁剪下来，再对其分类汇编为一本书，书的名字就叫《一天》。这本书有307页。同样页数的书价值两美元，而该报只卖两美分。

这本书出版之后，直观地展示了《费城晚报》新闻资料丰富的事实。这比使用图表、数字和空谈更有效果，给人们留下了良好的印象。

科特和考夫曼所著的《商业上的表演术》一书中有很多例子，阐述了增加一家公司营业额的方法。这本书中讲述了一家销售冰箱的电器公司，为了证明冰箱在通电时没有声响，请顾客在冰箱旁边擦燃火柴，借助火柴摩擦的声音说明他们的冰箱没有一丝声音；罗巴克帽子公司的营业项目上注明，电影明星安苏珊签名的帽子，每顶售价1.95美元；范尔巴停止了活动陈设窗，丢掉了10%的观众；一家玩具公司使用了米老鼠的商标，从而使它由破产转为兴盛；克莱斯勒汽车公司，在一辆汽车上放几头大象，以此证明他们的汽车是结实、坚固的。

纽约大学的巴顿和博西分析了15000个售货访问，写成一本《如何赢得一次辩论》。他们把其中的原则整合成一篇演讲稿，称为“售货六原则”，然后将这些原则拍摄成电影，并为数百家大公司的营业部员工放映了这部电影。此外，他们还在公共场所举行了示范表演，指出售货时正确和错误的方法。

如今是一个表演的时代，仅仅是叙述其中的原理还不能有具体的效用，需要让它更有趣、更加戏剧化才行，所以必须要用效果明显的“表演术”。你也应该有这种表演的才能。如果你想引起他人的关注，也应该这样做。

那些陈设橱窗的专门人才，知道“戏剧化”有着惊人的力量。比如一家鼠药制造商给零售商布置了一个橱窗，里面放了两只活老鼠，以此证明鼠药的功效。果然，这家鼠药在一周之内的销量比平时增长了5倍。

《美国周刊》的波恩顿的公司为一家名牌的润肤霜完成了一篇详尽的市场报告。他必须要对该厂的主人说明他们的调查结果。

波恩顿先生不得不承认，第一次接洽失败了。

他说："第一次进去，我觉得自己是走错路了，走到了一条无用的讨论调查方法的路上，他辩论，我也跟着辩论。他指责我错了，我就尽力为自己辩解，我没有错。

"最后，虽然我的理由占了上风，自己也觉得满意，但是时间到了，会谈结束了，我却没有任何的收获。

"第二次，我没有在意那些数字和资料，我用戏剧的手法表现出了事实。

"我走进他的办公室，他正忙着接电话。等他结束了通话，我就打开手提箱，拿出32瓶润肤霜放在他的桌上。他知道这些东西都是同行的竞争品。

"我给每一个瓶子上都贴上一张字条，字条上写着调查的结果，也简明标注上这项商品过去的情形。

"结果怎样呢？

"这次没有辩论了，反之却发生了奇特的事情。他一瓶一瓶地拿起润肤霜看上面的标签，然后，友善的谈话开始了。他问了我很多其他的问题，而且也有着浓厚的兴趣。他本来只给了我10分钟的谈话时间，但是10分钟过去了，20分钟过去了，40分钟过去了，在接近一个小时的时候，我们仍然在谈着。

"这次我所说的同上次的一样，但是这次我以戏剧化的手段展示出事实；而最后的结果，是多么的不同啊！”

我最欣赏的是那种随时都能成功推销的推销员，他们的能力常常让我感到吃惊。在推销的过程中，即使遇到问题，他们也会机智而妥善地进行处理。据我所知，正是这种能力决定了一个推销员能够成功。

一个推销员正在向顾客推销钢化酒杯。开始，他向大家介绍了产品的特点，然后他打算进行一次演示：通过把钢化酒杯扔在水泥地板上却不碎，来说明这种酒杯和一般杯子的区别。不幸的是，他恰好拿了一个质量不合格的酒杯，当他把它扔在地上的时候，杯子一下就摔碎了。这种情况他以前从未遇到过，完全出乎意料。那些顾客则开始交头接耳，讨论起酒杯的质量来。

“你们看，”不一会儿，这位聪明的推销员就恢复了镇定，并说道，“我是不会将这种酒杯卖给大家的。”

接着，推销员又扔了五六个酒杯，结果一个都没有碎。这样，推销员又成功地博得了顾客的信任。

机智有时候更多的是一种智力因素，对此我们无能为力，不得不承认有些推销员是天才，而自己却无法变成跟他们一样。但是，对大部分的推销员来说，重要的可能不是智力因素，而是方法问题。前面我已经谈过应变能力的重要性，并且提供了一些基本的方法，这里我们来讨论如何在推销中运用这些技巧。

很多推销员在推销的时候，依照自己预先设想的推销办法照本宣科，根本不顾对方的感受，他们好像在对着墙壁发表演讲。

在推销的过程中，必须随时注意顾客的言行，并且要读懂各种言行的“隐语”。你必须首先了解这些“隐语”，才能随时调整你的推销策略。

约翰决定再次去亨利的办公室，希望能够说服对方购买自己公司的汽车。在此之前，他已经试过一次了，但是遭到失败。当他走进亨利的办公室时，亨利对他吼道：“你又来做什么呢？我已经说过我不会买你们公司的汽车。”

约翰看出亨利的不耐烦，于是他马上对亨利说：“我这次并不是来向你推销汽车的。我只是听说你年轻的时候也曾经做过推销员，并且取得了很大的成功，所以我打算向你请教推销的技巧。”

亨利感到很惊讶，但是他显得很高兴，于是跟约翰谈起了他的一些经验和看法，直到约翰起身离开的时候才结束。

最后，亨利对约翰说：“你们公司的汽车质量的确很好，你下次过来的时候，请把一些汽车的资料给我带过来吧，我想看看。”

在推销产品的时候利用发生的意外事件因势利导，会收到意想不到的效果。

不坚持到最后，就决不放弃，保持这样一种信念，对你的推销事业会有很大的好处。要知道，很多失败的推销者并不是没有成功的可能，只是他们没有尽到自己的努力而已。

比如，无论顾客以什么样的理由拒绝买你的产品，你都可以巧妙地转移话题。控制好话题，使它朝对你有利的方向发展，而不要只停留在一条道路上，或只朝一个方向前进。毕竟，条条大路通罗马。

一位推销员在推销衣服的时候，顾客评论道："质量的确不错，但样式可能老了点。"

推销员接口道："的确如此，不过很多顾客都喜欢这种经典的样式，不知道你是否喜欢？"

这样，他巧妙地把不利的因素变成有利的因素。

齐格勒曾经推销过一种不锈钢锅。这种锅非常结实，所有的顾客在听完他的介绍后，都认为这种锅的质量的确不错，但是他们也都认为它的价钱太高了。

"价钱太高了，"顾客通常会这么说，"比起一般的锅，它起码要贵200美元。"

"的确如此，"齐格勒说，"我们的锅比一般的锅都要贵。先生，你认为这种锅能够用多久呢？"

"它的质量的确不错，它应该是永久性的吧？"

"你确实想用10年、20年、30年或者更长吗？"

"我想它能够用那么久。"

"那么，"齐格勒说，"我们假设这种锅能够用10年，也就是说，相比一般的锅而言，它每年贵20美元，是这样吗？"

"的确如此。"

"那么平均到每个月呢？"

"如果是那样的话，那么就是每个月贵1.75美元。"

"请问你太太一天做多少回饭呢？"

"一般情况下，两到三回。"

“一个月至少要做60回饭，是吗？这样就很清楚了，每顿饭你只不过多花了3美分而已。对质量如此好的锅而言，多花3美分应该不算多吧？”

“的确如此。”

我们看到，齐格勒的说服方法的确很有效，本来他的产品价格高出一般的锅很多，却被他非常巧妙地说成其实一点儿都不贵。在这种情况下，顾客是很容易被他打动的。

我们在前面已经说过，对推销员来说，首要的一点是与顾客建立一种信任关系。任何情况下，都不要企图用诡辩和臆测来说服顾客。很多推销员都喜欢把自己的产品说得天花乱坠，跟实际情况相差很远，以至于有时候连自己都未必相信自己所说的话，更不用说顾客了。不夸大其词，根据事实说话，以理服人，这才是说服顾客的正确的方法。

有经验的推销员一再告诫那些推销新手，不要对顾客说你的产品有多好，而要看你的产品是否能够满足对方的需求。把你的产品的价格、质量、特色跟顾客的需求结合起来，这才是正确的推销方法。

只有这样，顾客才有可能听你讲下去。针对这种结合点进行恰当的发挥，对方会很容易被你说服。

威森为一家专门给时装设计师及纺织品制造商设计花样的画室推销图样。他曾经连续3年每周一次去拜访纽约最著名的一位时装设计师。“他从不拒绝见我，”威森说，“但是也从没有买过我的图样。他总是仔细地看过我的图样，然后说：‘不行，先生，我想今天我们不会要你的东西。'"

经过150次的失败，威森终于明白了：自己始终陷在以往的固定模式之中。于是，他决定尝试一种新的方法。他拿了6张还未完成的图样去拜访那位设计师。"我想请你帮个忙。"他说，"这里有些还未完成的图样，我想问问你，应该怎样完成才会让你满意呢？"设计师默默地看了一会，说："先把图样放在这里吧，过几天再来找我。"

3天后，威森又去找他，听取了他的建议，然后拿回图样，按照设计师的意思完成了它们。结果怎样呢？它们全部被买下了。

那是9个月以前发生的事情，从那时起，设计师又订购了几十种图样，全部是按照他的意思完成的——威森从他那里赚得1600多美元。

"我终于明白了，为什么这么多年我都无法同他做成生意，"威森先生说，"以前我只知道劝说他购买我认为他应该买的，而现在我请他告诉我他的想法。这让他觉得他是在创作图样，而且也的确是这样。现在即使我不向他推销，他也会主动来买。"

推销是一种人与人之间的交流，因此，应该使你的推销具有十足的人情味儿。商业箴言说"顾客就是上帝"，在某种程度上就反映了顾客和推销员之间存在的天然联系。这种联系除了是一种物质上的利益关系以外，还包括某种情感关系。

推销员应该对自己的产品充满信心，对推销工作充满热情，并在推销的过程中把自己热情、自信的一面展现出来，用一种富有感染力的语言来说服对方。这种语言本身就具有一种说服作用，它能够表达除语言内容以外更多的内容。

必须让你的顾客认识到，就这件商品及与商品有关的诸多领域而言，你更有发言权，因而也更加可信；你是这个领域的专家，其他任何人，不管他的知识有多么丰富，也比不上你对这个领域的熟悉程度，你必须为自己建立一种权威的形象。如果你对自己的产品不熟悉，顾客很难相信你介绍的东西是正确的。当他们失去这种信任的时候，你再说什么都无济于事。

掌握说话主动权

要最终达到说服对方的目的，就要掌握说话的主动权。大多数推销员在向客户推销自己的产品时，并不懂得掌握说话主动权的重要性，所以才会导致谈话的失败。

一位图书推销员敲开一户人家的门，对一位太太说："太太，我们的图书质量很好，装订精美，你需要吗？"大部分情况下这位推销员得到的答案都是："不需要！"然后门会被关上。这样的推销员往往不是优秀的推销员。

一位出色的推销员，懂得推销时的说话艺术。我们来假设一下一位优秀的推销员推销时的情景。

推销员："太太，早上好！家里的孩子们都去上学了吗？"

某太太："是的。"

推销员："你的孩子上几年级了？"

某太太："一个五年级，一个二年级。"

推销员："他们一定都很聪明吧？"

某太太："是的，当然了。"

推销员："他们平时喜欢看书吗？"

某太太："有时候会看。"

推销员："我想我这里有些书他们会喜欢的……"

我们可以推测，这位推销员成功的概率是很高的。因为他掌握了推销的艺术，并且在谈话过程中很好地控制住了话题。

如果想要你们的谈话成功，就要想办法引导对方，或者巧妙设置提问，或者选择对方感兴趣的话题，把你们的谈话引导到期望的方向，这样才有可能说服对方。

有效地控制话题，对于说服一个人来说十分重要。苏格拉底以雄辩著称于世，他创立的问答法至今仍有着独特的魅力。问答法的核心内容是，我们在与人谈话的时候，如果想要说服对方，必然要面对一些会产生分歧的话题，这时候我们就要针对这个分歧对谈话进行掌控，一步步地使对方做出肯定的回答。这样，我们就可以让谈话朝着对我们有利的方向发展了。

在研究推销技巧的过程中，我发现，那些成功的推销人士都喜欢用提问的方法来让客户购买自己的产品。他们深信这样一个道理：懂得发问的人能掌握全局。有些推销员在他的对话中自始至终都穿插提问，从而牢牢地掌握了推销的主动权。

来看看说话高手是怎样使用这种方法的。卡尔是一家汽车公司的推销员，下面是他与客户的一次谈话。

卡尔："你好，有兴趣看看我们公司推出的吨位为4吨的汽车吗？"

客户："我们已经有一辆2吨的汽车了，而且很适用。"

卡尔："嗯，的确，就目前而言，2吨的汽车是比4吨的更划算一些，对吗？"

客户："的确如此。"

卡尔："我可以知道你需要的汽车平均载重是多少吗？"

客户："2吨。"

卡尔："这是平均数吗？"

客户："是的。"

卡尔："如果载重2吨货物在丘陵地区行驶，你的汽车承受的压力要比正常情况下更大，是吗？"

客户："是的，这很常见，我们经常在丘陵地区行驶。"

卡尔："据我所知，冬天一般都是汽车经营的旺季，对吧？"

客户："是的。一般夏天生意都比较冷清，但是冬天却经常超载。"

卡尔："不幸的是，丘陵地区的冬天往往都很漫长。"

客户："是的。"

卡尔："那就是说，你的汽车经常处于一个超负荷状态？"

客户："是这样的。"

卡尔："这自然就会影响它的寿命，是吧？"

客户："是的。"

卡尔："那么，如果你拥有两辆汽车，让4吨的汽车在旺季运营，2吨的在淡季运营，两辆汽车的使用寿命都会延长，是吗？"

客户："好像是这么回事。"

于是，卡尔得到了一个订单。

通过这段对话可以看出，开始客户并不想购买汽车，但是卡尔巧妙地运用了说话技巧，让谈话朝着对他有利的方向发展，最后取得了成功。这就是掌控话题的作用，这种方法对我们来说很有帮助。

消除客户的疑虑

顾客有需要却不买你的产品，多半是因为心存疑虑。了解对方的恐惧或者疑惑，就能进行有针对性的说服。通过问话或者观察得到的信息来了解别人的疑虑，用确切无疑的证据消除对方的疑虑和担心。

费城电气公司的范勃先生在宾夕法尼亚一个富庶的荷兰农民区做调查访问。他向该区的销售代表询问："为什么他们不喜欢用电？"

那位代表颇为烦恼地说："他们都是守财奴，绝对不会买你的任何东西。况且他们对于电气公司十分反感，我已经跟他们谈过了，毫无进展。"

范勃先生叙述了当时的情形："我敲响了一家整洁的农户的房门，那位老太太得知我是电气公司的代表，立马把门关上了。

"我再次上前敲开门，并对她说：'很抱歉打扰了你，我并不是来向你推销电器的，我只是想买些鸡蛋而已。'

"她把门开大了一点，探出头来怀疑地看着我。

"我说：'我看到你养的都是多敏尼克鸡，所以我想买一打新鲜的鸡蛋。'

"她又把门开大了一些，说：'你怎么知道我养的都是多敏尼克鸡？'她似乎对此十分好奇。

"我说：'我自己也养鸡，只是从没有见过比这里更好的多敏尼克鸡。'

"那位太太疑惑地问：'那你为什么不用你自己的鸡蛋？'

"我回答说：'我太太对于她做蛋糕的手艺，向来是很自豪的。因为我养的都是来亨鸡，下的是白蛋——想必您一定知道用白鸡蛋做蛋糕不如用棕色的好。'

"此时那位太太才放心地走了出来，态度也缓和了许多。同时我看到她的院子里有一座很好的牛奶棚。

"我接着说：'太太，我可以跟你打赌，你养鸡赚的钱，要比你先生那座牛奶棚赚的钱多。'

“她听后高兴极了，说自然是她赚得多了！她对我讲到这一点很是愉快，但是她却不能让他固执的丈夫承认这件事。

“她邀请我们去参观她家的鸡窝，我诚恳地赞扬她养鸡的技术，还向她请教了许多问题，我们也交换了很多养鸡方面的经验。

“那位太太突然主动问我，她的几位邻居都在鸡窝里安装了电灯，据她们说效果很不错。她向我询问如果她也安装的话，用电是否合算。

“两星期之后，那位太太的鸡窝里，多敏尼克鸡已经在明亮的电灯下蹦跳鸣叫了。我做成了这笔交易，她获得了更多的鸡蛋，皆大欢喜，我们都获利了。

“这个故事的关键在于——如果不能投其所好，我永远都无法将电器卖给这位荷兰农妇。”

很多推销员总喜欢在客户面前喋喋不休，他们生怕遗漏了自己所做的推销计划中的任何一个细节。很显然，他们忽视了一个问题，即顾客可能对他们所说的东西毫无兴趣；或者他们发现了这一点，但是无能为力。

结果是，还没有等他们把话说完，客户早已不耐烦地把他们赶了出去。其实，他们一开始就做错了。

只有在一开始就吸引住客户的兴趣，才能进行接下来的工作，否则还是不要继续的好。有一个十分简单的方法可以吸引客户的兴趣，那就是向你的客户提出一个他感兴趣的问题。发问有助于你和客户之间建立相互信任的关系，并且使他们对产品产生浓厚的兴趣。

具体来说，一个恰当的问题对吸引客户兴趣的作用主要表现在：

（1）告诉对方他正受到重视

当你问了对方一个问题，这表明你很关心他；同时告诉了对方，这次推销的关键不在推销员，不在产品的好坏，而在客户自己。

（2）让谈话更加自然

以问答的形式进行谈话，绝对比事先准备的推销计划更加自然。

赢得客户的信任

在一般人的眼中，推销员是一些奸诈的、唯利是图的小人。通过对客户的关心，你可以把你的诚信展现出来。我们知道，客户对我们印象的转变将使我们和客户之间的关系更加密切，也更加有利于客户在一个自然的氛围中下购买的决心。

数年前，纽约电话公司遇到一个凶恶且蛮横无理的顾客。这位顾客脏话连篇地斥骂接线员，还愤怒地指责电话公司制造假的账单，并拒绝付款。同时，他还要向报社举报，向公众服务委员会提出申诉。这位客人，曾对电话公司有过数次诉讼。

最后，电话公司派遣一位富有经验且很会说话的调解员去拜访这位不讲理的客人。这位调解员见到该客人后，只是静静地倾听着，让这个喜欢争论的先生发泄出满腹的牢骚。而这位电话公司的调解员只是简短地回答“是、是”，并且表示很理解他的苦衷。

他接连不断地无礼谩骂，调解员静静地听了三个小时。后来调解员又去了他那里，继续听他还没有发完的牢骚，前后拜访了他四次。在第四次访问结束之前，调解员已经成为了他创立的一个组织的会员，这个组织被他称为“电话用户保障会”；现在他依旧是这个组织的成员——据我所知，除了那位先生，那位调解员是这个组织里面仅有的成员。

第四次拜访中，调解员还是静静地倾听，对他所说的每一条理由都表示理解。那位客人自己说，还从没有电话公司里的人这样跟他说过话，而他的态度也变得友善起来。前三次拜访中，调解员对他所需求的事情绝口不提，最后一次，他结束了这桩案件。客人付清了所有的账单，并且撤销了诉讼。

毋庸置疑，这位客人虽然表面上是在保障公众权益不被无理盘剥，实际上，他需要的是一份自重感。他从挑剔、发牢骚中寻求这份自重感。当他从电话公司调解员身上得到这份自重感之后，也就不用再发泄那些不切实际的牢骚和委屈了。

你在推销的时候，需要获得顾客的信任。这跟演讲一样，如果你的听众信任你，那么他们就会相信你所说的话。可以说，信任与说话内容没有多少关系，却和顾客对推销员的印象联系十分紧密，正是这样一种感觉影响了顾客的判断和决定。

赢得顾客的信任，这是你推销成功的第一步。如果你所说的东西对顾客来说都是无关紧要的或者虚假的，那么你也就没有必要继续说下去了，这一点很好理解。假如你对一个陌生人和熟人说了一模一样的话，陌生人一般不会相信你说的话，而熟悉你的人则会相信——如果你是一个诚实的人。

这些事实都让我们明白，如果想让顾客相信我们的话，就必须首先获得他的信任。那么，该如何获得顾客的信任呢？我把一些方法列在下面，希望对推销员有所帮助。

（1）不要假设顾客相信你

一些推销员在遭到顾客的质疑或者指正之后，会觉得很不愉快。我们总是一厢情愿地认为自己应该并且已经得到了他人的信任。

即使有人向你表示了不信任，你也不要因此而生气。你想想，现在我们的电视上、报纸上，甚至大街上，到处都充满了虚假的信息和广告，如果人们对它们一律都相信，会多么糟糕？

因此，永远不要假设顾客相信你，除非对方表明了这一点，否则就要尽你所能向对方证明你是值得被相信的。

告诉顾客，并非只是他一个人这么想，他的想法一点儿都不奇怪，然后以坦诚的态度去说服他，直到他相信为止。

（2）以朋友的身份谈话

推销员应该避免板着面孔说话，不要把对陌生人推销看作是“公事公办”，不妨把它当作是朋友之间友好的交谈。

以朋友的身份进行交谈，意味着你的推销是一次建议，既不是命令，也不是请求——对推销来说，这两种方式都是不可取的。只有当你把对方当成朋友，对方才会也把你当作朋友来看待，并且不会用居高临下的姿态对待你。

以朋友的身份替对方着想，真心诚意地为顾客考虑，会使你收到意想不到的效果。只有这样，对方才能体会到朋友般的温暖，对你产生信任感。

（3）直接指出缺点

我在前面已经说过这种方法，它真正的作用也正在于此——获取顾客的信任。

多年前，某广告公司在一个加长型香烟的广告中，直接指出了加长型香烟的种种缺点，如容易碰到别人的脸颊、携带不方便等，结果取得了很好的效果。

这种方法的作用在于，它以一种坦白缺点的方式来赢取人们的信任。

当你告诉顾客产品的缺点之后，他们会认为你比较客观，因此更加容易相信你所说的优点。

（4）使用精确的数字

事实证明，精确数字的说服力远远大于笼统的数字。人们不会真正关心你的数字来源，只是会得出一个结论，即那些数字如此精确，证明了它的确经过了细致而客观的分析。

象牙香皂的员工深知这个方法的奥妙，他们在宣传的时候，一直在强调一个事实：它们是99.44%的纯净度。

我们根本不会去在乎这个数字的真正意义，即使他们说它是

100%纯净度，我们也不会去在乎什么。但是我们却认为这个精确的数字更加值得相信，进而认为他们的确值得信任。

（5）让你本人值得信任

推销员们其实在很大程度上是在推销自己。顾客对产品的优点信任与否，在一定程度上取决于你和你所采取的方法。因此，你有必要通过改变自己的形象去赢得顾客对你个人的信任。

一个方法是使自己的穿着像个成功人士。同样是推销一种产品，你愿意相信一个破衣烂衫的人所说的话，还是愿意相信一个衣冠楚楚的人所说的话？很明显是后者。这不仅是因为那些穿着整齐、举止高雅的人更加让我们赏心悦目，还因为我们更加愿意相信，一个成功人士是不会靠业绩和回扣来维持生计的。

另一个方法是谈吐优雅。使自己表现得尽量优雅一些，这可能会为你赢得更多信任。我们当然更愿意相信一个谈吐优雅的人所说的话，因为他的观点可能更加客观，更加全面。对顾客来说，感觉可能比实际内容更重要。

（6）向顾客坦白你将得到的好处

一般的推销员对自己在交易中得到的好处讳莫如深，似乎向顾客坦白后会损失什么。事实上，即使将这种属于私人性的东西告诉顾客，推销员也什么都不会损失，反而会赢得顾客的信任。

一个推销员向顾客推销房屋的时候，对客户说："坦白告诉你，我可以从这笔交易中得到1%的佣金。如果你不买这套房子的话，我当然会失去这个赚钱的机会；但是你的损失会更大，因为你也将失去一个少花钱的机会。这样，我们就是两败俱伤。”

在听到这样的话之后，这位客户竟然慢慢地改变了自己的主意。这就是坦白的益处。

不同年龄的顾客的经验、心理、习惯等诸多方面都不一样，因此有必要对他们运用不同的推销方法。一个成功的推销员，应该具备洞察人性的能力。因此，你必须对不同年龄的顾客进行详细的研究，以便采取相应的对策。这跟我们前面说过的根据对方决定说话策略的内容很相似，只是把那个方法运用到了推销中，并且具体到了不同年龄的对象上而已。

如何搞定各种类型的顾客

（1）应对年轻顾客的方法

对年轻顾客的称呼问题让很多推销员觉得很麻烦，他们既不喜欢被人称呼成“大哥”，也不喜欢被称为“小妹”。其实大可不必觉得这些问题很麻烦，因为他们虽然有自己的喜好，但是对这些方面并不怎么在意。直接称呼他们为“先生”、“女士”可能不会有问题，即使你跟他们年龄一般大。

我不敢说年轻人永远走在“时代”的最前端，但他们走在“时尚”的最前端却是毋庸置疑的。我指的是他们追随新生事物的能力和热情，他们在这方面的确是其他年龄阶段的人无可比拟的。因此，在向他们推销商品的时候，你可以告诉他们这类商品很流行，很有创意。这种方法能够使你获得成功。

相对来说，年轻人对这个世界非常好奇，因为他们知道的东西仅限于书本，没有什么机会去了解这个社会，或者了解得还不够。而求知欲是每个人都有的。他们的好奇心往往使他们容易被不熟悉的东西所吸引，并且愿意进行不断的尝试。

因此，推销员更容易抓住他们的好奇心理，吸引他们进行各种尝试。告诉他们一些他们所不知道的东西，往往会使他们感到十分高兴，并且非常乐意跟你做朋友。

对年轻人而言，没有什么不可以做的事情，也基本上没有什么禁忌。兴趣是他们最好的导师，理性在指导他们行动的时候已经退居次要地位了。只要你成功地吸引了他们的注意力，就一定会收到很好的效果。

他们一般不会固执于某个观点，但是当他们发脾气的时候，他们的爆发力非常强。这时候千万不要和他们争辩，因为不用等很长时间，他们就会自己平息下来而向你道歉的。

（2）应对中年顾客的方法

中年顾客不同于年轻顾客的一个很重要的特点是，他们已经有了自己的家庭，他们所做的一切一般只是为了使自己的家庭变得更加富裕、快乐和幸福。虽然他们也有自己的需要，比如个人的一些爱好，但是这基本上不会花费他们多少钱。

中年人较年轻人更加稳重，能力比较强，比老年人又更加机智。

因此，不要在他们面前耍什么手段，他们会很容易就识破你的伎俩，然后不动声色地看着你表演。

不过，这对你也有很多好处。如果你的产品的确十分合适的话，他们也会更加理智地购买，而不需要你花费太多口舌和精力进行说服。只要你能够真诚地对待他们，他们很快就会看出来。

他们似乎并不需要多少花言巧语。有调查显示，口拙的推销员和能言善辩的推销员在成年人面前打成了平手，几乎分不出胜负。因为他们不需要你的说辞就能进行独立而清晰的思考，你的说辞有时候反而给了他们夸夸其谈的不良印象，这显然影响了那些能言善辩者的推销效果。

成年人都比较实际。他们一般不会去考虑精神上的享受或者那些感性的东西。比如，你对他进行称赞，这很有可能不会影响他的决定。这并不代表他们不需要，只是这些东西退到了次要的地位而已。

中年人一旦决定了某件事情，就很难再改变。不论他接受还是拒绝了你的推销，除了感谢，你都没有必要再多说什么。

（3）应对老年顾客的方法

老年人对我们来说永远是一个谜。虽然我们已经通过研究得出了许多令人信服的结论，但是存在于他们身上的疑点还是很多。

老年人大都比较孤独。因此，正是他们让人们相信，推销员也可以是一个受欢迎的职业——实际上，他们喜欢跟任何人说话。这并不表明“好的开始是成功的一半”，因为他们接下来要谈的内容可能并不会让推销员感兴趣，而且推销员们必须想尽办法才能使对方了解自己的希望——仅仅是了解而已。

虽然老年人经历了太多的事情，但是这并不代表他们已经看开了很多。中年时期的他们所拥有的一些品质，现在已经荡然无存，他们仿佛又回到年轻时期，变得容易生气、激动和愤怒，因此，永远不要说他们有错。他们的固执让人难以置信，不可能轻易地改变自己的想法。即使你已经拿出确凿的证据，他们还是会继续坚持自己的意见。另外，他们一般都知道自己的反应十分迟钝，因此常常对推销员所说的话半信半疑。

他们像小孩子一样，非常喜欢受到称赞。如果你提及他在某一次战争中的表现非常英勇，这能够使他的眼睛里放出光采来，并且乐得手舞足蹈，对你的好感也一下子就会有很大的提升。这显然对营造一个平和的氛围十分有利。

他们喜欢倚老卖老，所以推销员在向老年人推销的时候，要表现得像个老实的小孩。这能够为你赢得他们的好感，进而突破他们的防线。

（4）应对理智型顾客的方法

理智型顾客完全以理智来分析和解决问题，较少受到主观情绪的影响，他会主动吸收和分析推销员提供的信息。

产品或服务的质量、价格是他做决定的至关重要的因素，而这些东西往往是比较客观的，因此，推销员在一般情况下很少能够打动他。如果他不需要你的商品，无论你怎么努力，他都会无动于衷的；如果他需要一件商品，绝不会只找一个产品供应商，而是会同时从几个供应商中认真比较，然后选择最合适的。

一般来说，他善于捕捉每一个细节，并竭尽所能地收集所有的产品信息，而他的分析能力和方法则使他能够发现产品的几乎所有优点和缺点。

基于以上特点，理智型的客户做出决定通常比较谨慎迟缓，推销员不要催促他，而应该等候，让他自己慢慢地得出结论。如果他提出某个问题——要知道，这是他深思熟虑后却仍然无法解决的——就一定是希望推销员能够给予实事求是的、明确的答复，因为他希望从推销员所做的解释中得到更多的信息。这时候，如果推销员夸夸其谈，避重就轻，就肯定会失去这位客户。

理智型顾客通常显得沉默寡言，不善言辞。和他交谈的时候，以与工作有关的话题为主，不要过多跟他谈论与工作无关的事情，他对此不会有太大的兴趣。特别要注意的是，务必使你提供的信息准确、客观。

（5）应对个人意志型顾客的方法

简单地说，个人意志型顾客是那种以自我为中心的顾客。他的主观意志很强，做什么事都依照自己的经验，并且认为自己的意见是最好的，而对别人的意见基本上不予考虑。

个人意志型顾客喜欢表现自我，“我……”是他的语言表达方式。同时，他说话的音量一般比较高，语速比较快，问的问题也很直接，而且有比较强的控制倾向。

推销员在跟个人意志型的顾客会面的时候，千万不要迟到，否则他会认为你对这个约会不重视，是一个缺乏信用的人。另外，他更加关心的是产品的效果，即能否降低成本、增加收入、加快生产进度等。一般来说，他们都有很强的升职愿望，如果你的产品能够帮助他做到这一点，你的推销将更加容易成功。

个人意志型的顾客十分善谈，和他交谈的时候，应该围绕他的工作业绩等话题进行，因为他很喜欢跟别人谈及他为公司做出的重要贡献。推销员在交谈的过程中，要做到言简意赅、切中要点，而且应该直奔主题。

跟理智型顾客一样，推销员不要期望轻易改变个人意志型顾客的意愿或观点。当然，如果你有了充分的证据，他也会适当改变的。

和理智型顾客正好相反，个人意志型顾客的决策速度是比较快的，他常常被认为是“缺乏耐心”的人。因此，一旦他提出异议，推销员最好予以合理的解释，以便促使他尽快做出决策。

（6）应对情感型顾客的方法

如果你在客户的办公室里看到大量的私人物品，那么你的顾客就是情感型的。情感型顾客是那种能够给人以感染力的人，他更加重视的是情绪和感觉，而不那么重视客观实际。

情感型顾客更加容易被鼓动和说服。相对来说，他一般不那么在乎产品质量有多好，有多少实际用途。如果他本来不需要你的产品，但被你说服了，他也会很快做决定的；如果他本来就需要，那么他几乎会毫不犹豫地购买你的产品。

情感型顾客的最大特点是善于人际关系的处理，交友广泛。交谈的时候，你会发现他有着非常高的热情，他似乎觉得在办公室里谈论个人事情是十分愉快的。他的性格一般来说比较豪爽，行为上不拘小节，对人喜欢直呼其名。因此，你们谈论的话题可以是多样的，不用局限于工作之类的话题。这样你可以更快地和对方产生共鸣，赢得对方的信任。

情感型顾客比较情绪化，他会更加人性化地对待推销员。但是，如果他对你的印象不好，他的决定就会在很大程度上受到影响。他们的喜怒哀乐一般都会表现出来，推销员一定要重视这个非常重要的信息。

在向情感型顾客推销的时候，应该重点介绍产品的最终利益，而不是产品本身的特点。如果你能用那些新奇的方法来展示你的产品，效果则会更好。相对来说，他会更加关心你的感受，如果他拒绝了你的产品，他会认为对不起你。所以，这种顾客是一种可以再次利用的资源。

（7）应对随和型顾客的方法

作为推销员，你可能更加愿意跟随和型顾客打交道——至少在礼节方面，你会受到很好的接待。他待人接物极其温和，极易相处，他会尽可能地避免与你发生冲突。因此，他常常掩饰自己的真实想法。

但是，随和型顾客也是最让我们头疼的顾客，我们没有办法弄清楚他的真实想法，因为这个原因，随和型顾客是最好相处却最难成交的。他们往往只是表面上同意你，实际上却另有想法。

因此，在对随和型顾客推销的时候，应该尽量弄清楚他的真实想法，根据这些想法进行有针对性的说服。他的决策较为迟缓并且他本人害怕承担风险，因此推销员应该极具耐心，否则将失去这个客户。

妥善地处理顾客的意见

顾客所提出的反对意见常常使推销员们不知该怎么回答。不过，成功的推销员却正好相反，他们担心的是对方根本没有反对意见。他们发现，顾客提出一个反对意见，也就是为自己的推销工作树立了一个目标十分明确的靶子，自己所有的工作都可以朝着这个方向努力，而成功地射中靶子的时候，也就是推销成功的时候。一般的推销员很难理解这一点。他们所知道的，只有顾客在没有任何异议的情况下接受了他们的产品，才证明自己的推销是成功的。尽管这种情况的概率却几乎是零。如果对方没有任何异议，那么同时也会无动于衷，这说明他对产品没有一点儿兴趣，最后也不会接受产品。作为一个推销员，你应该真诚地欢迎顾客提出反对意见，因为只有这样，你才有成功的可能。当然，前提是你能妥善地处理反对意见。

那么，该如何处理顾客提出的异议呢？为了说明这个问题，我们将反对意见分成了不同的类型。

价格过高是最常见的反对意见。在每次推销的过程中，价格，至少在表面上，是最核心的话题，往往在一开始就被抛了出来："这要花多少钱？""我想这东西很贵，我恐怕买不起。"

但是，一个有关价格的调查结果可能会让推销员感到很惊讶。研究人员曾经对纽约的消费者进行了调查，当被问及决定不购买某件产品所考虑的因素的时候，有94%的消费者强调的是非价格因素；那些告诉推销员自己买不起某件产品的消费者中，有68%的人承认其实另有原因，而他们之所以用价格原因来表示拒绝，只是因为这有助于他们摆脱销售人员。

这个调查表明，有相当一部分消费者真正关心的其实不是商品的价格，而是价值。也就是说，价格在实质上并不是推销中最核心的问题。因此，如果下次在推销中对方向你表示价格过高，你大可不必因此而退却，你只要告诉他们物有所值，并且针对他的兴趣进行说服，你仍然会成功的。

付不起钱和不愿意付钱当然是两码事。消费者不愿意付钱的原因可能并不是他没有看到产品的价值，也许当你跟他说明物有所值之后，他仍然认为价格过高。这个时候，你就应该适当地降低产品的利润和自己的佣金，否则你会失去这位顾客。

有些顾客提出反对意见并不是因为他们的确反对，而是由于他们想要了解更多的信息。之所以通过这种方式提出来，是因为他们认为这样你会更加完整而详细地给予答复，这种反对意见可能也是推销员最欢迎的。

不过，反对意见的性质是会发生转变的。要求得到更多资讯的反对意见，如果处理不当的话，最后也会变成真正的反对意见。所以，你要在一开始的时候对他的问题表示欢迎，最后的时候重复一遍你提供的信息。只有这样，你才能十分详尽地回答他的问题，让他感到满意。

基于产品本身的反对意见是顾客对产品的某一项优点和作用所提出的异议。他们不相信你说的话，或者对你所说的话的来源表示怀疑。总之，他们想让这项优点和作用得到更进一步的证明。你可以用事实展示给他们看。比如，你宣称你的玻璃具有高强度，不妨递一把锤子给对方，让他去锤这块玻璃。

有的顾客根本就对所有的推销员反感，当然也包括你在内。这好像已经成为一个大家都心照不宣的事实。他们并不相信推销员嘴里说出来的话，认为它们过于虚假。一句话，他们反对你所说的每一句话。

这时候你应该尽量少发表自己的意见，而把焦点转移到顾客身上。他们关心的只是自己，对别人精彩的演说没有兴趣。如果你继续谈论产品的好处，或者表示自己的话有多可信，他们就会认为，你一定从推销中得到了许多好处，而你所得的好处恰好源于向他推销的产品的利润。告诉他们，购买你的商品，受益最大的是他们。

Part 6 拥有美满家庭，营造幸福生活

对男人来说，虽然有一个令人满意的妻子和一个幸福美满的家庭比赚到100万美元都重要，可是在100个男人中却找不出一个，曾认真地想过或真诚地努力使他的婚姻更加成功。他把自己一生中最重要的事情交给了命运，使他的成败只能听天由命。女人也永远弄不明白，为什么她们的丈夫不用温和的态度来对待她们，以平息本来可以平息的冲突和矛盾。

不要对家人做无谓的批评

关于婚姻不幸的原因，美国第一权威专家迪克斯说：“在所有婚姻中，有50%以上是不幸福的；许多充满浪漫色彩的梦想之所以破灭，其原因之一，就是那些毫无用处的，却令人心碎的批评。”

格莱斯顿和他的妻子共同生活了59年，他们一直都互敬互爱。我喜欢想象这位英国历史上最值得尊敬的首相——格莱斯顿握着他妻子的手，围绕在火炉边的地毯上跳舞、唱歌。

格莱斯顿在公开场合中是一位可敬畏的人物，但他在家里却永远都不批评别人。例如，当他到楼下吃早饭，而全家人却还在睡懒觉时，他就会以温和的方式来表达他的不满。他会提高声音，唱一首不知道名字的歌曲，使整个房屋都充满了神秘的歌声，以此来提醒他的家人，全英国最忙的人，独自一人在楼下等着吃早餐。他总是保持外交家的风度，能够体谅别人，并竭力自我克制，不在家里批评任何人和事。

在家庭中存在着很多错误的行为，正如许多父母动不动就批评他们的孩子一样，对此，你一定以为我会说“不要批评”。但我并不想这么说，而是说“在你批评孩子之前，请先读一读《不体贴的父亲》这篇美国典型的新闻教育文章”。这篇文章最初发表在《家庭纪事》的社论栏里，经过作者同意，我按照《读者文摘》的节写版，将这篇文章放在下面。

《不体贴的父亲》是篇小短文，虽然是作者利文斯登·劳拉德在一时的内心冲动之下写出来的，但它却打动了许多读者，以至于成为众人都喜欢的一再被转载的文章。也许正如作者所说的那样：“全美国成百上千家报纸杂志都刊登过它，在国外也差不多如此。我自己也允许过上千万人，在学校、教堂和演讲台上宣读这篇文章。它还被电视和收音机转播或广播过无数次。令人感到奇怪的是，不仅大学的刊物转载它，连中学刊物也转载。一篇小文章竟能够深深地引起人们的共鸣，产生如此大的效果。”

我的儿子，你听到了吗，我想在你熟睡的时候说几句。

你躺在床上，小手按在脸颊上，湿湿的金黄色卷发粘在你那出了些许汗水的额头上。我刚才一个人悄悄地走进你的房间。当我几分钟以前在书房读报时，我突然感到十分懊悔，难以呼吸，我是怀着愧疚之心来到你床边的。

我的儿子，我想到了许许多多的事情：我对你的态度确实太凶了。在你穿衣服上学的时候我会呵斥你，因为你只是用毛巾随便擦了把脸；在你没有擦干净鞋子的时候我也会对你大发雷霆；当你把东西丢在地板上时，我又会冲着你大喊大叫。

在早餐时，我又发现了你的毛病：你把食物洒在桌上，吃饭时没有一点修养，还把肘放在桌子上，甚至在面包上涂了厚厚的一层黄油。

当你出门去玩，而我要去赶火车的时候，你转身朝我挥挥手，响亮地说："爸爸再见！"可是我却皱着眉头告诉你："挺起胸膛！"

晚上，一切又重新开始。我在路上就看见你跪在地上打弹珠，你的长筒袜子被磨出了好几个洞。我当着你的伙伴押你回家，让你感到了羞辱。我还对你说："袜子是要花钱买的，如果你自己掏钱，我想你就会在意了。"唉，我这当父亲的居然对你说出这种话来！

你还记得吗？没过多久，当我在书房读报时，你小心地走进来，怯怯地看着我，眼睛里带着委屈的样子。我从报纸的上面看到了你，对你来打搅我感到十分不悦。只见你站在门口，有些犹豫。

"你想干什么？"我冷冷地说。

你什么也没说，只是突然朝我跑过来，以上帝也为之感动的爱，搂住我的脖子亲吻着我，然后又用小手紧紧地抱了我一下。之后你离开了，快步走向楼梯上楼了。

在你离开不久，我的儿子，我的报纸从手中滑落在地，一阵令人难受的强烈愧疚涌上我的心头。我真是受习惯之害匪浅——吹毛求疵，并且动不动就斥责，这就是我对你这个小男孩的报偿！我不是不爱你，我的儿子，只是我对你的期望太高了，并以我自己的年龄标准来要求你。

然而，在你的天性中却充满着真、善、美，你那颗幼小的心灵就好像包含并照亮了群山的清晨的阳光——你跑进来亲吻我，向我道晚安，生动地表明了这一切，其他都不重要了！我的儿子，我在黑暗中来到你的床边，内心充满愧疚地跪在这里。

我这不过是一种没有什么作用的忏悔。我知道，当我在你醒来的时候告诉你这些时，你也不会明白。但是我要从明天开始做一个真正的父亲，我要成为你的好伙伴，在你痛苦时帮你分担，在你欢笑时和你共同分享。我不会再说那些不耐烦的话，我会不停地、庄重地说："他只是个孩子——一个小男孩！"

我想我以前是将你当大人来对待的，但是，我的儿子，当我现在看到你蜷缩着睡在你的小床上时，你仍然是个婴儿。你在母亲的怀里，头靠在她肩上，那些情景犹如发生在昨天。我以前对你太苛刻了，太苛刻了！

我们都不要批评责备别人，而要尝试着去了解他们，尤其对于我们的家人更是如此。我们要试着明白他们为什么会那样做，这比批评有益处，也更有意义得多。正如詹森博士所说的那样："先生，不到世界末日，上帝都不会审判世人。"

赞美爱人身上所有你看到的部分

毫无疑问，没有比赞美更动听的语言了。

洛杉矶家庭关系研究所所长保罗·鲍比罗曾说过这样的话：“大多数男子在寻找对象的时候，不是找一位能干的高级职员，而是想找一位既迷人，又可以满足他的虚荣心，并使他感觉超人一等的人。所以，某位公司或机构的女主管可能会有人来邀请她吃饭——但也只有一次，她很可能会把她在大学所学的《现代哲学主要思潮》拿出来作为话题，甚至还要坚持付自己那份餐费。可是结果呢？从此以后，她就只能一个人吃饭了。相反，那些没有上过大学的打字员小姐却大不相同。当她被人邀请共进午餐的时候，她会用热情的眼光注视着她身边的男子，话语中带着无限深情：‘能不能把你的情况多告诉我一些？’结果这个男人会告诉别人：‘她并不是很漂亮，但我从来都没有遇到比她更会说话的人。’”

可见，一个会说话的人要比相貌或者其他方面的才能重要得多，这是家庭和睦、人际关系和谐应该具备的一项非常重要的能力。

对于女性在追求美丽方面所花的时间和心思，男人应该表示赞赏。

所有的男人常常会忘记——尽管他们也知道这点——女人非常在意自己的衣着打扮。例如，一个男人和一个女人在大街上遇到另一个男人和一个女人时，这女人很少会注意对面那个男人，而是通常会注意另一个女人的衣着服饰。

几年前，我的祖母以98岁的高龄离开了人世。就在她去世前不久，我们把一张她在30多年以前的照片给她看。尽管她的眼神已经不太好，看不清楚照片，但她问的唯一的问题是：“我那时候穿的什么衣服？”

请想想，一位风烛残年的老人，久病在床，年事已高，近一个世纪的时光将她的一切精力几乎耗尽，记忆力甚至衰退到连自己的女儿也认不出来，可是还想知道她在30多年前穿的是什么衣服。她问这个问题的时候，我正好在她的病榻旁边。这件事给我留下了难以磨灭的深刻印象。

这本书的男性读者，不会记得他在5年前穿的是什么衣服，而且他们也根本没有心思去记住这些事。但是对于女人来说，可就不同了——我们男人应该注意到这一点。

有一天，我在看一本杂志时，看到一段采访艾迪·康德的文字：

“我从我妻子那里得到了许多帮助，”艾迪·康德说，“比从世界上任何其他人那里得到的都要多。在我年轻的时候，她是我最好的朋友，帮助我向前努力进取。我们结婚之后，她省下每一美元，拿去投资、再投资，她为我积累了一大笔资产。我们有5个可爱的孩子，她为我建造了一个温暖舒适的家。假如说我有所成就的话，全都归功于她。”

赞美是男人送给女人的最浪漫的礼物。真诚的赞美表达身为丈夫对妻子的欣赏。只有能够欣赏，你才能看到和理解世界的另一半，才能毫无保留地拥有一个完整的世界。只有能够欣赏，你才能平淡地面对一切得失，才能在平淡的生活中体会爱的浪漫，并拥有天长地久的爱情。

这一点，也同样适用于女人。

“每一个男人事实上都是两个人，”查士德·斐尔爵士写道，“一个是他真正的自己，另一个则是理想中的自己。”只有优秀的女人，才能将这两种形象合二为一。

没有一个男人不希望成功。如果一个男人本来是羞怯的，他就想要勇敢些；如果他并没有广受欢迎，他就想要被大众所喜欢；如果他缺乏信心，他就渴望成为毫不惧怕的人。

作为妻子的职责，就是帮助丈夫成为他理想中的那个人。要做到这一点，需要相当的智慧：不要挑剔他，也不要拿他来和隔壁的某某人相比，也不要设法使他工作过量；应该温柔地鼓励他、赞赏他，给他加油打气。

当男人受到妻子的赞美，当他们听到“你真了不起，我很以你为荣，我真高兴你是我的"这种话的时候，几乎没有人不会高兴得跳起来。

许多成功的男人都可以证明这种说法的真实性。有一位派克斯先生，他拥有自己的公司——派克斯货运和装备公司。

"我确信，"派克斯先生在给我的信中写道，"一个男人不但可以成为他理想中的人，而且还可以成为他太太所期望的人。这些年来，我曾雇用过许多人，但是在我和他们的太太谈过话以前，我决不会把一个需要信任或需要负责任的职位交给他。妻子的人生观，以及她是否愿意鼓舞她先生，可以决定一个男人在事业上的成败。我自己的经验就是一个例子。

"我太太在嫁给我以前，要什么有什么，她的父母亲很有钱，她也接受过良好的教育，有一个快乐的家。我既没有钱，而且只受过很少的教育，没有什么资产，除了想要自己闯天下的欲望，以及她对我的信心与信任之外，我什么也没有。

"在我们婚后最初那几年艰难的日子里，当我面对失败与挫折而奋斗的时候，她的理解和激励，始终是鼓舞我继续努力的动力。

"在我的生命中，如果有了什么成功，这全都是我太太不断给我支持的结果。过去几年来，她患了重病，但是她从来没有失去她的快乐。她的第一个想法仍然是要帮助我。早晨，我离家时，她从不会忘了问我'鲍勃，有没有什么事要我今天办好的？'当我回家的时候，她就要听听我说这一天的情况。我祈祷上帝，永远不要让她失望。"

不幸的是，有些女人并不像派克斯太太，她们一心想要自己的丈夫超过他本身的能力范围，而成为她们想象中的那个人。这种女人总是渴望比某某人的家里更富有，想开新车子，穿更昂贵的衣服，于是她们的丈夫就永远没有希望满足她们的需要了。

使男人进步的方法，并不是要求他，给他压力，而是激励和鼓舞他。妻子应该怎样鼓励丈夫，使他成为他理想中的样子呢？要给他嘉勉和赞赏，要找到他最能够施展出来的才华。

如果丈夫需要建立信心，你可以指出他所做过的有勇气的事情来。

“记得那一次，你告诉老板如何减少你部门中的浪费吗？那实在需要很大的勇气——你真了不起，你做到了啊！”

就连最怯弱的男人，如果有个女人向他表示她觉得他是镇定而且能干的话，他也会敞开他的胸怀去努力。更进一步地，他还会开始觉得，也许他实际上比自己表现得更勇敢——于是他将会表现得更好。

用这种技巧，难道不比告诉他“我不知道你为什么这么没用，你从来都不能替你自己讲话。你甚至不敢对一只鹅说一个‘哼’字”要更好吗？

你必须给男人一些东西去鼓舞他。

作为妻子，永远不可以对她的丈夫说“你真没用！”玛格丽特·卡金·芭宁在写给《四海杂志》的一篇文章里如此劝告我们。“如果他真的失败了，他的老板将会毫不迟疑地告诉他，但是在家里，在吃早餐的时候，在床上的时候，妻子应该勉励他，认为他一定能够成功。向丈夫说‘你无论如何也不会成功’的妻子，只会使这句话更快地实现而已。”

这是千真万确的。一个女人说出来的经过明智思考的话，可以改变一个男人对自己的整个看法，使他变得更好，并使他对生命产生全新的看法。就拿汤姆·琼斯顿来说吧——他是一个二次大战之后退伍的年轻人。

汤姆·琼斯顿在战争中受了伤，他的一条腿有点残疾，而且疤痕累累。但幸运的是，他仍然能够享受他最喜欢的运动——游泳。

有一个星期天，也就是他出院以后不久，他和他的太太去汉景顿海滩度假。在做了简单的冲浪运动以后，琼斯顿先生在沙滩上享受日光浴。

不久，他发现大家都在注视他。从前他并没有在意过自己这条满是伤痕的腿，但是现在他知道这条腿太惹眼了。

到了第二个星期天，琼斯顿太太提议再到海滩去度假，但是汤姆拒绝了——他说不想去海滩，宁愿待在家里。他太太的想法却不一样。“我知道你为什么不想去海边，汤姆，”她说，“你开始对你腿上的疤痕产生自卑了。”

“我承认了我太太的话，”琼斯顿先生说，“然后她向我说了一些我将永远也不会忘记的话，这些话使我的心里充满了喜悦。她说：‘汤姆，你腿上的那些伤疤正是你勇气的徽章，你光荣地赢得了这些疤痕，不要想办法把它们隐藏起来，而是要记住你是怎样得到它们的，而且你一定要骄傲地带着它们。现在走吧，让我们一起去游泳。’”

汤姆·琼斯顿立即同意了，他的太太已经消除了他心中的阴影，甚而让他有更好的开始。

波士顿商会的销售代表俱乐部，主办了一个有关推销术的课程。这个课程总共5个晚上，大约有500名推销员和营业人员参加了这一课程。最后一个晚上，这些销售代表的太太们都被邀请前来参加。这些太太们欣赏了一个特别的节目，这个节目告诉她们一些方法，去鼓励她们的丈夫变得更有智慧，而且能得到更好的销售成果。

其中，有一位演讲者是大卫·盖·鲍尔博士。他是一名销售顾问，而且是《过个新生活》一书的作者。鲍尔博士勉励每一位太太，在每天早晨送她先生出外工作的时候，使他充满信心而且心情愉快。如果她希望她先生提高销售业绩，该怎么做呢？鲍尔博士说：“让他觉得自己已经成为他理想中的那个人。

“对他说他多么潇洒——即使他所喜欢的装扮早已经过时了；赞美他所喜爱的领带；称赞他的风度，而不要提起前一天晚上他在宴会上所说过的失礼的话。告诉他，你相信他正要去征服所有的顾客——最后，他一定会做到的！”

如果像鲍尔博士这么杰出的销售顾问都相信这种方法是有效的，那么你和我为什么还不试试看呢？

我们将要获得的东西——更快乐和更热心的丈夫——是非常值得我们付出这些小努力的。《人文学年鉴》中充满了由失败而神奇地变成世界知名人物的例子，他们也是因一些赞赏的话而走向成功的。

你认为这很夸张吗？让我们再看看艾礼·卡柏森的例子吧，他是一个杰出的桥牌手。

有一次，卡柏森先生在访问中告诉我，说他在1922年刚到美国的时候，不论做什么事都以失败告终，甚至是个最差劲的桥牌手。但是当他娶了一位名叫约瑟芬·狄伦的迷人桥牌老师以后，他的运气开始改变了。她说服他，使他相信自己是一个很有潜力的桥牌天才。他太太的鼓励，终于使他选择桥牌作为自己的终生职业。

真诚的赞美和激励，是值得妻子尝试的，而且一定能使男人发挥出最大能力。我们完全尽力了吗？没有人知道，但只要我们给予真诚的赞美，相信你的丈夫一定会变得更优秀，更成功。

请礼貌地对待你的爱人

和婚姻相比，出生只不过是人生当中的一瞬间，死亡也不过是小事一桩。女人永远都弄不明白，为什么男人不愿花同样的时间和精力，把他的家庭营造成一个幸福的乐园，就如同他在事业上的成功那样。

瓦特·丹鲁什和詹姆斯·布雷恩的女儿结婚了。布雷恩是美国最伟大的演说家之一，曾经是美国总统候选人。自从丹鲁什和他的妻子相识之后，这对夫妇就过着非常幸福美满的生活。

他们的秘诀是什么呢？“除了谨慎地挑选伴侣之外，”丹鲁什夫人说，“我认为夫妻间的礼貌是最重要的。希望那些年轻的妻子对待她们的丈夫，就像对待陌生人那样有礼；如果泼辣蛮横，任何男人都会被吓跑。”

蛮不讲理是腐蚀爱情的毒瘤。每个人都知道这一点，但是我们对待自己的亲人，有时竟然比不上对待陌生人那样有礼貌。我们绝对不会想到要去打断某个陌生人的话，说："天啊，你又搬出那些陈芝麻烂谷子的事来了！"如果没有得到允许，我们绝不会拆开朋友的信，或者打听他们的私事。但是我们却敢对自己最亲近的家人，在他们犯了小错时羞辱责怪他们。

奥利弗·温德尔·霍尔姆斯写了广受读者喜爱的《早餐桌上的独裁者》一书，但是他在自己家里决不会这样。事实上，他非常体贴别人，即使心情郁闷，他也总是尽量掩藏，不让他的家人知道。他自己不但要忍受这些痛苦，还不想让这种事影响到其他人，这可真让他够难受的。

这是霍尔姆斯的做法。但是一般人又是怎样做的呢？在办公室出了点差错、做丢了一笔业务、被上司责骂了一顿、累得头昏脑涨，或者错过了火车，几乎还没回到家，就想着如何把气出到家人头上。

如果有幸福快乐的婚姻，普通人就会比独身幽居的天才生活得更加愉快。俄国伟大的小说家屠格涅夫广受世界文明国家的赞誉，但他也认为："如果什么地方有个女人关心我回家吃饭晚不晚的话，那我情愿放弃我所有的天才和著作。"

对男人来说，虽然有一个令人满意的妻子和一个幸福美满的家庭比赚到100万美元都重要，可是在100个男人中却找不出一个，曾认真地想过或真诚地努力使他的婚姻更加成功。他把自己一生中最重要的事情交给了命运，使他的成败只能听天由命。女人也永远弄不明白，为什么她们的丈夫不用温和的态度来对待她们，以平息本来可以平息的冲突和矛盾。

每个男人都知道，只要让他的妻子感到高兴，就可以让她去干任何事情，而且是不顾一切地去做好。他也知道，如果随便夸她几句，说她把家中照料得井井有条，她帮了他的大忙却没有让他花一分钱，那她也会为了他心甘情愿地掏出她最后一分钱。

每个男人都知道，如果他告诉妻子，说她穿上去年那件衣服是多么的美丽可爱，那么她会放弃购买从巴黎进口的高档服装。

每个男人也都知道，他可以用亲吻使妻子的眼睛闭起来，盲目地只温柔地依从于他。他只要在她的嘴唇上热情地亲吻一下，她就会立即不再说一个字。

每一个妻子都知道她丈夫也明白这些，因为她早就将这些明明白白地告诉了他，告诉他该如何对待她。但是她的丈夫情愿和她争吵拌嘴，去吃那难以下咽的饭菜，或者把钱花在为她购买新衣服、汽车、珠宝上，却不愿意夸奖她几句，不愿以她所希望的方式来满足她。对此，她不知是该喜欢他，还是该讨厌他。

千万不要喋喋不休

日本人针对婚姻生活不美满的原因进行了调查，结果发现丈夫对妻子不满的因素中，位居前三位的依次是：唠叨不休(27%)、性格不好(23%)、不懂得持家(14%)。也就是说，导致人们婚姻不美满的很大一部分原因是女士的唠叨不休。

拿破仑·彭纳派德是拿破仑三世的侄子，他与最美丽的女子郁金妮·德伯女伯爵相爱成婚。他的顾问们认为，她不过是一位不重要的西班牙伯爵的女儿。但拿破仑反驳说："那又怎么样？"她的优雅、她的青春、她的诱惑、她的美貌，使他获得了神仙般的幸福。"我已经喜欢了一位我所敬爱的女人，"他说道，"她不是一位我不了解的女人。"

拿破仑和他的新婚妻子拥有健康、财富、势力、名誉、美貌、爱情与信仰等一切幸福的条件，但是，他们婚姻的圣火并未发出过更加光亮的炽热，而且没过多久，那炽热的圣火就熄灭了，直至化为灰烬。拿破仑可以使郁金妮成为皇后，可以倾尽美丽的法国的所有，或献出他爱情的全部力量，甚至他皇位的势力，但他无法做到一点，无法使他的女人——郁金妮·德伯停止喋喋不休。

出于嫉妒和多疑，郁金妮轻慢他的命令，甚至不许他有任何秘密。

正当他从事国政的时候，她闯入他的办公室，阻挠他进行最重要的讨论。

她拒绝他独处，永远怕他与别的妇人交往。她常常到她姐姐家抱怨她的丈夫。抱怨、哭泣、喋喋不休，甚至恫吓，并闯入他的书房，向他撒泼、谩骂。

拿破仑，这个法国的皇帝，纵然有许多富丽堂皇的宫殿，却不能找到一个小橱，在那里定一下自己的心。郁金妮如此而为所造成的后果是什么？在莱因哈德精心著成的《拿破仑与郁金妮：一个帝国悲喜剧》中就有这段记载："以后拿破仑常在夜里，从一侧门偷偷地出去，戴一顶软帽，将眼遮起，由一亲信随从，真的前往到等待他的美女那里去，或像古时似的遨游于这座城中，见些见不到的东西，吸些可能吸的空气。"

而这一切都是郁金妮造成的。她坐在法国的皇后位上，又是世界上最美丽的妇人，但在喋喋不休的喧嚣气氛中，皇位与美貌都不能保证爱情的存在。这是她自找的，可怜这位妇人的不幸，均由她的嫉妒及唠叨所带来。

在所有一切烈火中，地狱魔鬼所发明的恶毒的毁灭爱情的计划——喋喋不休是最致命的，它像毒蛇的毒汁一样，永远侵蚀着人们的生命。

托尔斯泰伯爵夫人也发现了这一点——可惜她知道得太迟了。她去世以前，对她的女儿们承认："你们父亲的死，是因为我的缘故。"她的女儿们都痛哭了起来。她们知道母亲说的是实话，知道她用不断的抱怨、永久的批评、不休的唠叨将父亲害死了。

但托尔斯泰伯爵及其夫人理应享受优越的环境而快乐地享受生活。托尔斯泰著名的《战争与和平》和《安娜·卡列妮娜》在世界文学史上永远闪烁着光芒。他非常有名望，他的崇拜者甚至终日跟随他，将他所说的每句话都速记下来，甚至连"我想我要睡了"这样的话也被一字不漏地记下。

除了名誉外，托尔斯泰与他的夫人还有财产、地位、孩子，没有别的婚姻比这更美满了。

起初，他们饱尝幸福的甜蜜，以至他们一同跪下，祈祷万能的上帝继续赐予他们所有的快乐。但是此后的不久，一件惊人的事情发生了，托尔斯泰渐渐变成一个完全不同的人。他对他所著的伟大著作觉得羞辱，从那时起，他专心写作小册子，宣传和平、停止战争与消灭贫穷。这位曾承认在青年时犯过各种可想象的罪恶的人，要真实遵从耶稣的教训。他将所有地产给了别人，过着贫苦的生活，他种田、伐木、堆草，他自己做鞋，自己打扫，用木碗吃饭，并尽力爱他的仇敌。

托尔斯泰的人生是一个悲剧，而悲剧的原因，是他的婚姻。他的妻子喜欢奢侈，但他追求简朴；她渴求名誉与社会称赞，但这对他毫无意义；她贪图金钱与财产，但他视那为一种罪恶。多年的时间里，她常常责怪叫骂，因为托尔斯泰坚持要放弃他的书籍出版权，不收任何版税；而她要那些书能产生金钱。当他反对她，她就发狂地躺在地上打滚，并拿一瓶鸦片放在嘴边，声称要自杀，还恫吓他要跳井。

在他们的人生中，有一件事是历史上最悲惨的一幕。他们最初结婚的日子里，非常快乐；但48年以后，他不能忍受与她见面。有个晚上，这位年老伤心的妻子，跪在他的膝前，恳求他朗读几十年前在他日记中所写的关于她艳美的爱情之语。当读到那些他们已永远失去的美丽、快乐的时光时，他俩都痛哭了。现实与他们好久以前一并所做的爱情之梦是何等相异啊！

最后，82岁的托尔斯泰不能再忍受他家庭的不幸，在1910年10月的一个雪夜中，从他妻子那里逃了出去，在寒冷黑暗中漫无目地地走着。

11天后，他患肺病死在一个车站上，临死的请求是不要让她来到他的面前——这也许是托尔斯泰夫人因唠叨抱怨所付出的代价。

也许我们会想，或许她确实有许多事可以唠叨。我们可以这样去想，也可以承认这一点，但问题是，唠叨给了她什么好的帮助呢？“我想我真是疯了。”那是托尔斯泰伯爵夫人后来对自己的评价。

在纽约家事法庭任职11年之久的海勃格，曾查阅过数千宗离婚案件。

他说："男人离家的一个主要原因就是因为他们的妻子们喋喋不休。"也许婚姻正像《波士顿邮报》所说的："许多做妻子的，不断一点一点地挖掘，筑成她们自己婚姻的坟墓。"

林肯一生中最大的悲剧，也是他的婚姻。在婚后23年里的每一个白天和黑夜，林肯是什么处境呢？正像他律师事务所同事赫恩所说的，他品尝着"婚姻不幸的苦果"。

其实，说"婚姻不幸"还是过于轻描淡写了，因为林肯的夫人这20多年来一直在对他喋喋不休，让他难得安宁。她总是抱怨一切，总是批评自己的丈夫，认为他的一切都是不对的：他驼背缩肩，走路难看，抬脚放步简直呆板得像个印第安人；她数落他走路没有弹性，姿势不优雅；她会模仿他走路的样子来讥笑他，并纠正他走路时应先将脚尖着地，就像她从克莱星顿市孟德尔夫人的寄宿学校学到的那样。她还不喜欢他那两只大耳朵和他长成直角模样的头。她甚至告诉他，说他的鼻子不直，嘴唇前突，而且外表看上去像个痨病鬼；手和脚太大，而头却又太小；等等。

林肯和他的夫人几乎在每个方面都完全相反——教育、背景出身、性格、爱好以及思想观念上，全都是相反的。他们常常会厌恨对方。

"林肯夫人那高而尖锐的声音，"当代最著名的林肯研究权威专家、已故参议员阿尔伯特·贝弗里奇写道，"在街的对面都能听得见。她怒气最盛时的不停的责骂声，所有邻居家都能听到，而且她的暴怒常常不只是通过言语来表达，她发泄暴怒的方式真是太多了，难以一一道清。”就举他们生活中的一则案例来说吧。

林肯夫妇结婚不久，和欧莉夫人住在一起——欧莉夫人是斯普林菲尔德地区一个医生的遗孀，由于生活所迫不得不出租房屋维生。一天早上，林肯夫妇正在吃早餐时，林肯可能做错了某件事，立即使他夫人暴跳如雷。究竟起因是什么，现在已经没人记得了。只见林肯夫人在盛怒之下，将一杯热咖啡泼到了丈夫脸上，而当时还有许多房客在场。

林肯忍气吞声地呆坐在那里，一言不发。欧莉夫人进来后，用一块湿毛巾替他擦净了脸上和衣服上的咖啡。

林肯夫人的嫉妒是如此的愚蠢和凶暴，以至于让人难以相信。我们只要读到她在公众场合所做的那些有失风度的事情，就会感到惊讶不已。最后她终于精神失常。对于她这个人，我们用一种最宽容的说法，只能认为她是“性情使然”——她大概一直受到精神病的折磨吧。

所有这些唠叨、斥责和怒火，是否改变了林肯呢？从某些方面来说，确实使林肯有所改变，那就是改变了他对她的态度，使他后悔自己婚姻的不幸，并竭力避免和她见面。每当星期六来到时，其他律师都会尽量赶回家中，和家人共度周末的美好时光；林肯却不想回去，他害怕回家。林肯就这样年复一年地生活。尽管乡村旅馆的条件非常恶劣，但林肯也情愿待在那里，而不愿回家面对他妻子的喋喋不休。

真的，唠叨和挑剔带给家庭的不幸，甚至比奢侈和浪费带来的还要厉害。关于这一点，你可以不必马上相信我，还是先听听专家的话吧！

莱伟斯·M　　．特曼博士是一位著名的心理学家，他对1500多对夫妇进行了详细的调查研究，结果显示，丈夫们都把唠叨、挑剔列为他们太太最大的缺点。盖洛普民意测验也得出了相同的结论：男人们都把唠叨、挑剔列为女性缺点的第一位。詹森性情分析——这是另外一个著名的科学研究——也发现没有其他的个性会像唠叨和挑剔那样，给家庭生活带来这么大的伤害。

然而，似乎从远古的穴居时代开始，太太们就想尽办法要用唠叨和挑剔的方式来影响自己的丈夫，但是从古至今，这种方法从没有发生过效用。

一位老朋友告诉过我，他太太总是轻视和嘲笑他所做过的每一件工作，他的事业几乎要被他的太太毁掉了。刚开始的时候，他是一位推销员，他喜欢自己的产品，并且很热心地向人们推销这些东西。当他晚上回到家的时候，本来很希望得到太太的一些鼓励，但是他太太却用这些话来迎接他："好啊，我们的大天才，今天的生意不错吧？你带回来不少佣金了吧？或是只带回来推销部经理的一番训话？我想你一定知道，下个星期我们就要付房租了吧？"

这种情况接连持续了好几年。虽然不时受到太太的嘲笑，这位男士还是坚持努力奋斗，现在，他已经在一家全国著名的公司担任执行副总裁的职务了。至于他那位太太呢？噢，他早就和她离婚了，又娶了一位年轻的，能够给他爱心和支持的女孩，而这正是第一位妻子所不能给他的。

而他的第一位太太并不知道自己为什么会失去丈夫。“我省吃俭用，吃了这么多年苦，”她告诉她的朋友，“结果，当他不再需要我为他做牛做马以后，就离开我，去找比我更年轻的女人了。男人竟然会是这样！”

如果有人告诉这位女士，使她丈夫离开她的并不是另外一个女人，而是她自己的唠叨和挑剔，想必这位女士一定不会相信的。但这的确是她先生离开她的真正原因。她以一种轻视的方式来唠叨和挑剔，而这对于男人的自信心无疑是一种长期的折磨，对于他男性的自尊也是一种沉重的打击。

唠叨是一种疾病。诉苦、抱怨、攀比、轻视、嘲笑、喋喋不休——喜欢唠叨和挑剔的女人，在这些残酷的待人方式之中，如果不是专于其中某一项，就会变成兼而有之的全能“专家”了。唠叨就像麻醉药，你学不来，也改不掉，它是在习惯中养成的。女孩子在20岁当新娘的时候，如果只知道常常唠叨，而不知什么时候才能住进像邻居那么好的新房子，那么等她到了40岁的时候，一定会变成一个无可救药的、对任何事情都难以满足的、毫不令人同情的抱怨专家。

弗吉尼亚大学教授沙姆·W·史蒂文博士在最近的一次演讲中，呼吁美国的丈夫们应该享有四种新自由：免于被唠叨和挑剔的自由，免于被呼喊和支使的自由，免于消化不良的自由，还有在一天的繁忙工作之后换上旧衣服放松放松的自由。

为什么女人要对她们的丈夫唠叨不停呢？理由还真不少。有时候，唠叨是一种身体不舒服的症状。经常找医生做定期的健康检查，可以使我们身体健康，这就像定期检查汽车，使它们能够保持良好的驾驶性能那样。

长期的疲乏，常常会转变成一种喜爱唠叨的倾向。最好的治疗方法是，把你个人的生活安排得更有效率，找出造成疲乏的原因，消除它。“受到压抑和打击，”心理学家分析说，“常常会造成唠叨。”婚姻的不幸、性的不和谐、爱的失落以及内心对生活的不满——这些都是人生中沉重的打击，女人常常会以唠叨、埋怨或诉苦的方式发泄出来。分析一个人的心理，找出这些挫折，并且引导它们使之发泄出来，这就是消除它的最好方法；而用唠叨的方式来发泄不满，只不过是在火上浇油。

我无意把婚姻生活不美满的原因全部归结到女人们的唠叨上——实际上，在所有这样的事情当中，另一个人同样也可能犯很严重的错误。我想说明的只是，如果你确实意识到自己喜欢唠叨不休，并且这种唠叨正在破坏你的婚姻生活，那么，你应该毫不迟疑地改正它。

成为丈夫的“加油站”

善于倾听的女人，不仅能够给自己的丈夫带来最大的安慰和宽心，同时也拥有了无法估量的社会资产。一个文静的、不做作的女人对别人的谈话着了迷，她所提出的问题足以显示她已经把谈话中的每个字都消化掉了。这种女孩子最容易在社会上成功，不只是在她自己的朋友群中成功，而且也在她丈夫的朋友群中成功。

1950年12月，一个名叫比尔·琼斯的男人，从芝加哥一栋五层高的楼顶上跳下来，他跳楼的原因是忧虑和害怕。

他那曾经兴旺一时的事业遇到了危机，因为扩展得太快，债权人全都来催逼他，他的许多支票在银行无法兑现；最糟糕的是，他觉得他不能和他太太一起承受这些灾难。他的太太一直都以他的成功为荣，所以他没有勇气告诉她这些事，他害怕这些事会使她远离幸福，掉进羞耻和绝望的深渊之中。

比尔·琼斯的困境，使他走上了自己仓库的屋顶。他犹豫了一下，然后跳向空中。他掉下五层楼，跌穿了底楼窗上的遮阳篷，掉在人行道上。从常识来判断，他必死无疑，但让人不敢相信的是，他所受到的最大伤害也只是擦破了大拇指的指甲。最让人觉得滑稽的是，他所跌穿的遮阳篷是他唯一完全付清款项的东西。

当比尔·琼斯意识清楚地醒过来，发觉自己还活着时，他感到很兴奋。和这一奇迹相比，他从前的麻烦没有一件是重要的了。五分钟以前，他还觉得自己的生命是一种毫无用处的污秽，而现在，他却因为自己还活着而感到激动。

他回到家里，把整个事情说给他太太听，他太太似乎有点儿慌乱，但这不过是因为他从前没有把他的麻烦告诉她而已。她开始坐下来和他一同想办法，为他解决困难。好几个月以来，比尔·琼斯这才真正放松心情，做一些正确与有用的思考。

现在，比尔·琼斯有了成功的事业，不再欠债，更重要的是，他学会了如何和他太太一起共渡难关。

比尔·琼斯的故事告诉我们，如果丈夫不信任自己的太太，这不能完全算是太太的过失。有些男人，他们有一种错误的观念，认为用事业上的忧虑来麻烦自己的太太是不妥的，他们想带给太太所有美好的东西，想成为事业上的成功者，想成为把上等毛皮大衣带回家的大男人。

当事情不顺利的时候，他们想方设法瞒住自己的太太，以免让她们的小脑袋里装满害怕与不安。他们耻于承认自己的失败和挫折。

他们从没有想到，不论好坏，他们也都应该让太太和自己共同来面对并解决这些难题。

可是，我们更常看到的是，一些男人很想把他们的困扰说给自己的太太听，但是太太们却不想或者不知道该如何去听。

1951年秋天，《福星》杂志曾刊出了一篇调查报告，这是专门针对公司职员的妻子所做的。他们引述了一位心理学家的话说："一个妻子所能做的一件最重要的事情，就是让她的丈夫把他在办公室里无法发泄的苦恼全都说给她听。"

能够尽到这种职责的妻子，无疑是丈夫的"安定剂"、"共鸣板"和"加油站"。

这份调查研究报告还指出，男人需要的是妻子主动、灵巧地倾听，他们通常不想听妻子的劝告。

任何一个曾经在外面工作过的女人都了解，如果她可以和家里某个人谈这一天所发生的事情，不管是好的或坏的，对她来说都是很值得欣慰的事。在办公室里，人们常常没有机会对所发生的事情发表意见。如果我们的事情特别顺利，我们也不能在那里开怀唱歌；而如果我们遇到了困难，我们的同事也不想听这些麻烦，因为他们自己已经有太多的困扰了。

结果，当我们回到家时，我们就会觉得自己必须痛痛快快地发泄一番。然而，我们在现实中最常见的事情是这样的：

比尔回到家，上气不接下气地说道："老天，梅尔，今天真是一个伟大的日子！我被叫进董事会，去讲解我所做的那份区域报告。

他们要我把建议说出来，而且……”

“真的吗？”妻子梅尔说，一点也不关心的样子，“那真好，亲爱的。先吃点酱牛肉吧。我有没有告诉过你那个早上来修理火炉的人？他说有些地方需要换新的。你吃过饭后去看一下，好不好？”

“当然好，亲爱的。噢，像我刚才所说的，老索洛克蒙顿要我向董事会说明我的建议。刚开始我有一点儿紧张，但是我终于引起他们的注意了，甚至连毕林斯都很激动，他说……”

梅尔：“我常认为他们并不够了解你，也不够重视你。比尔，你必须和咱家小儿子谈一谈他的成绩了。这学期他的成绩太糟了，他的老师说如果他肯用功的话，成绩一定可以更好的。我对他已经没有办法了。”

这时，比尔发现他在这场争夺发言权的战争之中已经失败了，于是他只好把他的得意和酱牛肉一起吞到自己的肚子里，然后去完成太太交给他的有关火炉和小儿子成绩的任务。

难道梅尔自私得只希望有人听她的问题吗？不是的，她和比尔同样都需要找个听众，但是她把时间搞错了。其实她只要全心全意地听完比尔在董事会里的得意之事，比尔就会在自己的情绪抒发完了以后，很乐意地听她大谈家事了。

以机智闻名的杜狄·摩尼，描述一个懂礼貌的男人时说：“当他自己最清楚了解的事情被一个完全不懂的门外汉说得天花乱坠时，他仍旧很有兴趣地听着。”其实，大部分女人也都适合于这一描述。一个善于倾听的人，有时候也会被一些无聊的事情弄得心烦意乱。

但是，机灵地倾听所得到的收获，通常可以增加许多自己所没有的知识。

女演员蒙娜·罗伊在一篇写给《纽约先锋论坛报》的文章里，提到她接任联合国教科文组织代表的工作以后，“倾听和学习”就成为她的口号了。

她说，跟来自不同国家的许多代表谈话，增加了她对那些国家的了解。

“当然，”罗伊小姐解释说，“在许多时候，你也必须在谈话中忍受那些无聊的话题。但是我觉得，被人们当作一个具有智慧的好听众，总比把自己完全封闭在一个毫无意义的话题之外要好得多。”

那么，怎样才能成为丈夫的“好听众”呢？至少要有下列3个条件，这3件事是一个好听众所必须做到的。

用眼睛、脸孔、整个身体倾听

如果我们真正热心地倾听别人说话，我们就会在他说话时专注地看着他，我们还会稍微向前倾着身子，我们脸部的表情也会有反应。

认真倾听，当一个好的听众，不仅可以给说话者积极的暗示，倾听者也可以从中获得许多知识。

玛乔丽·威尔森是魅力训练方面的权威，她说：“如果听众没有什么反应，很少有人能够把话讲得好。所以，当一句话打动了你的心，你就应该动一下身体。当一个主意适时地感动了你的时候，就像你心里的一根弦被震动了，这时你就该稍微改变一下坐姿。”

如果想要成为一个好听众，就必须做得好像很感兴趣，我们必须训练我们的身体，机敏地表达自己的感情。

问一些诱导性的问题

什么是诱导性的问题？诱导性的问题就是在发问中灵巧地暗示出发问人内心当中已有的答案。直截了当的问题有时候显得粗鲁无礼，但是诱导性的问题却可以刺激谈话，并且可以推动话题继续下去。

“你如何处理劳工和主管问题的？”这是一个直截了当的问法。“史密斯先生，你难道不觉得，让劳工和主管在某些范围内获得相互妥协是很有可能的吗？”这就是诱导性的问法。

诱导性的问话，是任何一个想要成为好听众的人所必备的技巧。如果你要聆听丈夫的谈话，并且不直接提出他不想听的劝告，那么诱导性的问话就是一个不会失败的技巧。

我们只需这样发问：“亲爱的，你认为做更大的广告可能会增加你的销路，或者将有可能是一种冒险吗？”你提这种问题并不是真的在给他劝告，但是这种问法常常会得到预期的结果。

当我们遇到陌生人时，正确的提问是克服羞怯或打破沉闷的最好工具。当人们开始谈到自己的想法，而不是谈天气、棒球或谈某人的疾病时，他们就会说得忘我了。

永远不要泄露秘密

有些男人从来不和他们的妻子讨论事业问题的一个原因是，这些男人不能保证他们的妻子不会把这些事情泄露给她的朋友或美发师。他们讲给自己太太听的每一件事情，都有可能从她们的耳朵进去，然后又从她们的嘴巴说出来。

“约翰希望在维吉先生退休以后马上得到公司的经理职位。”这是丈夫在桥牌桌上随便说出来的话，但是第二天就有人打电话给约翰对手的太太了。于是，约翰就在完全不知道原因和实情的情况之下，被暗中排挤掉了。

我曾访问过的一个公司总经理告诉我，他在家里谈论公司里的问题，竟也会流传到公司，甚至使他的职员丧失信心。“我很讨厌在超市或鸡尾酒会上大谈公司的业务，那些女人真是太多嘴了！”他轻蔑地说道。

甚至还有一些女人，会利用丈夫对自己的信任，而在以后的夫妻争论中拿出来作为打垮他的工具。例如：“你自己亲口告诉过我，你曾经只因为一纸契约，就买下了那些过量而不必要的剩余物品，而现在你却说我浪费太多钱去买衣服。难道只有我奢侈？哈哈！”

像这样的场面多发生几次，这个小女人就不会再受到她先生向她大谈业务的“骚扰”了。她丈夫将会发现一个事实：自己对妻子倾吐过多的实情，只不过是给了她一些打倒自己的把柄而已。

成为一个好的听众的最佳条件是：妻子不必以为，越了解丈夫工作的细节，越能使他得到满足。如果她的丈夫是个绘图员，他就不会希望他太太了解如何绘制蓝图。但是，当他工作的时候，她要对发生在他身上的事情具有同情心、有兴趣，并且提高注意力。

我所认识的一个会计师娶了一个女人，她对于会计的了解，就像我对于分子理论那样一窍不通，但是我的朋友却说：“甚至在我公司发生的最技巧性的问题，我都可以向她说个痛快，而她似乎也都很直觉地领悟了。回到她的身边，知道她将会灵巧而有耐心地听我讲话，这是多么奇妙啊！”

因此，女性要想获得幸福的婚姻家庭生活，就应该多倾听你的丈夫讲话。这将会使你更加可爱，并使你有一张比特洛伊城的海伦还要美丽的脸孔，而且为你的丈夫带来更多的好处。

京華通覽

西山永定河文化带

主编/段柄仁

斋堂

师昌璞/编著

北京出版集团公司
北京出版社

图书在版编目（CIP）数据

斋堂 / 师昌璞编著. — 北京 ：北京出版社，2018.3
(京华通览 / 段柄仁主编)
ISBN 978-7-200-13832-0

Ⅰ. ①斋… Ⅱ. ①师… Ⅲ. ①乡镇—介绍—门头沟区 Ⅳ. ①K291.5

中国版本图书馆CIP数据核字（2018）第005782号

出版人　曲　仲
策　划　安　东　于　虹
项目统筹　孙　菁　董拯民
责任编辑　白　珍　高　琪
封面设计　田　晗
版式设计　云伊若水
责任印制　燕雨萌

《京华通览》丛书在出版过程中，使用了部分出版物及网站的图片资料，在此谨向有关资料的提供者致以衷心的感谢。因部分图片的作者难以联系，敬请本丛书所用图片的版权所有者与北京出版集团公司联系。

斋堂
ZHAITANG
师昌璞　编著

北京出版集团公司
北　京　出　版　社　出版

*

（北京北三环中路6号）
邮政编码：100120

网　址：www.bph.com.cn
北京出版集团公司总发行
新　华　书　店　经　销
天津画中画印刷有限公司印刷

*

880毫米×1230毫米　32开本　6.75印张　139千字
2018年3月第1版　2022年11月第3次印刷
ISBN 978-7-200-13832-0
定价：45.00元

如有印装质量问题，由本社负责调换

质量监督电话：010-58572393

门头沟区斋堂镇总体规划（2006—2020 年）

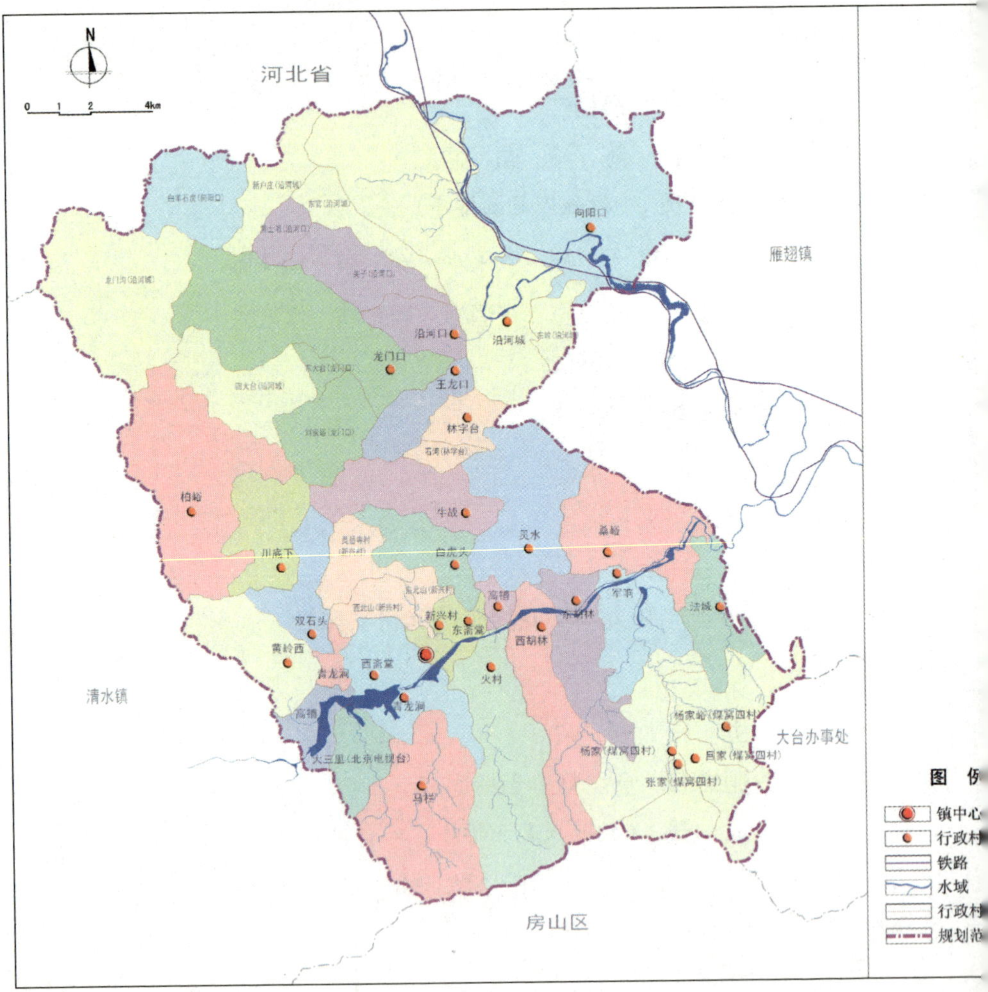

序

PREFACE

擦亮北京“金名片”

段柄仁

北京是中华民族的一张“金名片”。“金”在何处？可以用四句话描述：历史悠久、山河壮美、文化璀璨、地位独特。

展开一点说，这个区域在70万年前就有远古人类生存聚集，是一处人类发祥之地。据考古发掘，在房山区周口店一带，出土远古居民的头盖骨，被定名为“北京人”。这个区域也是人类都市文明发育较早，影响广泛深远之地。据历史记载，早在3000年前，就形成了燕、蓟两个方国之都，之后又多次作为诸侯国都、割据势力之都；元代作为全国政治中心，修筑了雄伟壮丽、举世瞩目的元大都；明代以此为基础进行了改造重建，形成了今天北京城的大格局；清代仍以此为首都。北京作为大都会，其文明引领全国，影响世界，被国外专家称为“世界奇观”“在地球表面上，人类最伟大的个体工程”。

北京人文的久远历史，生生不息的发展，与其山河壮美、宜生宜长的自然环境紧密相连。她坐落在华北大平原北缘，“左环沧海，右拥太行，南襟河济，北枕居庸”“龙蟠虎踞，形势雄伟，南控江淮，北连朔漠”。是我国三大地理单元——华北大平原、东北大平原、蒙古高原的交汇之处，是南北通衢的纽带，东西连接的龙头，东北亚环渤海地区的中心。这块得天独厚的地域，不仅极具区位优势，而且环境宜人，气候温和，四季分明。在高山峻岭之下，有广阔的丘陵、缓坡和平川沃土，永定河、潮白河、拒马河、温榆河和蓟运河五大水系纵横交错，如血脉遍布大地，使其顺理成章地成为人类祖居、中华帝都、中华人民共和国首都。

这块风水宝地和久远的人文历史，催生并积聚了令人垂羡的灿烂文化。文物古迹星罗棋布，不少是人类文明的顶尖之作，已有 1000 余项被确定为文物保护单位。周口店遗址、明清皇宫、八达岭长城、天坛、颐和园、明清帝王陵和大运河被列入世界文化遗产名录，60 余项被列为全国重点文物保护单位，220 余项被列为市级文物保护单位，40 片历史文化街区，加上环绕城市核心区的大运河文化带、长城文化带、西山永定河文化带和诸多的历史建筑、名镇名村、非物质文化遗产，以及数万种留存至今的历史典籍、志鉴档册、文物文化资料，《红楼梦》、“京剧”等文学艺术明珠，早已成为传承历史文明、启迪人们智慧、滋养人们心灵的瑰宝。

中华人民共和国成立后，北京发生了深刻的变化。作为国家首都的独特地位，使这座古老的城市，成为全国现代化建设的领头雁。新的《北京城市总体规划（2016 年—2035 年）》的制定和中共中央、国务院的批复，确定了北京是全国政治中心、文化中心、国际交往中心、科技创新中心的性质和建设国际一流的和谐宜居之都的目标，大大增加了这块“金名片”的含金量。

伴随国际局势的深刻变化，世界经济重心已逐步向亚太地区转移，而亚太地区发展最快的是东北亚的环渤海地区、这块地区的京津冀地区，而北京正是这个地区的核心，建设以北京为核心的世界级城市群，已被列入实现“两个一百年”奋斗目标、中国梦的国家战略。这就又把北京推向了中国特色社会主义新时代谱写现代化新征程壮丽篇章的引领示范地位，也预示了这块热土必将更加辉煌的前景。

北京这张“金名片”，如何精心保护，细心擦拭，全面展示其风貌，尽力挖掘其能量，使之永续发展，永放光彩并更加明亮？这是摆在北京人面前的一项历史性使命，一项应自觉承担且不可替代的职责，需要做整体性、多方面的努力。但保护、擦拭、展示、挖掘的前提是对它的全面认识，只有认识，才会珍惜，才能热爱，才可能尽心尽力、尽职尽责，创造性完成这项释能放光的事业。而解决认识问题，必须做大量的基础文化建设和知识普及工作。近些年北京市有关部门在这方面做了大量工作，先后出版了《北京史》（10 卷本）、《北京百科全书》（20 卷本），各类志书近 900 种，以及多种年鉴、专著和资料汇编，等等，为擦亮北京这张“金名片”做了可贵的基础性贡献。但是这些著述，大多是服务于专业单位、党政领导部门和教学科研人员。如何使其承载的知识进一步普及化、大众化，出版面向更大范围的群众的读物，是当前急需弥补的弱项。为此我们启动了《京华通览》系列丛书的编写，采取简约、通俗、方便阅读的方法，从有关北京历史文化的大量书籍资料中，特别是卷帙浩繁的地方志书中，精选当前广大群众需要的知识，尽可能满足北京人以及关注北京的国内外朋友进一步了解北京的历史与现状、性质与功能、特点与亮点的需求，以达到“知北京、爱北京，合力共建美好北京”的目的。

这套丛书的内容紧紧围绕北京是全国的政治、文化、国际交往和科技创新四个中心，涵盖北京的自然环境、经济、政治、文化、社会等各方面的知识，但重点是北京的深厚灿烂的文化。突出安排了“历史文化名城”“西山永定河文化带”“大运河文化带”“长城文化带”四个系列内容。资料大部分是取自新编北京志并进行压缩、修订、补充、改编。也有从已出版的北京历史文化读物中优选改编和针对一些重要内容弥补缺失而专门组织的创作。作品的作者大多是在北京志书编纂中挺刀实干的骨干人物和在北京史志领域著述颇丰的知名专家。尹钧科、谭烈飞、吴文涛、张宝章、郗志群、马建农、王之鸿等，都有作品奉献。从这个意义上说，这套丛书中，不少作品也可称“大家小书”。

总之，擦亮北京“金名片”，就是使蕴藏于文明古都丰富多彩的优秀历史文化活起来，充满时代精神和首都特色的社会主义创新文化强起来，进一步展现其真善美，释放其精气神，提高其含金量。

2017 年 11 月

目录

CONTENTS

概　述

斋堂镇有着悠久的历史。目前的考古成果证明，11 万年以前斋堂地区有“前桑峪人”栖息，1 万年前有“东胡林人”生活。从黄草梁附近的天仙背洞、沿河城大东宫及沿河城西大台等处陆续发现的新石器时代古人类生活遗迹，以及从沿河城狮子沟、白羊石虎发现的汉代器物来看，斋堂川是远古人类生活栖息之地，斋堂人就是这样披荆斩棘从远古走来的。

斋堂镇为北京市门头沟区辖镇，位于北京市门头沟区西部深山区，镇政府驻地东斋堂村。该镇东南距区政府 30 多公里，东北与雁翅镇相接，北部与河北省怀来县毗邻，西部是清水镇，南部与房山区大安山乡接壤，东南部与大台办事处相连。

明代，斋堂地区已有东斋堂、西斋堂、马栏、火村、高铺、柏峪、牛战、白虎头、北山、沿河、沿河口、向阳口 12 个村。分属宛平县桑峪社、青白社。清代，已有 27 个村，包括上述 12 个村，又增加黄岭西、青龙涧、双石头、爨底下、大三里、王家山、蔡家岭、柏峪台、灵岳寺（领李家村、刘家村、徐家村、宋家村）、东北山、西北山、林子台、白羊石虎等 15 个村。中华民国时期，自然村增加到 59 个。

中华人民共和国成立后，1956 年置斋堂乡，1958 年改公社，1984 年改乡，1990 年建镇，1994 年将沿河城乡并入，全镇辖 20 个行政村。2001 年，撤销军响乡，并入斋堂镇，辖火村、高铺、黄岭西、马栏、青龙涧、东斋堂、西斋堂、新兴、柏峪、爨底下、双石头、牛站、白虎头、沿河城、沿河口、龙门口、林字台、王龙口、军响、桑峪、灵水、东胡林、西胡林、张家、吕家、杨家、杨家峪、法城等行政村。

斋堂古称“灵桂川”。斋堂村原是唐代古刹灵岳寺供僧侣和香客吃斋的地方，因而得名“斋堂”。此地成村及建镇后，仍一直沿用此名。斋堂镇依山控河，是北京西上塞外的交通要道，古代为兵家必争之地。元代在这里修建了要塞天津关；明代修建了沿河城和斋堂两座戍守城池，以及 12 座敌台和随山起伏的内长城；清代齐家庄巡检司迁至斋堂城，沿河城设四品都司驻防，使斋堂镇成为当时京西山区的政治和军事中心。

斋堂镇境内文物古迹众多，像美丽发光的珍珠散布在镇域内的各个村落。全国历史文化名村爨底下、京西灵水举人村、东胡林人遗址和众多文物古迹让斋堂具有了很高的文化价值和历史研究价值。

斋堂地区是北京著名的革命老区，具有光荣的革命斗争历史，

1938 年，中国共产党领导下北京地区最早的民主政权——宛平县抗日民主政府成立了。中国共产党领导下的八路军，在斋堂地区开创了平西抗日根据地，成为北京郊区抗日的中心。抗战时期，在中国共产党的领导下，许多青年学生、爱国志士和国际友人就是经平西抗日根据地前往延安和奔赴全国各地的抗日战场的。抗战期间，延安军民所用的枪支弹药、生活物资的 1/3，都是由这里运送过去的。在这条红色交通线上，中国共产党带领平西抗日军民，同敌人进行了艰苦卓绝的斗争。他们为民族的解放抛头颅、洒热血，用自己的热血和生命捍卫了民族尊严，为全国抗日战争和解放战争的胜利，谱写了壮丽永恒的史诗。

门头沟区 98.5％的面积为山区，而斋堂镇就处在大山腹地深处，山高谷深，斋堂人民依山就势、因地制宜建造山港子梯田，有首民谣说得好：“一亩十三堰，地块组成山。越往上越小，数数数不全。拿起草帽走，帽下是一堰。”这首民谣极言山区地亩艰难，地无三尺之平，一亩地竟由大小不等的十三堰地组成，数来数去数不清楚，临走起身拿起草帽才发现最小的一堰地，竟然在草帽下面扣着！斋堂镇的山民就是在这种情况下开发建设着自己的家乡！

斋堂镇是西部地区的中心，被称为“京西重镇”。永定河、清水河穿境而过，109 国道贯穿全境。全镇大多是山地淋溶褐土，植被有杨树、柳树、栎树、榆树、桑树等林木和荆条、秀线菊等灌丛。人工植被有松树、柏树、苹果树、核桃树、杏树等。

斋堂地形总体是西北高，东南低。镇域之内虽有永定河、清水河流过，但是地在高处，水在低处，低水难浇高地。而斋堂地区气候属温带季风型，无霜期 170 天，气温低而多变，多风沙，夏季最高气温在 37 摄氏度，冬季最低气温在零下 20 摄氏度左右，降雨量年平均仅为 472.9 毫米，干旱少雨乃是斋堂川显著的特点。斋堂镇黄岭西村民谣云："爷们儿一桶，娘们儿一筲（一桶三筲水，每筲三锅水），住家姑娘该不着，新媳妇两大瓢！"极言饮水奇缺、分水吃的情况。斋堂川大部分为缺水的山地，基本上"靠天吃饭"，特殊的地理条件，造成各种自然灾害的不断发生，无雨则旱，下雨则山洪暴发，引发泥石流。斋堂人从实践中认识到"水利是农业的命脉"，兴修水利是发展生产的首要问题。因而千百年来斋堂人祖祖辈辈夙兴夜寐、披荆斩棘，扶渠垒堰修沟挖渠，叩石垦壤奋斗不止。斋堂人发挥自己的才智，还创造了水磨、水碾，早在元代就已经开始利用水能。当年隐居斋堂潜心撰写《析津志》的元代著名学者熊梦祥，在他的著作中详细地记述了这一切。

内长城系列军事工程推动了京西古道的发展。明王朝在京西加强防务，建关设隘，修筑空心敌台、烽火台，垒拦马墙、挖堑壕，需要人行马驮，运送建筑材料及其人吃马喂各种给养，需要强大的后勤支持，这就少不了运输。而内长城军事防御体系多建在"多见树木少见人"的荒僻之所，于是在荒山野岭之间，出现了许多人们用双脚踩踏出来的山径小路。从京西古道的主干道上派生出来的道路密如蛛网，通向四面八方。

内长城的修建促进了当地经济的发展。修建内长城系列军事工程，当地大军云集，将士骤增，人要吃粮，马要吃草，后勤支援就是个大问题。由于当地是深山腹地，地无三尺之平，没有走马车的道路，山间小径只能走马帮驮队，于是刺激了当地畜牧业的发展，推动了当地运输业、商贸的发展。

由于驻军的军饷有一部分是驻军屯田所得，当地百姓要种地，驻军亦需屯田种地，人多了，种地的多了，粮食产量自然也要增长。因为戍关将士来自祖国各地四面八方，他们多是农民出身，多从家乡带来了不同的作物品种，不同的耕作技术，到戍守屯田之地，自然而然会彼此交流，优良品种的使用，更好耕作方法的使用，也有利于粮食产量的提高，当地的经济自然会上扬。

斋堂古镇的山村教育曾经兴盛，古老宗教扑朔迷离，山庄古迹令人目不暇接，古堡关城雄风依旧，物产资源得天独厚，民俗风情独特而新奇。斋堂镇颇具名气的地质文化、名山文化、水利文化和交通文化，有底蕴深厚的古人类、古城、古村落文化，有宗教文化、长城军旅文化、民俗文化、科举文化，还有闻名于世的红色革命文化和科普教育文化，等等，不胜枚举、俯拾即是。这里就像一条穿越时空的中华文明历史长廊，各种文化现象几乎都能在这里找到佐证。斋堂人完全有可能依托这些博大精深、积淀深厚的历史文化资源，把斋堂地区建成门头沟永定河文化标志镇、北京的古都风貌示范镇和中国的历史文化名镇。

文物遗存

由于斋堂地区相对比较封闭，所以留存下来的文化遗址与历史文物非常丰富，已成为斋堂地区文化的重要组成部分。

斋堂历史久远，古代遗存丰富，这里不仅有古人类的活动遗迹，还有数量众多的文物古迹。

遗　址

前桑峪古人类遗址

1993 年，北京地质调查所在桑峪村马兰台地发现了人类骨化石，化石属右侧股骨上端，较为完整。化石出于马兰台地底部的黄土状土层中，上距地表 7 米许。化石点剖面是北京古冰缘发育和保存最好的地点，发现有古冰楔。经专家鉴定，属于晚更新世古人类化石。化石出露层位表明，其年代在 11 万年以前，属于第四纪的冰川时期。

前桑峪古人类化石的发现表明斋堂盆地一带，自旧石器时代起就是古人类的活动区域之一，遗址的发现将门头沟区人类存在的历史上溯到 11 万年以前。

东胡林屈肢遗骸

东胡林人遗址

东胡林人遗址位于东胡林村西，永定河支流清水河北岸的二级阶地上，高出河床25米。考古界先后于1966年、2001年、2003年、2005年对该遗址进行了4次挖掘，出土了数具人骨化石和螺壳项链，骨镯及石器等文化遗物。经过鉴定，在东胡林遗址出土的遗物距今1万年左右，填补了山顶洞人之后北京地区人类发展链条中的一段空白，在北京发展史上具有重要意义。

天仙背洞第四纪更新世晚期古人类生活遗址

天仙背洞在斋堂镇所辖沿河城黄草梁南麓天津关，洞内堆积物地层属第四纪更新世晚期，虎、豹、羊等动物化石在此地被发现。

大东宫新石器时代古人类生活遗址

该遗址位于沿河城大东宫村山坡上。遗址东北、西南位置较高，下边为小东宫村及山涧，西部为梯田。遗址南北长约300米，

小东宫东沟石斧发现处（李树云、索宝林摄）

遗址中部有泉水和水池。在遗址南端曾出土磨光石斧一件，长0.11米，宽0.07米，石斧完整。还出土细青石磨光石凿一件。

西大台新石器时代遗址

该遗址位于斋堂镇西大台村，20世纪60年代，西大台村李海云的父亲在羊圈掘土时挖出制作陶器碾轧黏土的两根石棒，一根完好，另一根已断，同时出土的还有一块长0.8米、宽0.3米的“磨板”。遗物出土后，石棒被小孩拿着玩耍而遗失，“磨板”则被上交中国历史博物馆，经专家鉴定，乃新石器时期文物，现在门头沟区博物馆收存展出。

同样的东西，毗邻的青白口村也有发现：2008年6月1日，门头沟区民俗协会赵永高等在青白口村村民家中发现出土的一件石磨棒和一块石磨板。石磨棒呈圆柱形，长34厘米，周长18厘米，一侧平，有明显磨痕；石磨板呈长方形，长47厘米，宽24.5厘米，厚4厘米，平面和两头有明显磨痕，是村民建房挖地基时挖出来的。经专业人士鉴定，这些是属于新石器时代晚期的石器。

沿河城西大台出土磨板（师昌璞摄）

狮子沟战国至汉代遗址

该遗址位于斋堂镇沿河城狮子沟村（丰沙铁路37号洞上边），东、西、北三面临永定河。遗址在一个小山包的平台上，东西距离约30米，南北约45米，面积1350平方米。地面无依存建筑，遍布战国夹砂红陶片，器型有大型细绳纹陶罐和盆口沿等。据说最近有个羊倌在该地又有斩获，文物正在核查中。

白羊石虎村汉代遗址

该遗址位于斋堂镇沿河城白羊石虎村北约10公里处，遗址坐西朝东，在山前台地上，南北与东西各边长300米，面积90 000平方米。遗址中部有较大面积的烧土层，曾出土细弦纹汉代夹砂红陶片，遗址西部有墓葬。

古砖窑

位于柏峪村东北1.5公里的山洼处，此地人称“百窑”，在其东侧200米有地名曰“晾台”。山腰黄土层深厚纯净，地堰垒砌了大量的残城砖。现存残窑7座。窑呈圆形，直径约3米，窑壁烧结坚硬。还有许多尚未发掘的砖窑，其结构与高度不详。黄草梁距砖窑4公里，明代万历年间在黄草梁修6座砖砌空心敌台、一座石砌空心敌台及巨石垒砌的城墙，于是就地取材就近烧砖，

柏峪明代长城砖窑遗址标志牌（师昌璞摄）

柏峪明代长城砖窑遗址（师昌璞摄）

此处窑群为当时遗迹。柏峪村长城砖窑是门头沟目前发现最大最完整的古砖窑遗址，门头沟区政府 1998 年公布其为第四批文物保护单位。类似古砖窑的遗迹斋堂镇还有多处。

宛平县抗日民主政府东斋堂村旧址

1938 年 3 月下旬，宛平县抗日民主政府成立，魏国元任县长，政府设在东斋堂村万源裕商号，5 月焦若愚接任县长。此院坐西朝东，大门在东北角，院东西长 10.3 米，南北宽 9.45 米。西房面阔 6 间，长 16.2 米，进深 5 米，硬山板瓦，台基高 0.66 米。东房形制同西房，南房 3 间，北房形制同南房。现房屋为在原址复建，东西房仅见地基。1938 年 9 月，日军占领斋堂川，宛平县抗日民主政府所在地万源裕被烧毁。

八路军第四纵队司令部西斋堂旧址

旧址位于西斋堂村聂家大院。院落坐北朝南，呈长方形，长约 40 米，宽约 20 米。原建筑均为板瓦合瓦，小皮条脊，檐下有滴水。第一进院落，门楼坐北朝南，雕花皮条脊，硬山。墀头砖雕回纹，戗檐砖雕牡丹，黑漆板门，门下 5 级踏步。大门北侧为影壁，大门东侧南房 5 间，西房已坍塌。第二进院落北房 7 间，建于 1 米高的台基上，东配房 3 间，西配房已坍塌。第三层南房 5 间，第四层正房 7 间，东配房 2 间，西配房 5 间。

1938 年 3 月，邓华奉聂荣臻司令员命令，率第一支队第三大队，挺进斋堂，开辟平西根据地。1938 年 5 月，八路军第一二〇师宋时轮支队奉命由雁北进入斋堂川，与邓华支队会合，1938 年 6 月 8 日组成第四纵队，下辖 2 个支队，1 个独立营，1 个骑兵大队，共 5000 余人，司令部即设在聂家大院。1938 年 9 月，日军占领斋堂川，聂家大院被烧毁，现只有门楼为原建，其余房屋均按原形制复建。1981 年被定为区级文物保护单位。

第四纵队司令部旧址（师昌璞摄）

马栏冀热察挺进军司令部旧址

冀热察挺进军司令部旧址陈列馆

地在马栏村，为农民集资兴办。1997 年 7 月 7 日开馆，辟 4 个展室。第一展室“挺进军成立前后”，反映抗日战争爆发后，八路军开辟平西根据地的历史。第二展室“挺进军战斗历程”，重点反映实现“巩固平西、坚持冀东、开辟平北”的抗战史实。第三展室“马栏村抗战斗争史”，主要反映马栏人开展抗战斗争的史实。第四展室：恢复司令部作战指挥部旧址原貌，以陈设实物为主，门楣上悬萧克将军亲笔书写的“冀热察挺进军驻地”匾额。

农民集资兴办的革命陈列馆在北京仅此一家。1997 年 9 月 6 日被市政府列为青少年爱国主义教育基地。

文 物

由于斋堂地区处于深山腹地，所以相对比较封闭，不仅留存下来的文化遗址多，而且遗留的历史文物非常丰富，这已成为斋堂地区文化的重要组成部分。

石磨棒、陶钵等疑似古代遗物

2014 年 4 月初，门头沟区永定河文化研究会考察小组在一次野外考察中偶然发现，该区斋堂镇九龙头马兰黄土台地区存在一些疑似古人类活动的迹象，并现场采集到一些石磨棒、陶钵、小石凿、火烧土、陶片、炭屑、煤屑等古代器物，疑古代人类所使用的生活器具。其中，陶钵和石磨棒保存比较完整。

经考古专家初步鉴定，这些古代器物可能产生于新石器时代晚期，相当于昌平雪山遗址三期，距今大约 4000 年。采集的陶片有一部分疑为商周时期器物。其中两件较小的陶器较为罕见，可能是与其他器物连体的复合陶器。

斋堂角楼汉代箭镞

20世纪80年代初，斋堂中学教师陈国亭在东斋堂角楼建房挖地基时，出土箭镞125枚，箭镞全长约4寸，铁杆全部锈蚀，铜箭头还异常锋利，中间为焊接。经鉴定乃汉代兵器。1988年在门头沟区王平镇东石古岩村出土汉代箭镞3枚，铜镞铁铤，锈蚀非常严重，残长0.05~0.1米，铜镞为三棱锥体。

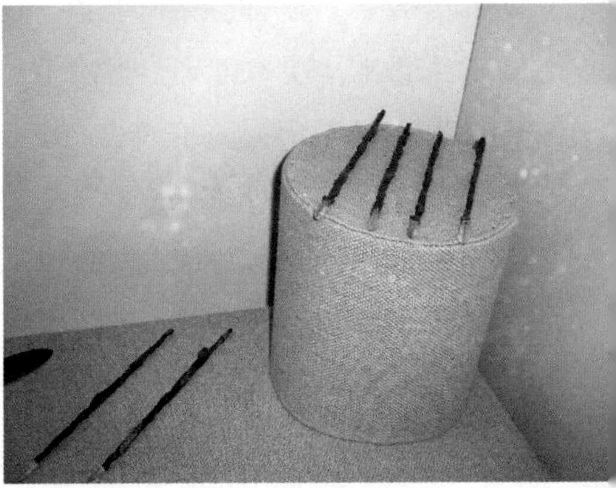

斋堂角楼出土汉代箭镞（师昌璞摄）

斋堂元代窖藏

1990年6月8日，斋堂中学打探坑时发现窖藏。探坑在斋堂中学办公楼东侧50余米，东西向，长1.7米，宽0.7米，深3米，底径0.5米。出土点距地表2.5米。出土了铜权、缸胎罐、镢头、斧、尖镐、镰、铁钩等遗物。

西斋堂村元代壁画墓

1979年8月17日，在西斋堂村发现一座元代砖砌单室壁画墓，由墓道、墓门、墓室组成。墓室底部为正方形，边长 2.8 米，从 1.2 米处向上斜收为穹隆顶。墓门开在南壁中间，墓室北侧置棺床，长 2.8 米，宽 0.98 米，高 0.15 米。墓室四壁抹白灰，其上绘制壁画。此墓早年被盗，葬具及遗物混乱，2 具彩绘柏木棺板散乱，其旁有男女骸骨各 1 具。墓内残存三彩龙纹香炉、三彩罐、白釉罐各 1 件，未见墓志。壁画所绘人物为汉人服饰，未见元代典型器物，可知墓主应是汉人夫妻合葬墓。

此墓壁画，东壁及南壁木门东侧已毁。南壁木门西侧，西壁、北壁及穹隆顶壁画保存较好。

墓顶绘画：穹隆顶中心嵌铜镜，以铜镜为中心绘 6 瓣巨大莲花，铜镜恰似花蕊，莲瓣由内至外施以红、粉、绿三色。在大莲花外围绘制粉色和黄色的 6~10 瓣缠枝莲 12 朵。其外，画含苞待放的黄、粉、紫三色小莲花。墓顶绘画采用的方式具有中原墓葬绘画手法。

墓门洞有墨书楷字，西侧书“安堂”“斋”，东侧书“乐堂”，字径 0.14 米。墓门西侧墙壁画 2 侍女，绘者按透视关系处理，前高后低，人物比例合理，衣纹线勾勒得颇见功力，墨色浓淡、行笔快慢、转折提顿等都恰到好处。

西壁绘画：此壁是一组连环画，画面上方帷幔低垂，天上漂浮着五色祥云，地下的山岩、土坡、小草将画面整体有机地结合在一起。又由 4 株挺拔的树干将画面一分为三，3 幅画内容各异，互有关联，反映了元代画师巧妙的构图方式。

北壁绘紫红色棺床，床档间绘 4 幅山水画，远处重峦叠嶂，云雾缭绕，崖畔松柏常青，山崖林木间隐隐有楼阁、古塔，近处有农家小院，山谷间溪水流淌，一叶小舟荡漾湖心。

此壁画值得注意的是，元墓壁画基本都是绘制墓主人生平游猎、宴饮等生活场景，而此壁画是一武将在怒审犯人，这种内容的壁画在元墓中极少见。依此推测墓主可能是一位嫉恶如仇的汉族将军，生前曾审理过一件得意的案子，受到人们的赞颂，死后人们将这一得意之作绘于墓室。壁画采用工笔重彩技法，出土时色彩艳丽，洒脱洗练，人物刻画细腻，反映了元代画师的高超技法，是北京地区元墓壁画的杰作。此墓发掘清理后，壁画由北京市文物部门收藏，其余部分就地掩埋，现地表已不见任何遗迹。

类似的壁画墓“文化大革命”中在清水村也发现一座，埋葬死人打墓穴时意外打通古墓，几人进去看了一圈之后，遵照亡者家属意见，将壁画墓掩埋，未曾报文物部门知晓，多年后才公开。

贞节匾

封建社会，在封建礼教思想的束缚下，妇女没有婚姻自由，出嫁后，不仅在家从夫，而且从一而终，丈夫死后不能改嫁，作为时代的最高道德典范，受到社会的高度推崇，贞节匾就是旧社会时官府或地方上给贞节烈女的表彰性匾额，以作为学习之楷模。斋堂地区就保留有这样的匾额。

杨家峪村匾：民国七年宛平县乡谊为杨海春母亲杨李氏所立。木质，横长方形，黑漆底色，上刻“节励松筠”4 个大字，单字

杨家峪村杨李氏贞节匾

高40厘米，宽30厘米，笔力遒劲。上款竖刻阴文“大总统题褒”，下款竖刻两行阴文，“宛平杨李氏”“中华民国七年六月乡谊仝立”。上下款小字中除“乡谊仝立”4个字为隶书外，其余皆为楷书。贞节匾天头正中原刻有一方官印，朱红色，10厘米见方，已于“文化大革命”时铲去。杨李氏18岁丧夫，誓不改嫁，抚养幼子，读书进取，家中富庶，倒也不愁吃穿。其子考入京城的一所大学堂，曾在胡宗南手下做事，后在宛平县为官。宛平县知事汤铭鼐会同当地士绅，请大总统冯国璋题字，共制此匾，送至杨家峪杨李氏家中，以作褒奖。杨李氏于中华人民共和国成立后去世，享寿73岁。

西胡林村贞节匾：在谭普家，刻有“节励竹筠”4字，长167厘米，宽90厘米，上款为“大总统题褒”，当时大总统为徐世昌。下款为竖写两行小字“谭王氏”“中华民国八年三月”。大字高40厘米，宽30厘米；小字为5厘米见方，天头正中原有朱红官印，可惜“文化大革命”时被铲去。谭王氏20多岁丧夫，始终未改嫁，将幼子抚养成人。此匾是当时的宛平县知事汤铭鼐亲自送至。后谭家用黄绫子拓下匾上刻字，镶嵌在镜框中，今贞节匾和大镜框均保存完好，只是黄绫子拓片已于“文化大革命”中烧毁。

官方通报

爨底下村立功通告：在爨底下 13 号院，门楼粉壁上有二纸斑驳的官方文告，即中日甲午战争军功通报。内容为清光绪二十年（1894 年）、二十一年（1895 年）防倭立功、堪赏军功者通报。据该村老人讲，立功人员都赐给了缨子帽和坎肩，俗称领架子。过春节穿 3 天，平日置于厅堂，点香供奉，以示朝廷恩典。

杨家峪升官通报：清光绪年代遗物，现仍贴于杨家峪村民杨元旺的南房山墙上。清光绪年间，杨茂发玄孙杨成宽出任易州马水口统带，特发此通报。任职地区是皇家行宫所属区域，沿河城守备亦由其节制。

杨家峪学业通报：民国初年遗物，现贴于杨家峪村民杨金民的南房山墙上。

杨家峪捷报

吕家村煮石铁锅

据明《宛署杂记 · 古迹》载：煮石铁锅在泥窝村瑞云寺，寺依百花山。相传，避世佛曾在此修道，用小耳锅煮石修炼。锅似铁，似石，阔一足，深七寸。宣德年，奉旨取视，赐以龙袱。

白虎头村金代石虎枕

原在白虎头村，由一块整石雕凿而成，通长0.41米，汉白玉质。虎卧于0.03米厚的一块豆瓣形石板上，虎目圆睁，双耳突出，虎牙龇露，异常威猛。臀部较粗壮，后腿呈屈撑状趴卧，刚健有力，粗壮的虎尾依身形蜷至腹下。虎的整个形态似食饱而憩，静卧养息。虎枕全身白中微泛粉晕，和谐柔美，生动逼真。该虎枕较为

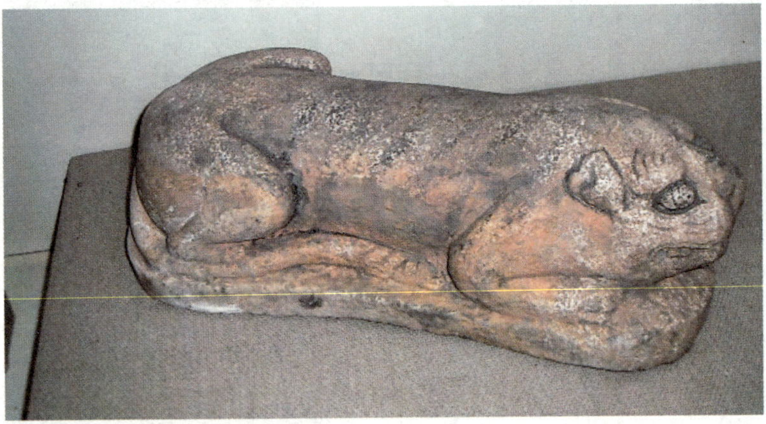

白虎头村出土的石虎枕

完好，仅臀部、耳部略有少许残迹。经鉴定应为金代物品，现为门头沟区文物所收存。

明代三箍铁炮

1985年区文物所在军响修配厂征集。此炮为铁铸，通长70厘米，炮口外径15.5厘米，内径6厘米。炮身有三道加固箍，箍

明代铁炮（师昌璞摄）

明代铁炮

宽4.5厘米，炮底径16厘米。炮底与炮身连铸一体，炮身无引火孔，无照门，亦无耳轴及支架。为前装式，火药与弹丸直接由炮口装入膛底。炮身刻有“大龙门口／崇祯十三年二月奉保定总督军门杨造给／天字／崇祯十三年四月／□[①]州直□察使许奉／兼□阳制造／周良臣／炉户马化敬”等字。铁炮现由门头沟区文物所收藏。

---

①本书中引用的内容中缺字用□代替。

古镇山庄

在斋堂镇29个行政村中，明清古民居村落有十几处，院落建筑形式基本相同，石墙山路，别具一格，从门楼院落、影壁花墙之中，仍可领略到古老的地方建筑文化信息。

爨底下村全貌

古民居

爨底下村

柏峪沟、爨宝玉沟、双石头沟会聚之地原称爨头，元明以来在此设有爨里口，派兵驻防于此，后家属渐多，清代遂在爨里口之下建村，是为爨底下。村内院落沿山坡兴建，错落有致，保存完整。2003 年 11 月，该村被中国建设部、国家文物总局评为“中国历史文化名村”。

在村内最高处是一财主的院落，这个被称为广亮院的是爨底下级别最高的院落。据传，村民韩守德到北京赶考，被选中替康熙皇帝出了家，做了“替僧”，于是得到朝廷很多赏赐。有钱以后的韩守德便大兴土木，建造了现在的广亮院，是爨底下质量最高的四合院。广亮院大门装饰华美，两边有石雕的狮子狗，可惜狗头在“文化大革命”时被砸掉了，两边石礅正面雕刻的是暗八仙，侧面是花卉和瑞兽。上方有前门罩，是硬木透雕的“富贵荣华”。两侧的迎风盖板是“喜鹊登梅”，上方戗檐之上有两组砖雕，上半部为荷花、牡丹花，象征“合家欢乐”，下半部是钱和鱼，寓意为“金钱有余”。一进大门，脚下平铺两块石头，一块青石，一块紫石，寓意“脚踏青云，紫气东来”。门洞两侧的墙壁上是清代的山水壁画，同时还残存着“文化大革命”时期的标语，两个时代的文物见证了时代的交替。

爨底下村标识

进门之后迎面是座山影壁，即把影壁坐在山墙之上。影壁上面是帽，中间为心，下边有座。帽上雕有寿桃万字锦，梅花取“万事美好”之意。心部外角分别为“梅兰松菊”四君子,内角为云花，中间有福字，两边饰品为招财进宝。

进入四合院，北房已经塌掉，侧面有一门，可进后院，形成内宅、外宅。内宅的正房是老太爷住的，两侧厢房是小姐的闺房，前宅正房为长子住，其余便是次子或晚辈人住。

四合院面积不太大，但是利用空间特别好，墙角下就是地窖，也是天然的“冷藏设备”。

灵水村

该村是斋堂地区另一座保存较好的村落，现仍有少部分明清民居建筑，2005 年 11 月荣获第二批全国历史文化名村称号。村内有一清代院落，正房面阔 5 间，西 2 间，中 2 间，东 1 间，宽 19.2 米，进深 6.05 米，梁架均为柏木。室内木雕精美，檐檩及垫枋有旋子彩画。屋建于 0.8 米高的台基上，踏步三级垂带，均为灰石。直棂窗，3 扇门为五株式。古宅木料硕大，在京西民宅中并不多见。

灵水村曾一度商业繁盛，著名店铺有三元堂、大清号、荣德泰、全义兴、全义号、三义隆、德盛堂、济善堂等，号称“八大堂”。这些店铺多为三进或五进宅院，建筑宽大，雕梁画栋，磨砖对缝，墙体厚实，砖雕简洁而讲究，花饰粗犷中蕴涵着秀美。

三义隆宅院是“八大堂”之一，清代建筑。门楼清水脊，两头高翘蝎子尾，脊的左下方雕刻着3条鲤鱼，头对头成三角形，寓意家庭和睦，积极向上。脊的右下方雕刻着一条大鲤鱼，寓意后代要有鱼跃龙门之势。门楼的墙腿左边刻有荷花，象征着家庭和美；右边刻有牡丹，象征着富贵荣华。上有“为善最乐，读书便佳”8字。四合院门前有照壁，上书“戬榖”两个大字，门内有山影壁。进院子后，东西房各3间，南北厢房各两间，依照地形，西房为上房。清水脊，两头高翘蝎子尾。屋顶上是板瓦合瓦，有雕花的瓦当和滴水，房子全部为硬山式。窗户是步步紧，窗棂上雕有“喜鹊登梅”。南房的墙腿石雕刻的是莲花和莲蓬，象征着和美，在花盆上各雕有一枚清代铜钱，左右是满文，上下是汉文“当十”两个字，象征着“钱满贯、花不完”。院子东南角有地窖存放物品。

灵水村全貌

东北山村举人王金度宅院

该宅院占地约 900 平方米，不包括场院，现基本完好。此院依山势而建，呈不规则四合院。可分为前北院、后北院、前南院、后南院 4 个院落。

后北院为主院，由长辈居住。院内东侧南端有券门，与院内甬道相连。后南院是饲养牲口和堆放煤和其他杂物的地方。前北院为三合院，大门在院内东侧南端，与东房成一整体。前南院为四合院，大门在南侧东端。有住房 26 间。院内有一南北向甬道直通后北院。院内主房坐北朝南，青砖灰瓦、四角硬，瓦分板瓦、合瓦、筒瓦。清水脊、脊座两端砖雕四季花卉。正面青砖坎墙，室内裙间以上用山石垒砌。由于东侧地基相对较软，一律采用盘山柱结构支撑，以加强房屋的稳定性。室内方砖墁地，设有火炕、地炉。

西胡林村古民居

中华人民共和国成立前，村里主要有谭、石两姓人家，谭家靠做买卖发家，石家靠种地富裕起来，由于两姓当中比较富裕的较多，因此，西胡林质量较好的宅院也较多。

全村共有古旧四合院 52 处之多。为加强安全，规模较大的院落都留有暗门和通道，可以互通。最具有代表性的是石德堂家的“连三处”。该院由 3 个院落组成，前院为四合院，后院只有

西胡林民居

东西厢房，第三个院落是大西院，因彼此相通，故称为“连三处”。

西胡林村的富户建房比较讲究，门楼雕梁画栋，门口立有门墩，门内有坐山影壁，影壁墙四周刻有吉祥图案，中间刻名人书法或“福”“鸿禧”等字。房屋很多都是全柁全檩、四梁八柱、满装修，柁下有柁枋，后墙有垫板，墙腿由打磨好的青砖砌就，包砖的砖缝用黏米浆勾缝，上有砖雕，雕刻图案多为麻姑献寿、蝙蝠、牡丹等，门窗上也雕刻有吉祥图案。

民居建筑装饰艺术

斋堂川民居装饰分为 4 种类型，即砖雕、石雕、木雕、壁画。砖雕用于戗檐砖及清水脊的草盘子和影壁，石雕主要用于墙腿石和门墩石，木雕用于门窗及门攒，壁画及题字用于墙壁。装饰以花鸟为主，有的使用文字，雕刻中不见人物，而壁画则以人物为主。装饰技法采用中国传统绘画风格，构图饱满，左右对称。砖雕以浮雕为主，石雕以平雕为主，木雕以透雕为主，雕刻风格简洁、明快、质朴。

砖雕

砖雕使用的是质地细腻的优质青砖，雕刻精美。广亮院的戗檐砖呈方形，中间是一个大花篮，篮中插牡丹、荷花及莲蓬，下

西斋堂五区35号门口内侧细部

虎头瓦当

方两侧分别是一串铜钱和中国传统乐器笙,取其谐音即为“连（荷花）生（笙）贵（牡丹）子（莲蓬）”,另一种可解释为“富贵（牡丹）升（笙）财（铜钱）之意”。艺人在这些砖雕上还巧妙地留下雕刻的时代，在铜钱上刻“中华民国”4个字，为后人考证它的年代及门楼的修缮时间提供了确切的证据。

石雕

石雕基本都采用当地的石灰岩，雕饰技法主要是平雕和去地起凸。石雕主要用于墙腿石、门墩石。纹饰可分为朝天一炷香、米字格、田字格、鱼骨纹、海波纹、回纹等。植物纹饰类主要有梅、兰、竹、菊、牡丹、莲花、石榴、寿桃等。动物纹饰类主要有龙、凤、牛、羊、马、驴、狗、喜鹊、蝙蝠等。吉祥纹饰类有暗八仙、盘

桑峪村石雕

西斋堂五区001号门鼓细部

沿河城守备衙门门口门墩石特写（师昌璞摄）

肠、万字不到头等。文字纹饰类有青山、绿水、门庭清且吉、家道泰而昌、富贵、有余、东壁图书府、西院翰墨林、迎祥、吉迪、如意等。

木雕

木雕采用质地细密的硬木雕刻，用于装饰门窗，以花卉透雕为主，其中广亮院透雕门罩，技法娴熟，雕琢精美，将牡丹与荷花巧妙的缠枝连在一起，寓意“合（荷花）家（门罩）富贵（牡丹）”。另一透雕文字刻在门楣上，正房四扇分别刻：“福禄祯祥”“天下太平”“老者安之”“少□□之”，前两句祈盼社会安宁、太平，后两句则警示儿孙要孝敬老人。警语刻在门楣，每日观之，家和万事兴。

杨家峪木雕床

东斋堂四区027号院门内侧细部

壁画

民居建筑装饰还多有壁画。

爨底下村现保留两组壁画，均画在门洞内，采用工笔淡彩技法，绘制的内容是福禄寿（蝙蝠、鹿与寿星），望子成龙，渔樵生活等。

沿河城许多老宅院多有壁画，在战争中毁坏大半，“文化大革命”中又作为“四旧”被扫荡罄尽，侥天之幸留存下来的实在是不足百分之一。现在沿河城后街145号院门洞西墙上仍保存有大面积精美壁画。这些壁画用墨线描绘，背景为空白，白底黑线，对比强烈，自然细腻，画幅完整。由于壁画所依赖的墙壁面积大，对工艺要求比较高，很难完成整幅画面，民间匠人通常将壁画的壁面用墨线分割成若干小的画面，根据主人的需要绘制吉祥图案。门楼内侧墙挂8幅长方形水墨条幅，外饰蛋草边框，亦为线描。每个条幅上均有一句唐诗。

145 号院门洞西墙上的壁画，为四扇屏形式。四扇屏，一般上面有绘画或文字的 4 幅屏条。屏条之间的画、文有一定的联系。如春、夏、秋、冬；梅、兰、竹、菊等。这种四扇屏画一般有两个用处：一是做屏风，四扇连缀，画文相连；二是画在 4 张纸上，当作年画，4 条纸，每条纸上连续 4 幅画，4 条纸上一共是四四一十六幅画，基本能够将一个故事分作 4 个单元，叙述完整，有一点儿连环画的意味。20 世纪五六十年代，农村过年买年画，四扇屏十分受欢迎，像人们耳熟能详的《杨家将》《说岳传》《西游记》等故事，多以四扇屏的形式出现在农民的粉墙之上。

而沿河城 145 号院门洞过道西墙上的四扇屏画，不是画在纸上用来挂在墙上的，而是直接画在墙上的，但都是以四扇屏的形式出现的，甚至每一条幅上面用来往墙上挂的绳子，都画得很细，

沿河城柏山寺娘娘庙壁画（李树云、索宝林摄）

沿河城柏山寺娘娘庙壁画
（李树云、索宝林摄）

沿河城门楼过道壁画（师昌璞摄）

惟妙惟肖。这里的壁画虽说是以四扇屏的形式出现的，但画在墙上的却有 8 幅之多，那是画的两首唐诗的意境。一首是唐代贾岛的《寻隐者不遇》，另一首是唐代杜牧的《清明》。两首绝句，每首 4 句，共 8 句，画了 8 幅屏条。一句唐诗，下面就是反映该句唐诗诗意的一幅画，而且不是一首诗表达完毕再去画下一首诗，两诗交错，贾岛一句，杜牧一句，不知到底是匠人文化太低，造成错误，还是为了俏皮，故意为之。

其实在沿河城 145 号院，除门洞西墙上的大面积壁画之外，在其门口正对的北院后墙上也曾有大幅壁画，上有人物山水，直至“文化大革命”前尚存无恙。可惜由于北邻房主易人，大兴土木修缮房屋，竟将壁画铲平覆盖，终至绝迹。

自魏晋到唐宋，佛道两教盛行，寺院、道观多有壁画。敦煌壁画保存了当时大量杰出的艺术作品。沿河城多所庙宇壁画齐全、栩栩如生，但基本都随着战火及政治运动而灰飞烟灭，仅存的柏山寺旁侧的娘娘庙尚有壁画遗迹多幅，其中有两幅基本完好较为清晰，似乎是四大天王。

影壁

影壁在一进大门之处，主要用来遮挡院内外视线，使外人不能看到院内情况。影壁有的单为一堵墙，立在大门之内正中，面积较小的四合院则以厢房的山墙代为影壁，影壁上常饰有各种装饰物。斋堂镇的影壁多为砖雕，为了少占地方，经济实用，多建坐山影壁。

马栏原挺进军司令部旧址院内影壁

除此之外，民居装饰还辅以文字、标语等。文字书写在墙壁上，靠山影壁书写的多是福字，有的还在福字笔画内画花卉，增加装饰性。院外墙壁上有的书写“厚得福、忍为高”等治家格言。还有的书写讲卫生保健康相关内容的文章。有的墙上甚至还保留有“大跃进”和“文化大革命”时期的标语，如“学大寨，学大庆”“读毛主席的书，听毛主席的话，照毛主席的指示办事”“大学解放军”等。

石 刻

斋堂地区留传下来的历代石刻相当丰富，其中有墓碑类石刻、记事类石刻、告示类石刻、功德类石刻，也有现代碑刻。

墓碑类石刻

斋堂地区留有很多墓碑石刻，传递着古人的事迹与历史信息。

元代杨居士墓志 1984年文物普查中，在军响杨福山家发现，墓碑汉白玉质，高0.8米，宽0.5米，厚0.1米。墓碑立于元至元三十年（1293年），额书“故杨居士墓志铭”。碑文所述：“居士杨清，妇张氏，世居濮州（今河南濮阳），兵革扰扰……乙未抵燕京宛平县斋堂乡军下村，爱其山泽美沃，遂定居于此。”杨清在斋堂出任过地方官吏，共4子。长子杨世英亦曾在大司农任职。碑阴额刻“家派图”3字，碑文记载了杨氏家族世代传裔的情况，对探索军响、桑峪一带现今的杨姓家族源流提供了某些线索。

宋氏孝行之碣 宋氏族人宋戎元次子宋泽于元延祐四年岁在丁巳（1317年）三月吉日立碑，距今已经悠悠700年岁月。是斋堂镇目前发现的较早石碑。碑文有：

宗祖□□ 斋堂故乡 务凌川北 白铁山南

丛丛桃柳 郁郁松杉 山明水秀 土厚泉甘
不忍迁徙 建宅立庄 家门殷厚 系世亨昌
父母慈愍 昆弟贤良 和美邻里 孝奉尊堂
周人济物 教子义方 谆谆公德 亹亹文章
赈衈贫弱 给养孤孀 双亲谢世 含恨哀伤
竭力营葬 祭祀不忘 刻其琬琰 封立乾冈
千春不朽 万古昭彰

宋氏孝行之碣

“宋氏孝行之碣” 记述了宋氏的籍贯、故里、家世，立碑人弟兄4人（宋明、宋泽、宋泰、宋敬）及以上3代的姓名、职业、成就。宋氏在斋堂乃望族，“家门殷厚 系世亨昌”，其父母同日而亡，在斋堂川引起轰动，上下五邻村的乡亲们前来送葬吊唁的万有余人，特别透露出斋堂与矾山通过联姻、商贸人情往来，关系密切，甚至在历史上一度有行政隶属关系。对斋堂的人文历史、地区经济、姓氏文化、民俗民风皆有涉及，乃是研究斋堂地区地方史志不可多得的珍贵文物。

韩仕宁墓碑 在龙门口北台附近，碑额曰“故百户韩侯仕宁墓表”，该碑在“文化大革命”中被毁。据《京西碑石纪事》载，韩仕宁墓碑：坐落于斋堂沿河城龙门口北坡上，碑高1.93米，宽0.79米，厚0.19米；方座高0.82米，宽1.08米，厚0.48米。额书“故百户韩侯仕宁墓表”。韩仕宁世居宛平之青白口社，三岔村……弘治七年（1494年）五月二十七日卒。碑文刻有韩氏一门始末缘由，对了解韩氏家族史具有一定价值。

爨底下村皆为韩姓，据村民自述，其先祖即从沿河城龙门口搬迁而来，当是韩仕宁的后人。最早来到爨底下村的韩姓人为韩福金、韩福银、韩福仓弟兄3人，其后以福字为首辈，共排20代，即:福、景、自、守、主、有、明、万、宏、思、义、臣、晓、怀、孟、永、茂、广、连、文。经推算，韩福金3兄弟在爨底下村生活的年代，约在明末清初。

斋堂川黄塔村韩氏、碣石村韩氏、昌平区韩台村韩氏皆为沿河城韩氏之后。

魏氏先茔之记碑 明正德八年（1513年）岁次癸酉秋月望日魏氏族人所立，该碑记述了沿河城魏氏的来龙去脉——其原籍乃淮安府邳州睢宁县人也，本永乐皇帝“南兵北戍眷属随访”之命来京西驻防，“久役于外，享祭不便，每怀追祖崇宗之念，不忘其本”，遂“于县寄籍差约”，在“地势丰饶，人物淳朴”“震巽风雷增益之处，清幽高远之地”“厝祖先茔”于是这一支魏氏族人便在京西宛平县沿河口扎根立足，分支散叶，留居京畿。该碑对了解京西魏氏家族历史至关重要，对了解明

魏氏先茔之记碑

代军事亦有所裨益。

前几年睢宁魏氏有人考到北京读博，意外地从网上发现了沿河城“魏氏先茔之记碑”的线索，几经奔波跋涉，考证研究，终于确认沿河城魏氏与睢宁魏氏原本一家，出自同门，乃是睢宁魏氏木祖之后，于是沿河城魏氏600年后千里归宗，南北合谱，可谓家庭姓氏学、谱牒学的一段佳话！

义冢碑 坐落在斋堂西城门外，汉白玉质，圆首，额雕云纹，四周雕海波纹。碑高1.12米，宽0.54米，厚0.16米。碑文双钩隶书“义冢”两个大字，苍劲有力。明万历三十八年（1610年），沿河口守备驻扎斋堂都指挥恒阳白邦安立此碑。1945年抗战胜利后，建宛平县抗日英烈纪念碑之际，用该碑碑阴镌刻碑文。1998年纪念碑搬迁之际，此事才为后人所知。

明毛立芳将军墓碑 此墓已毁，现仅存墓碑，立于斋堂镇原政府院内，碑文风化严重。碑为石灰岩质，残高0.93米，宽0.74米，厚0.17米，额题“忠义流芳”几字。毛立芳为江浙余姚人，曾效劳于易州兵宪幕下，后因沿河口亟须得力将军守防，崇祯二年（1629年）

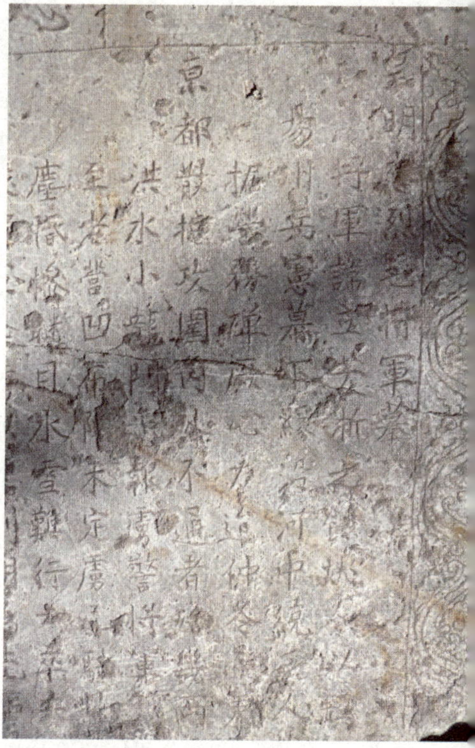

毛立芳墓碑局部

被调至沿河城接防。崇祯三年（1630 年）孟春，后金军来犯，洪水口、小龙门警报频传，毛立芳率众赴洪水口、小龙门一线御敌，在灵山九龙凹与敌相遇，因寡不敌众被俘。面对后金的威逼诱降，毛立芳严加拒绝，并乘敌不备夺刀自刎。毛立芳死后被当地士民捐资厚葬，立碑纪念。

刘懋恒墓碑 此墓原坐落于斋堂镇新高铺村西、白虎头村口之东的大通坡，“文化大革命”中墓被毁，今只剩墓碑。汉白玉质，碑额与碑身已分离。碑身高 1.90 米，宽 0.95 米，厚 0.3 米。额篆“墓表碑记”。碑文楷书“皇清诰授中宪大夫山西汾州知府加一级君常刘公墓表”。由文华殿大学士京江张玉书写。康熙三十三年（1694 年）立。

灵水刘懋恒墓碑“碑额”

刘懋恒，字君常，生于明崇祯四年（1631 年），卒于清康熙三十一年（1692 年），享年 61 岁。祖居宛平西山灵水里，清顺治初，遭遇灾荒，其父刘应全捐资数千金，赈济灾民。过后事闻于朝，赏赐有加。

刘懋恒以明经考授内阁中书，恩例补刑部浙江司主事，进员外郎。康熙七年（1668 年），斋堂川洪水汪洋，康熙二十一年（1682

年）大旱，刘懋恒前后捐谷 3700 余石，保全万有余人。为官从政，刘懋恒对民间冤狱“多所平反”，“而治郡则除豪强”，颇有政绩。刘懋恒职满后擢户部员外郎，第二年到山西出任州府。康熙三十年（1691 年）山西大灾，刘懋恒再次捐资赈济灾民，得救 6 万余人。他在山西做官的时候，发现当地红杏很好吃，遂引种灵水老家，成为京西水果中的上品。

刘懋恒是斋堂地区任职较高的人物，去世后吏民闻者追奠于道，威望很高。

刘心斋墓碑 刘心斋墓坐落在煤窝七里峪沟。刘心斋，字增广，生于清同治五年（1866 年），光绪二十一年（1895 年）30 岁的刘心斋赶赴京师参加甲午科的考试，得中举人。不久参加了康有为组织的“公车上书”运动。刘心斋先后在山西左云、吉州、静乐等州县任职。父母去世后，在家守孝 6 年。光绪三十三年（1907 年），他主张在玉皇庙办新式学堂，并亲自撰写碑文。抗日战争爆发后，8 月至 9 月，卫立煌率部在髽鬏山一带抗击日寇，其中十师师部即设在刘心斋家。战斗结束之后，刘心斋不愿当亡国奴，随国军撤退到石家庄，又辗转到山西。后因年事已高，遂辗转回到北平。由于生活拮据，1941 年女儿出嫁时曾赋诗一首自嘲：

幸喜嫁女早定期，老夫勉强来京畿。

衣服妆奁都无有，穷到万民伞做衣。

1942 年，刘心斋落叶归根回到灵水，翌年病逝，享年 77 岁。葬于煤窝七里峪沟，墓碑毁于“文化大革命”。

记事类石刻

李宫修路石刻 明正德十年（1515 年）建爨里口，有正城一道。爨里口，为天津关所辖。4 年之后，明正德十四年（1519 年）己卯孟夏日，千户李宫率众修古道，刻石记铭。文曰：“时正德十四年己卯孟夏日，守口千户李宫修。”其地在柏峪口，位于斋堂镇柏峪村北，距黄草梁内长城（天津关）约 6 公里山路，文字刻在粗糙的山石上，距地表 1.5 米，字体较潦草，据分析推测，当是在修完路之后，随意刻在山岩上的。

张寡妇捐米修道石刻 在桑峪村后山大金牛山腰虎头悬崖处。这里地处山区，交通不便，为此一张姓寡妇捐米 300 石以修道，后人刻石以记此事。文曰：“嘉靖四十三年（1564 年，岁在甲子）二月内修道，人人方便，张臣尹会众善，人人开心，石匠赵月、谷清。”从此大山南北道路开通，距今已 445 年，古道遗址今仍保存。

沿河口修城记碑 原立于村东圣人庙内，“文化大革命”中被推倒，现存于沿河城办事处院内。碑高 2.17 米，宽 0.88 米，汉白玉质。此碑立于明万历十九年（1591 年），由总理紫荆关等地方兵备、山西提刑按察副使冯子履撰并书。碑文载：“国家以宣云为门户，以蓟为屏，而沿河口当两镇之交，东望都邑，西走塞上而通大漠，浑河汤汤，襟带其左，盖腹心要害处也。”修城时“命吏俱备锸积储□，期期而不具罪之；命将校督吏卒分工而作，期期而不就罪之”“凡数月告成事”。修成后，“再无赤羽之警”，

沿河口修城记碑（师昌璞摄）

士民“平居不复忧盗，即一旦有缓急，急入城堡凭坚城而守，据河上流为天堑，而壮士挽弓赴敌，人人自坚无忌，西扼虏东辅诸君国，燕台易水之间可高枕无忧矣”“……皆公等策以其间，为此城也”。“故知设险守国，要惟在任人哉”。该碑文是了解明万历六年（1578年）沿河城修建始末的珍贵资料。“文化大革命”期间，造反派将《沿河口修城记》碑推倒，后一度成为给牲口喂草时的垫脚石，该碑保存完好。

“沿河守府题名”碑 现存沿河城办事处，明天启四年（1624年），守备沿河口地方都指挥张经纬立。汉白玉石质，高1.1米，宽0.65米。碑载：“沿河城守备设于嘉靖三十二年，城建于万历六年。万历二十二年李化龙并议偏处之敌台关隘，条陈便于声援。……修城隍庙，建关王祠，以礼正神；修道路，兴水利，多栽植，以遗惠将来；薄奢侈，从俭约，以挽颓风；制器械，供帐具，以备公用。必欲治公事如私事，以实心做实事，兢兢业业，朝夕以尽吾职分与力量。”碑下半部刻有十九任沿河口军事将领名号、官职、籍贯、到任及升迁时间等。张经纬，直隶河间人，天启三年（1623年）六月十九日到任，天启六年（1626年）八月升任天津都院中军游击，在沿河城任职3年。

双石头村官道碑 镶嵌于村内关帝庙墙基上。碑石为石灰岩，拱顶，高0.59米，宽0.33米。碑文有买地修路的记载，刻有卖地人、中证人和代书人的名字。碑为明崇祯十五年（1642年）立。据碑文可知：明代即有双石头村，因村旁河道水流量很大，为使柏峪到爨底下道路通畅，出家僧人买下双石头石夹子东边的一块山地修成了栈道，现在遗址尚存。

双石头村官道碑

牛战村刘姓家族碑 1916年7月2日立。牛战村刘氏祖坟坐落村西南角，碑立于距坟口3米处，碑高1.25米，宽0.5米，厚0.15米。石料为青石，乃当地特产。碑文共计449字，由清甲午举人刘心斋撰文，宛平优等毕业师范生宁玉文书丹，由当地手艺高超的马石匠镌刻。碑载："牛战村刘姓始祖刘仲明，缘自明成化初年自灵

牛站家族碑碑阳

水村移居来此。生子三人，繁衍生息，户一脉，门分东西。现村中刘姓 95 户，另有他姓 13 户。”碑文还记叙了诸姓山场耕地的使用范围，以防相互之间发生争执。

告示类石刻

王平口齐家庄巡检司交界碑　位于斋堂镇大寒岭上，明代立，碑高 1.2 米，宽 0.42 米，厚 0.3 米。碑文“王平口巡检司、齐家庄巡检司交界”。明代王平口巡检司设于王平口村，齐家庄巡检司设于斋堂川内齐家庄村，清代署衙为天火所焚，遂迁往斋堂。

宛平怀来交界孤山刻石　该刻石位于白羊石虎村西山谷孤山的崖壁之上。文曰:“孤山,顺天府宛平县,西至麻黄峪十里怀来属,东至新庄窠二十里宛平属,雍正八年(1730 年)庚戌八月一日立。”刻石字迹清晰，“孤山”二字楷书逾尺，其他字稍小。石刻明确划定宛平县与怀来县地界，白羊石虎山谷是当时宛平县通往怀来盆地以至内蒙古的重要通道。

西斋堂村宛平县告示碑　位于斋堂镇宝峰寺内，清代立，碑石灰石质，额书“万古流芳”，高 1.35 米，宽 0.63 米，厚 0.18 米。同治二年（ 1863 年 ）七月二十日立石。碑文 11 行，满行 45 字，记述宛平县正堂审理西斋堂村天主教教民聂德书欲侵吞宝峰寺庙产，与村民史会元等争讼之事。告示对聂德书的侵吞行为予以批驳。

白羊石虎告示碑　位于斋堂镇沿河城白羊石虎村，现仅存半截断碑，汉白玉质，宽 0.75 米，厚 0.15 米，碑阳 13 行文字。碑立于光绪十五年（1889 年），为宛平县正堂李□□“为石港沟山民索显发、谭云从等联名呈控沿河营私征粮石等情一案”，发布告示，将本地石港、龙门、段木、十字四沟土地重新丈量，定章每年宛平县征收粮银 15 两，并不准再行私垦。

白羊石虎清代告示碑

碑阴 17 行文字，碑载：“惟查沿河营现在情形异常艰苦，可否将此项粮石折价征收拨解沿河营……山民如再滋举口控，情加倍认罪，已由该县贵令姑免深究，兵民永远相安，各无争执。有宛平县执照者地亩交银 15 两……”“四沟山地未领县执照者之军余计屯田三顷四十八亩，则仍就近向沿河营按年交纳粮银。每年十月一日为期交清后即给予刊刻印信收票……永远相安，毋再生衅。”

此外，斋堂地区还有大寒岭交界碑、西斋堂村告示碑等。

功德类石刻

东斋堂村齐家司王老爷功德碑 位于斋堂镇九龙头，清代立。碑石灰石质，通高 1.82 米，宽 0.66 米，厚 0.19 米。碑文曰：“宛邑齐家司地方，隶籍神京，风气古朴，乡民俱系土著，士、农、工、商各有专业，并无无籍游民，户口素称清白。查系遵照定例，岁终各村乡约具造户口清册，呈送司县，以凭查核。故虽十数年来各直省贼氛窜扰，而京西一带安堵如故，良由上下实力奉行，贼匪无处潜踪，法甚善也。故立法所以剔弊，而弊因以而生，至有不孝胥役，藉端勒索，名为丁钱。每逢年终，穷民迫于迫，呼于县尊。司主不知也，既知之而相沿已久，亦不能革。兹逢王大老爷，台甫鸣皋。悯愚民之无知，惩胥役之不法，张贴告示力除此弊，并令将所出告示刊刻于石，永远遵照，而舞弊弓役一并斥革，永不许复充，此诚盛事也，因书此以志不忘。”此碑由戊午科举人王金度撰写，宛平县童生连陞阶书。下列董事人、立碑村落及石工之名。

此碑原立齐家司衙署，抗日战争胜利后，用此碑碑阴刻宛平县八年抗战烈士纪念碑。1998 年 4 月迁移纪念碑时发现此碑文，现碑仍嵌在纪念碑碑楼。

明代贾三近诗碣

该诗碣横置（立石为碑，卧石为碣），呈长方形，长 85 厘米，宽 48 厘米，厚 7.5 厘米。诗碣基本完好，字迹多数清晰，仅在其收存之初，诗碣右上角既已损毁缺失，少许文字受到影响。

诗碑四边有宽约寸许的蔓草纹，碑心文字 16 行，每行刻满 12 字（中间有空白处）。文字主体部分是两首七律，在两诗之前

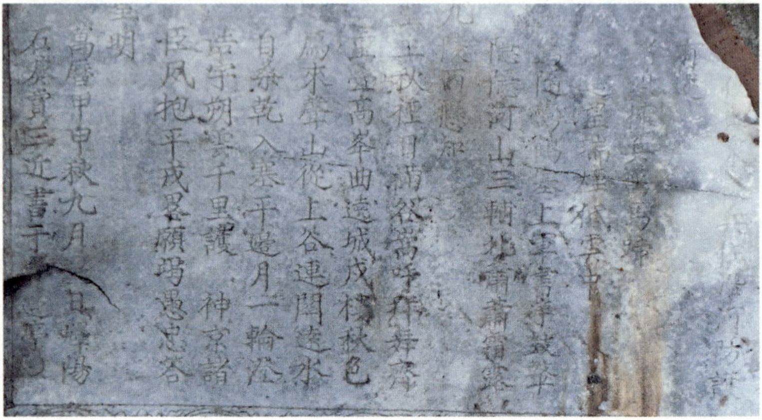

贾三近诗碣

有简短小序，交代了写作两诗的前因后果及始末缘由，可惜这一部分文字损毁最为集中，实在难以辨认，现在能够看清的是：“□□□同张总戎东冈余□使□泉提兵住沿河防护……有述：”其下是诗两首七律：

其一

诸臣拥兵万马蹄，六龙遥望瑞烟低。
云中法驾随鸾鹤，塞上军书净鼓鼙。
隐隐河山三辅北，萧萧霜露九陵西。
悬知圣王秋禋日，满谷嵩呼拜舞齐。

其二

重迭高峰曲遶城，戍楼秋色鴈来声。
山从上谷连关远，水自桑干入塞平。
边月一轮澄浩宇，朔云千里护神京。
诸臣夙抱平戎畧，愿竭愚忠答圣明。

诗碑最后两竖行书：万历甲申（十二年，公元1584年）秋九月望日峄阳（县名）石葵（贾三近号）贾三近书于□边亭。

贾三近（1534—1592年），祖籍山东博平（今属临清市），官至兵部右侍郎（正三品，相当于国防部副部长）。他文武全才，龙韬虎略，文能治国，上疏奏章，直言不阿，言词即出，满朝争睹；武能安邦，息兵罢武，平叛抚良，治军严纪，所到肃然。他当年九月初一抵达保定任上，九月十五即快马加鞭到达沿河口守备府下辖之军视察，并且夜住军营，给戍守将士留诗两首，以兹激励。两首七律诗反映了驻屯将士忠君报国守卫边关的决心。

现代碑刻

宛平县抗日革命烈士纪念碑　1946年7月7日立。原坐落在斋堂西门外关帝庙，斋堂中学建立后圈在校园内。

纪念碑坐北朝南，为圆顶方形重檐四门塔形建筑。圆形塔顶呈黄色，象征着烈士的功绩与日月同辉；方形碑体表示宛平人民一年四季都怀念为国牺牲的烈士，全碑着铁灰色象征宛平人民抗战到底的钢铁意志。

碑高8.75米，碑基周长20.64米。4块长方形碑石镶嵌在4座拱形门内。东、北、西3块铭刻着八年抗战为国牺牲的467位烈士姓名、职务及出生乡里。南面一块碑额分2行横刻“豪气长存，英名千古”，中间竖刻“宛平县人民八年抗战为国牺牲烈士纪念碑”18个大字，两侧竖刻碑文。碑文由民政科长王海如撰稿，

宛平抗日英雄纪念碑（师昌璞摄）

碑文称："我宛平党政军民在抗日战争中贡献了莫大的力量，粉碎了日寇无数的进攻、扫荡、蚕食、清剿，反复地袭击敌人，消灭敌人，保卫了宛平根据地日益扩大与巩固。尤其是脱离家乡的英雄们，优秀的革命工作者们，他们为了保卫祖国家乡，曾牺牲了无数头颅，流了无数鲜血，卒以战胜日寇，驱逐日本帝国主义出中国，取得抗日战争的最后胜利。我宛平人民为庆祝抗战胜利，为纪念为国牺牲烈士，特建此碑，以表扬烈士们英勇杀敌，贫贱不移，威武不屈，保卫祖国，保卫家乡的伟大功绩，歌颂英雄们民族气节与英勇事迹，永垂后世以兹纪念。"

1995 年，纪念碑被定为市级文物保护单位。为了更加有效地开展爱国主义教育，充分发挥德育教育基地的作用，斋堂中学决定在纪念碑旧址兴建遗址纪念碑。2001 年初，门头沟区在斋堂镇白虎头山上兴建宛平抗日烈士纪念园，将该碑移往新园。纪念碑前方是祭奠广场，碑楼后是反映抗战题材的青铜浮雕。

王家山村"双十二"惨案纪念碑（即王家山惨案纪念碑） 位于斋堂镇王家山村。王家山村是一个仅有 40 多户人家的小山村。1938 年春，八路军挺进平西不久，这里就建立起了党组织。1942 年，党员发展至 12 人，武装民兵 10 余人，还有数人参军，2 人参加抗日根据地政权工作。王家山人在共产党的领导下积极开展抗日活动，成为日本侵略军的眼中钉。1942 年 12 月 12 日清晨，日伪军 100 余人在赖野和汉奸宋福增的带领下，分两路将王家山村包围，48 名老弱妇孺不幸落入敌人手中。敌人将 48 名群众关进临街的两间小南房内，用铁丝将门拧住，然后点燃房屋，除 3 名妇女和 3 名儿童逃出外，其余 42 名群众均被大火活活烧死。王家山惨案震惊了整个平西，王家山人民的斗争事迹也传遍晋察冀。制造王家山惨案的罪魁祸首，在抗战胜利后受到了历史的审判。中华人民共和国成立后，平西人民并未忘记过去，每年“双十二”惨案纪念日，王家山村的人们及附近村庄的群众，纷纷来到“双十二”惨案纪念碑下追悼遇难者，寄托对他们的哀思。

王家山惨案遗址

1977年9月，中共王家山大队支部委员会和王家山大队革委会决定立碑对惨案纪念。纪念碑坐东朝西，长方形，全水刷石，高2米，宽1米，厚0.53米，碑顶呈亭形。纪念碑碑阳刻“双十二惨案纪念碑”8个大字，碑阴刻碑文。

沿河城革命烈士纪念碑 位于沿河城东门外，建于20世纪90年代，碑高3.14米，宽1米，厚1米。碑阳是焦若愚题写的“沿河城革命烈士纪念碑”10个大字；碑阴由索宝林书写63位革命烈士的英名，其中包括抗战时期牺牲的45人，解放战争时期牺牲的16人，抗美援朝时牺牲的1人，社会主义建设时期牺牲的1人。

日军修路碑 日寇为了推动侵华战争，在门头沟区先后修了10条警备路，其中有3条警备路交会在沿河城，这三条警备路是：卢沿路（卢沟桥至沿河城，全长88公里）、落沿路（落坡岭至沿河城，全长40公里）、军沿路（军响至沿河城，全长25公里）。现在有日寇修侵华公路的断碑一块，存于斋堂镇林字台村韩广林家中，上有“日华提携”之语，见证着日寇的罪恶。

日军修路碑

古 桥

由于斋堂地处山区，河流小溪较多，因而留有很多古桥。

沿河城西门外石桥

明万历六年（1578 年），副都御史河南开封人张卤督率军民修筑沿河城城堡，城堡西门外有一条河沟，称臧家坟沟，既可作为泄洪沟排水，又可作为护城河护城。为来往方便，于是在沟上兴建此石桥。四五百年以来，任凭洪水冲击、马踏车行，仍安然

沿河城西门石桥（师吕璞摄）

无恙。桥面为打磨加工的石板铺砌，石桥两旁有石柱和栏杆，今石柱、石栏都已不存，仅留石板上的方形榫眼儿。

黄岭西古桥

黄岭西村建于山沟之内，为防止夏季雨水进入民房，沟两侧砌有沟墙，村民从桥上相互往来。村里原有 3 座石砌拱桥，即上涧桥、下涧桥、村中间桥。上涧桥仍存，桥上连接住户，桥下入沟进山；下涧桥两端墩基墙仍依稀可辨；村中间桥在村内两涧会合之地，最大，今已不见踪影。

牛战村石拱桥

牛战村石拱桥在下村头，桥长 10 米，宽 3 米，高 6 米，灰石结构。拱足钉立于山石之上，桥下是水道，桥上护墙 2 米多高，桥上铺的路石已被踩得光滑如镜，可见经历了久远岁月。

牛站古石桥（师昌璞摄）

为什么建这座石拱桥？据老人们讲，垒上这座石拱桥，能存风散气，把风水留住以保全村人的财气不外泄，能使人财两旺。还有人讲：过去村内不安宁，总有吵架现象，是因为南边有座“龙王庙”，北面有座“山神庙”，水土不服故而不和，为此根据“风水”先生的建议，村民建起了这座“石拱桥”，寓意双方互相沟通，并在石桥正中立一个观音菩萨像以示监督。

除上述古桥之外，吕家村桥、蔡家岭石拱桥、马栏门桥都是历史比较久远的古桥，有的至今保存完好。马栏村中现还有流过的泉溪，河渠上就有 12 座桥。

过街楼

斋堂地区的过街楼较大者有两座，一座是前桑峪过街楼，一座是火村过街楼，很有特色。

前桑峪过街楼

为清代始建，后几经洪水冲毁，现今的此过街楼为民国二十二年（1933 年）重修。过街楼坐北朝南，砖石结构，通宽 11.6 米，进深 7.5 米，高 6.5 米，券洞宽 4.64 米。城台四周均有女墙，券洞上方嵌石额，过街楼前面横幅为“桑田香馥、峪地泽生”，前额曰“紫芝”，左右题字以道教训诂，右侧：为乐及时令得无极；左侧：去古怀远至道在斯；后面横幅内容是：里仁为美于万斯年，后额曰“凝瑞”，左右两侧记叙用小字，内容已不清。内东护墙

前桑峪过街楼

上题有“亿则屡仲”4个大字。上述题字都为清末本村的秀才张怀所书，字体遒劲雄浑，现已有80多年。城台上有殿堂，面阔3间，进深1间，顶部已改建。曾设有红孩儿、观世音菩萨彩色泥塑像，二人南北相向背对而坐，意为守护村民平安吉祥，避邪免灾。前桑峪为明清两代桑峪社所在地，过街楼1996年曾局部修缮。

桑峪村东口现还有一座小型过街楼，长7米，券门高4米，宽3米，规模窄小，无顶楼，乃明代中期修建。

火村过街楼

位于火村东村。南头井胡同和北斗街子各一座，建于乾隆年间，“文化大革命”期间，两座过街楼损坏严重，面目全非，后根据村民要求，经村民代表会讨论通过，决定重修两个过街楼，投资11万元，已完工。

南头井胡同过街楼底层面阔4.4米，高3.84米，洞面阔1.8米，洞进深4.28米，洞高3.04米，用砖砌成；上层亭子面阔2.5米，进深2米，高3米，琉璃瓦顶。根据原来底层篆刻题词前“鸿瑞”后“祥云”，书法家李德亮重新书写镌刻。

北斗街子过街楼底层面阔5.32米，高3.04米，洞面阔2.35米，洞进深4.55米，高2.4米，用砖石砌成；上层亭子面阔2.7米，进深2.2米，高3米，用琉璃瓦所修。根据原来底层篆刻前“耀德”后“文揆”，戊戌夏题词，书法家李德亮重新书写镌刻。

火村过街楼

西斋堂过街楼

有照片为证，西斋堂过街楼在抗战时期还存在，八路军战士曾列队扛枪从过街楼下经过。但其现已无存，不知毁于何时。

西斋堂过街楼

古戏台

门头沟区现存 9 个古戏台，6 个存于斋堂镇，约占 66.6%。

东斋堂村古戏台

东斋堂村古戏台在东城门外南侧，建于明代。坐南朝北，面阔 3 间，全长 8.28 米，南北进深 8.18 米，悬山卷棚顶，覆板瓦、筒瓦、合瓦。木过梁内侧有清道光十五年（1835 年）墨树题记。台口高 2.5 米，后因大街垫高，台高已不足 1 米，台口宽 6.82 米，进深 4.7 米；后台进深 3.9 米。花岗岩台基，高 1.2 米。5 架梁 10 根柱。后墙 4 根柱，中间 4 根柱，前台前脸有 2 根柱子。后台两边有出将入相的两个门。前后檐瓦都有雕花。戏台保存完好。

与东戏台相对，在西城门外南侧也有一个戏台，即斋堂粮库对面。与东戏台不同的是，此戏台前台的前脸有 4 根柱子。行内人一般将前台前脸有 4 根柱的叫戏楼，有 2 根柱的叫戏台。

沿河城古戏台

位于沿河城中部偏西，明建。戏台坐南朝北，3 间，坐落于 1.5

沿河城古戏台（李树云、索宝林摄）

米高的石基上。悬山卷棚顶，灰筒瓦顶，柱枋间旋子彩绘。戏台面阔 6.2 米，进深 7.4 米。前台前脸有 2 根柱子，后台两边有出将入相的两个门。隔路相望，北面是的老君堂，供奉的是道教三清之一太上老君。戏台保存基本完好。戏台前面是小广场，供看戏用。

灵水龙王庙古戏台

在灵水村，与南海火龙王庙山门相对，建于明。戏台坐南朝北，建在石砌台基之上，硬山皮条脊，灰筒瓦顶，面阔 6.8 米，进深 8.7 米，台口高 2.64 米，戏台中部有隔扇，分为前后台，至今保存完好。灵水村历史上有戏班子，戏班演出的是蹦蹦戏。蹦蹦戏是评剧的前身。每年风调雨顺庆丰收，逢年过节之际都要在这里

灵水古戏台

马栏古戏台

演唱蹦蹦戏。除在本村唱以外，还经常被请到外村去演出。1985年灵水戏台被列为区文物保护单位。

马栏村古戏台

位于龙王观音禅林大殿对面，与龙王观音禅林同时建造，清代曾重修。戏台坐南朝北，建于1.4米高台基上，台基以当地毛石砌筑。面阔3间，悬山卷棚顶，覆筒瓦、板瓦、合瓦，檐柱4根，中部有隔断，分为前后两台，檐檩及枋间施彩绘。戏台面宽8.6米，进深8米。由于年久失修，现在墙已倒塌，屋顶也有塌落，彩绘也已大多不存。

西胡林九圣庙古戏台

在九圣庙对面。戏台北壁有墨书题记，主要记载咸丰年间建戏台的情况，落款是“大清咸丰丁巳年（1857年）仲春经始仲夏落成”。戏台坐东朝西，面阔3间，进深8.1米，悬山式，卷棚顶，灰筒瓦，大博缝，有滴水。有檐柱4根，后柱4根，支托梁架。台面距地面1.2米，石头砌成。前台面与后台之间有一墙壁，开有3个门，均为拱券形，北门门楣上书“出将”，南门门楣上书“入相”。戏台的各条檩枋上，绘有折子戏作为装饰，有《劈棺》《御书房》《斗寒虫》《成亲》《五福堂》《审刺客》《春秋配》《五圣宫》《四郎探母》等40多个剧目；除此之外，在大梁上还绘有18幅反映戏剧内容的彩画，为研究当地戏剧文化提供了宝贵的资料，该戏台今已被拆除。

桑峪药王庙古戏台

位于寺门处，清代修建，北向，悬山卷棚顶，石望板，覆板瓦、合瓦，四架梁，台南有石砌房屋3间与戏台相连。基座宽7.05米，进深9.5米，高1.45米。前台宽5.85米，深4.25米；台口高2.7米;后台宽8米，深3.5米，中间砖墙隔开，有左、右两门，顶部油彩描画，挑檐斗拱，选料讲究，做工精细。后台有墨书题记：“六合班光绪二十一年八月初一日，文贵、杜老先生在此一乐也。”六合班是西斋堂清末著名梆子班社，光绪二十六年（1900年）后衰落。戏台今已毁。

古 井

斋堂川的生活用水主要是河水、溪水、泉水和井水，因水井井口小，水质不易被污染，故斋堂地区有很多古水井。深者以辘轳取水，浅者直接用扁担取水。山区人吃水很不容易，路近者可以担挑；如果路远，挑水难以上山，则需要背水或用毛驴驮水。

杨家峪村老井、石槽

火村古井

火村有古井两眼，分别在村南和村北，一曰南头井，一曰北头井。火村的“火”字，据说和干旱、缺水有关。两眼水井均有数丈深，深度在上下邻村首屈一指。灵水村水井以多出名，火村水井以深出名。井水冬暖夏凉，冬日打出的水冒着白汽不凉手；夏日打出的水清凉甘甜。井旁有 3 个石槽，一圆、一方、一长，圆的洗衣，方的洗菜，长的饮骡马。井台由石头铺砌，凸出地面，以免脏物落入井中。平日依靠辘轳打水，辘轳由原木制成，井绳的一端固定在辘轳上，一端拴着井环，固定水桶。

牛站古井

牛战村的水井较多，据老人们讲，最多时期几乎家家都有一口，最深的当属北头的“孙家井”，论年头久远也是“孙家井”。上沟的“大井”“小井”，下道的“柳树井”“大破叉”均在其后。“孙家井”据说元末明初时期挖凿，至今保护完好。井深 7 丈（约 23.33 米）。井口呈正方形，用青石所砌，酸枣木做的辘轳架结实耐用，几十米井绳盘绕在辘轳上。拴水桶用的铁环为“三环套日”，没有用过的人一时还拴不上。井旁有一个大石槽，长 115 厘米，宽 87 厘米，高 50 厘米，供人们洗菜洗衣使用，因天长日久，石

灵水村古井遗迹

槽的内壁与边沿已摩擦得十分光滑。现今村民家家安上了自来水管，古井已成为历史的追忆。

爨底下古井

爨底下村南有两口古井，相传是建村时打的。据说当时村址选好后，水源还没找到，于是村民就去请问“风水”先生。“风水”先生说村南是龙眼所在地，水源必在龙眼处，去挖吧。大家回去一挖，果然涌出两股清水，这两口古井就是当时大家在龙眼处挖出的，一直沿用至今。每眼古井的深度大约有 10 多米，水清澈甘甜。井的前面都有饮水石马槽、羊槽。

沿河城古井

沿河城有古井两眼，一眼在臧家坟沟与城墙交汇处的平台上，井深数丈，人称“大井”，修丰沙铁路之际在旁侧修了水井房，后被弃用。另一眼被称“小井”，在沿河城西关黑龙木港内。

石 臼

高铺村有 3 个保存完好的石臼，大小不一，最大的约有

宝峰寺石臼（贾立增摄）

高铺石臼（贾立增摄）

东北山石臼（贾立增摄）

六七百斤重，臼的内壁直径约 45 厘米，深约 30 厘米。据村内 89 岁高龄的杜林丰介绍，这 3 个石臼很早就有，分别安放在村子的东、中、西 3 处。1969 年兴建斋堂水库时，高铺村迁移至斋堂以东 1.5 公里处的河滩上，高铺村民迁村时也将石臼带到新村，将其放在村委会房前。

马栏村也有两处古人留下的碓臼石，一处在马栏水库下边柏树坨，因碓臼石有两个，所以地名就叫双臼；还有一个单臼，在大井边上南涧碾子院。

在双石头村后巷、东台子都有古代石臼，石材为本地所产，圆形，因长期用其加工粮食，石臼已经光滑无棱角。

西北山村、东北山村也有古石臼。东北山村原有两个古石臼，其中一个在 1950 年被洪水冲走。

蔡家岭古石臼则有 13 处。

石碾石磨

石碾、石磨是人们加工粮食的必备工具，在斋堂川村村都有，多在露天，谁来谁使。大村坊往往有碾坊、磨坊，而各种各样的小石磨则几乎家家都有。

爨底下现存的碾房位于村上层，是 8 个碾房中唯一保存下来

沿河城西门石碾（师昌璞摄）

的一个，为清代所建，正房 3 间。建筑比较讲究，装饰有雕刻壁画。内置石碾一盘，碾盘直径 3 米多，可人推也可驴拉。门外另有一大碾子和几盘小磨，可供多人同时加工粮食。

牛战村河沟碾房中的碾子，据说明成化年间即已有之，碾盘直径达 2 米，绿铜岩石材质，碾盘周边由 8 块匀称的石灰岩青石镶嵌围固，盘面凿刻数百条斜纹渠。碾砣的直径约 1 米，厚度 50 厘米，也是绿铜岩石材质。碾盘上刻："二十年九月铸铁冲心四根""民国二十四年修筑碾房七间"字样。可见碾冲心曾被更换，而碾房则建于民国二十四年（1935 年），至今尚保存完整。绿铜岩石就出在牛战村的绿铜岭上，质地坚硬，色泽美观，用此石材做碾轧出的米面不牙碜，口感特别好。附近村庄很多都来牛战村绿铜岭采石做碾。

马栏村石碾号称 72 盘，石磨大小不一，几乎家家都有。灵水在塔岭沟和东大城有两处水碾，则用来制作香炷，由谭德寨经营。在东胡林还保留有水碾遗址，房内东山墙上有一"克己复礼真心修身"8 字组成的人体壁画，透露出浓厚的儒家文化气息。

沿河城西门也保存有碾子。沿河城人尊称石磨为青龙之神，碾子为白虎之神，逢年过节还要给石磨、石碾点个灯花，烧一炷香。村中小石磨原来几乎家家都有，大石磨也有若干盘。石碾曾有七盘，随着现代科技的发展及人民生活水平的提高，多已"歇业下岗"，但西门里碾房里的石碾人们仍还在使用。这座石碾也最为有名，它的碾盘不像别处的石碾碾盘那样，只是一个圆盘，这盘石碾的碾盘有半尺多深的石圈，圈壁上有一道道的横纹，那是历代石匠年深日久逐年修凿打磨石碾的见证，是沿河城悠久历史的活化石。由此观之，石碾的历史已颇为久远，在京西这样的碾盘极为罕见，极具研究价值。随着近年电磨的大量使用，沿河城的许多石碾已经“下岗”，在街头巷尾矗立的碾盘，被丢弃的碾砣，随处可见，它们默默地陈述着时代的交替。

古树名木

斋堂地区保存有很多古树名木，古松古柏随处可见，很多都是北京市一级或二级保护古木。

灵岳寺是斋堂地区的千年古刹，建于唐代，由于历史悠久，所以寺内有很多古树名木。在寺庙后院的月台中部，有一棵千年丁香，与灵岳寺同龄。丁香属灌木，但在灵岳寺村却长成大树，直径达 60 厘米，枝干老迈苍劲，十分罕见。每年繁花怒放、满院清香。灵岳寺院山门前挺立着一棵古槐，高 20 来米，已有五六百年树龄。身上无洞无残，枝繁叶茂，十分抢眼。在灵岳寺西边蔡家岭山岭上有几棵枝干高大的黄栌。这几棵黄芦均有 30 厘米左右的直径，高 20 来米，晚秋之际就像一朵飘动的红云，当地人称其为“黄栌大仙”。青冈子属灌木类植物，可在灵岳寺庙山门前生长的几棵青冈子，躯干直径却有 60 厘米，根段出地面 1 米左右，现仍有枝叶，在青冈子中实不多见。

灵水村有几棵很稀见的树。银杏树是雌雄异株，雌树结果而雄树不结果，但灵水村却有一棵雌雄同株的银杏树，在这棵银杏树上大部分树枝都不结果，但有一树枝不仅枝叶繁茂，而且结果。原来这棵银杏本是雄树，据说从前有人在上面嫁接了一枝雌枝，所以才出现了雌雄同株的现象。现在这枝雌枝生长旺盛，每年都果实累累。一般的白果都是黄白色的，可这枝结的是绿白色，而且一串一串的，像葡萄一样。据有关专家介绍，即便是使用现代科学技术，将银杏雌雄同株也很难嫁接活。雌雄同株的银杏据说在全国只有两棵，另一棵在山东，但比这棵要小得多。

在灵水村东北侧山路口旁有一棵古柏，树龄已不可考，其形态就像一大灵芝，因而被人们称为灵水八景之一，景名“北山翠柏”，又叫“北山灵芝”，在灵水成为休闲的好地方。

灵水村“灵芝柏”

灵水村“柏抱桑”

寄生是树木中一种很常见的现象，灵水村就有两棵寄生树，一棵叫“柏抱榆”，一棵叫“柏抱桑”，都有千年以上树龄，成为灵水村的一大景观，村民每每谈及此树便啧啧称奇。所谓树中树，其实就是另外一种树的种子或被风吹或被小鸟衔来偶然落入另一株树的枝干之上，以后发芽长成一株新树，形成树中长树的现象。“柏抱榆”与“柏抱桑”就是一种寄生现象。

法城村杨台上边曾有一株老槐树，相传也有千年树龄，后来在老槐树的疙瘩上又长出一棵槐树，被人们称为槐上槐。20 世纪 50 年代，槐树上的槐树被放倒，盖房用了，现在疙瘩上又长出一棵槐树，这种同生槐树也很新奇。

在斋堂，除了树上树之外还有石中树。军响村台上西南有一几十平方米的大岩石，上面无沙无土，然而岩石中央却长着一棵大槐树，不仔细看好像是从石头中长出来的一样。其实石头上长树是不可能的，这也是在机缘巧合的情况下，树的种子落入石头的缝隙之中，最终发育而成一株大树，由于缝隙窄小，远远看去犹如从石中长出来一样。

这种现象并不少见，在爨底下村北爨头下的古道之旁，有一斜倚山坡的巨石，上面长有一株钢钎粗细的柏树，就像插入巨石中的钢钎一样。据当地一位 80 多岁的老翁讲，这棵柏树的年龄谁也不知道，他的爷爷小的时候这棵柏树就这么大，现在已历经百年，这棵树依然“容颜”不改。

黄岭西村有一棵木兰树，学名栾树，高近 20 米，树径粗约 1 米，根部露出地面，围径有 2 米，为北京市二级古树。据说该树是华北地区见到的最大的栾树，堪称“木兰之王”。

桑峪村有一座古戏台，台前空地上有7棵古槐，被人们称作“北斗七星槐”。中间一棵最粗，树身高4米，直径1.4米，1977年，因挖电缆沟被毁，另一直径1.2米的古槐由于小学校建厕所时被毁，现仅剩5棵，已受到很好的保护，被列为北京市重点一级保护树。

东胡林村有一棵600多年树龄的古槐树，已被列为北京市一级保护树木。相传，东胡林人的先祖是从山西洪洞县大槐树下迁徙来的，明万历年间，有一个叫吕真的人为了不忘山西老家，就在村中栽了7棵槐树、5棵柏树，村民对他栽的“思乡树”倍加爱护。每到夏季，人们便在树下乘凉、聊天、玩耍。然而1940年日本侵略军进村时，把6棵槐树和5棵柏树烧毁，只有1棵槐树幸存下来。这棵槐树身上有个大黑洞，是当年日本人烧杀抢掠留下来的火烧痕迹。如今村民已用水泥把洞糊了起来，以便保护好这棵幸存的古槐。

东胡林国槐

关城古堡

斋堂位于清水河北岸的山谷平原之上，虽在群山之中，但地势开阔，是京师通往内蒙古高原的重要通道，具有重要的军事价值。明代定都北京之后，因地近北边，防御成为国家大事，特别是正统之后，敌患日多，终明之世，几无宁日，长城便成为京北重要的军事防御设施，沿河城便是京北长城上的一道重要关隘，对防御外敌入侵，保卫北京安全起着重要作用。

据《涿鹿县志》载：燕国修建的长城在门头沟区境内主要在黄草梁东灵山一线，后经沿河城石羊沟转而东北。北魏、北齐至金修建的长城，大体也在门头沟区东灵山、黄草梁、大村一线。

为保卫京师，明代在北京以北及周围设 4 镇，即辽镇、蓟镇、昌镇与真保镇。位于永定河南岸的沿河城即属真保镇所辖，是真保镇最东北端的前哨。

门头沟区辖界内的长城关口有 22 个，属于昌镇所辖的有方良口与白瀑口，两口均在永定河以北的大村、田庄界内。

属真保镇所辖的关口分两部分：一道防线从居庸关过门头沟区西部山区，经王平口到乌龙潭口。共有 7 道关口，归乌龙潭口千总节制。一道防线从居庸关过门头沟区西部山区，经沿河口到马水口、紫荆关，共 17 座关口。这两道防线都是明嘉靖二十三年到二十八年（1544—1549 年）由宣大总督翁万达主持修建的。

古堡关城

沿河城是明代守备府（正五品武官）清都司府（都阃府，正四品武官）所在地，建于明万历六年（1578 年），几百年前那是京西最高军事衙门，军事指挥中枢，两三千马、步、水三军将士云集之地，重要的明清军队守御之城，即使在今天还有许多值得研究的东西，有极大的旅游和研究价值，特别是这座古老的军城还留给人们许多未能破解之谜，吸引着无数游客前来寻古访幽。

沿河城的修建

据专家考证，沿河城金已成村，根据地势山形原名“三岔村”，沈榜的《宛署杂记》在介绍北京的形胜时说：“夫太行自天之西柱奔腾以北，云从星拥，几千万派，而至宛平三岔口。”此处的“三岔口”即指斋堂地区的“三岔村”，元末明初沿河城地区开始驻军，因地近永定河畔，遂改称“沿河口”。

本来两道防线建成，17 座空心敌台告竣，百姓应该可以安然度日，可是事实并不尽然，“虏阑入塞，民闻警溃散去，保匿山谷间……百姓未能贴席而卧也”。明万历六年（1578 年），副都御史张卤巡抚至此，见此地无城，询问将吏，将吏对曰：“先府

沿河城西门永胜门（李树云、索宝林摄）

沿河城北门——水门（李树云、索宝林摄）

臣请于朝矣，而未竟也。”张卤遂“命将校督吏卒分工而作”“凡数月告成”“上闻而嘉之”。

沿河城建成之后，民间渐以沿河城呼之，官方文件、史书上仍称沿河口，很少记沿河城，直到民国以后，沿河城之名方才大行于世。这中间有两个缘由：其一是过去有记口不记城，以口代城的习惯；二是在三岔村驻军之后，即叫沿河口，已为官方认可，关防钤记（大印）早就铸就，那也不是轻易更换的，所以尽管沿河城城垣建成，“沿河口”这个名称也一直这么叫下来了，那一时段，古籍上的沿河口概指今之沿河城，与今天的沿河口村无涉，没有丝毫关联。

沿河城的城墙，东、西、北 3 面呈直线走向，南面为弧形走向，由条石和巨型鹅卵石砌筑，东西长 0.5 公里，城周 1182.3 米。东西城墙上各辟城门一座，东门因为面向京城，名为“万安”；西门因面对蒙古各部来犯之向，故名“永胜”；南北两门均为水门。北城墙长 462 米，两端筑有角台，中间有马面 3 处。城东西门之

沿河城及东城墙（李树云、索宝林摄）

间为主街道，街北有胡同。山城竣工之后，附近山民陆续搬到城中居住，使小城日渐兴旺。1984 年，长城和敌台都被定为市级文物保护单位。

沿河城位于永定河南侧，位置险要。《沿河口修城记》碑说“国家以宣云为门户，以蓟为屏，而沿河口当两镇之交，东望都邑，西走塞上而通大漠，浑河汤汤，襟带其左，盖腹心要害处”之地。因“以山为城，以河为池”，故为“京师咽喉之地”，是北京北部重要的防御关口之一，在军事上属长城内三关紫荆关所辖地段。

沿河城城垣建成之后，城内又兴建了一系列附属军事建筑、军事设施，如守备衙门、大小校场、演武厅、营房、过营岗、望警台、大板仓、炮台及各类庙宇十几座。

明代守备府，清代的都阃府，位于城东街南，其地现称“花大门”。该院最初规模宏大，光绪二十七年（1901 年）八国联军入侵时被德国侵略军烧毁，后被财主师义文买下，在原址重新建起地主庄园。据说其家光装修就装了 3 年，可见其精雕细琢、精益求精。

正对西门的是关王祠，内有主管治安等事务的把总借房办公，百姓称其“下衙门”，官方从未认可以“衙门”称之。关王祠在抗日战争期间为日本侵略军焚毁，成为废墟。八路军阵亡战士有的亦葬于此。“文化大革命”期间在其旧址建起邮局。

夏辕在沿河口东万柏山旁，乃驻军之所。清末，八国联军入侵北京之际，沿河城守土之官朱其辰都司，被德国侵略军捆绑于夏辕中的一棵核桃树上，被乱枪射死。

大校场位于沿河口斜对面，背靠南山，与夏辕相对，演武厅毗邻，乃沿河城驻军演习操练之所。清乾隆四十五年（1780 年）七月十八日，沿河口山洪暴发，将大校场之将台、照壁尽行冲失。昔日之大校场现已成为梯田。

原关王祠旧址，抗战中被日寇烧毁，现为邮局（师昌璞摄）

小校场位于沿河城东北角，与营房、守备衙门相近，为驻军操练之所，其地曾为绿化队、修配站等单位占用，最后为沿河城乡政府占用，建起家属宿舍。

演武厅在大校场之侧，紧靠河滩大道，为军兵操练比武之地。合作化之后一度改为牛圈，曾有部分残墙长期存在，近年修简易公路，方才将其彻底夷平。

营房在沿河城上衙门东北，北门之东，小校场旁边，为驻军之所，光绪二十七年（1901 年）为德国侵略军纵火焚毁，现已为民房区。

火药楼位于沿河城西关靠永定河的山崖上，乃存储火药之所。光绪二十七年（1901 年）被德国侵略军放火炸掉。

过营岗是沿河城驻军的一个哨位，负责盘查来往人员。其位置在今沿河城道班旁边的小桥附近。

望警台位于沿河城制高点大板仓之下，于此瞭望敌情。

大板仓位于沿河城制高点南城墙之上，为驻军屯粮之所。建于嘉靖二十四年（1545 年），抗日战争时期，日本侵略军曾在上

沿河城尖山日寇岗楼（李树云、索宝林摄）

面修建岗楼。

沿河城四角均曾设置过炮台，上面架设大虎蹲炮，虎视眈眈，日夜震慑着宵小之辈、强梁之徒。

五大烽墩（即烽火台），一在东岭和西岭交界处，在沿河城举目可见其四方台基；一在南城墙外，师家坟头起；一在后洼师义普坟边，当年烽墩地基尚留痕迹；一在万柏山尖，俯首可见沿河口河东、河西两座敌台；一在石羊沟大东宫与偏台之间，其址坍塌的碎石砖瓦尚有遗迹。

以上这些军事设施，有的已经毁坏不存，有的只以地名的形式保留下来，成为历史的痕迹。

斋堂城垣的修建

斋堂村名比较新鲜，这种类型的村名不多见，顾名思义，斋堂乃僧人用饭之所。据了解，斋堂这一名字似乎真与佛教相关，确切地讲，是与唐代贞观年间修建的灵岳寺渊源颇深。

唐贞观年间灵岳寺创建于白铁（贴）山上，辽代时重建，称"白贴山院"，到了金代改称"灵岳寺"，即为现名。该寺香火极盛，声名远播，前来烧香拜佛的善人信士摩肩接踵、络绎不绝。因为灵岳寺远在山上，地险路仄，迂回的空间亦小，接待能力有限，承受不住蜂拥而来的香客压力，于是就改在山下的火村做饭，斋堂用餐。这样一来，灵岳寺、斋堂、火村等村落就借助于灵岳寺，都有了各自的名字。

当然这只不过是民间的一种传说，斋堂村名见于文字记载，最早是在辽统和十年(992 年)清水院(双林寺)起建的经幢上。“斋堂”村名起源上限虽不可考，但起码在辽统和十年(992 年)已有，到 1992 年，整整是 1000 年，迄今已 1025 年。斋堂是真真正正纯纯粹粹当之无愧的千年古村！

斋堂村初建，肯定只有一个，那何时一分为二，化为东、西斋堂的呢？这是许多寻根问祖追本穷源的斋堂川人一心想知晓的。虽然资料匮乏，但抽丝破茧、精读细研，亦有蛛丝马迹可寻：

翻阅《元史·顺帝本纪》、元人熊自得隐居斋堂村 10 年编纂的《析津志》，均载元至正戊戌十八年(1358 年)五月，元顺帝派朝廷大员“为团结事，到来东斋堂村”。

《析津志》中这样记载：“至正戊戌十八年五月，奉奏圣旨，

斋堂东城门——廓清门（师昌璞摄）

都堂（即中书省）特委御史台治书张冲（字叔靖）、翰林学士金刚宝（字子贞）、刑部郎中秦裕伯（字景荣）、工部员外郎周肃（字友恭）、省检校吕谦（字伯益）暨宛平县达鲁花赤（长官），和尚（字国宾），与合署首领、官吏，为团结事，到来东斋堂村。”

这是笔者第一次看到“东斋堂”村名出现。也就是说在辽统和十年（992 年）清水院立经幢以后 366 年的元至正戊戌十八年（1358 年），“东斋堂”村名出现了。

后来在灵岳寺看《重修灵岳寺记》，再一次发现了碑文中出现“东斋堂”“西斋堂”村名，及至看立碑时间，乃是元至元三十年（1293 年）所立。这一记录比《元史・顺帝本纪》和《析津志》所记早了 65 年，这为“东斋堂”和“西斋堂”村名的出现时间进一步提供了线索。

碑文中提到了距离立碑当下 35 年前的一件往事，并不厌其烦地罗列了证明此事的一干人等，将东、西斋堂的耆老、乡绅、名流的名讳郑重其事地镌刻于其上，现将相关碑文节录如下：

灵岳寺断碑

大元岁次戊午（1258）钦奉圣旨改正此寺时知见耆老人员：

东斋堂：王升、王运兴、贾禄、王辛、王坚、李仲元、刘资秀、刘文义、□提领。

西斋堂：聂元帅、韩甫元、史仁信、李资秀、杜琳、齐整、杜玉、祖荣、杜资禄、曹用……

从以上碑文的片段可以清楚地看出——在1258年，斋堂已分东西，也就是说东、西斋堂之分这一时间比灵岳寺立碑时间又向前提了35年，东、西斋堂之分当在992—1258年这266年间，究竟因何一分为二，确切地说究竟是何年而分，目前尚无根据，没有新的发现，实在不敢妄言。

“土木之变”后，如何加强京师防务成为当务之急。景泰元年（1450年）六月，朝议京西防务，监察御史郭仲曦提出“天津关、斋堂乃险要处，可立一城”的建议，景泰虽然准奏，但斋堂城并没有马上动工建设。

面对蒙古铁骑的不断南侵，沿河城守备李化龙感到沿河城城垣虽然坚固，但势单力孤，常顾此失彼，遂拟议建斋堂城垣，与沿河城形成犄角之势，便于相互增援。万历二十五年（1597年），李化龙从沿河口大营率领工匠士兵过楼岭到斋堂，同斋堂人民一起开始修建斋堂城。

斋堂城为方形，长宽各0.5公里。设东、南、西3个城门。东门额题“廓清”，西门额题“辑宁”，为万历四十五年（1617年）易州兵备道山西按察使副使解经邦所书。因北侧靠近山体，所以仅在天仙庙下开有一个小圈门。小圈门往东约150米处有水道，城内有3条东西向街道。其后斋堂城一直在属沿河城守备、都司治下。后齐家庄巡检司、平罗营汛地均移至斋堂城，直至清末尚有驻军。

清嘉庆六年（1801年），因清水河泛滥，将南城门、南城墙、东斋堂村前街及街两旁的民房冲毁。西城门在抗日战争中为日军拆毁，而今已荡然无存。但站在南面山上，大半个城垣还隐约可见。今斋堂城东城墙与东城门仍存，东城门门额清晰，券洞完整，门宽 14.93 米，高 5.28 米，门洞进深 3.15 米，1981 年被定为区文物保护单位。城墙城台为花岗岩条石座。抗日战争初期，抗日联军司令小白龙白乙化曾在斋堂东城门上检阅过他的骑兵部队。

大寒岭关城

大寒岭关城位于吕家村以东 5 公里的大寒岭上，为京西古道上重要的关隘之一，由北京前往斋堂川，或沿永定河而上，或翻

大寒岭关城

越此处，为必经之地之一。大寒岭关城现为斋堂镇与大台办事处分界处。关城海拔 1100 米，墙高 12 米余，由青砖券石砌筑。古道从城台券洞下通过，城台高 6 米，宽 12.5 米，深 5.6 米；券洞宽 2.5 米，高 2.4 米，上为楼阁，供奉文昌帝君。大寒岭关城建于明代，城台及券门仍在，城墙横亘隘口，券洞贯通东西，关城门额朝西为“文澜”，朝东为“文津”，现两方门额石刻在梨树台农家之中。

附近城堡

除斋堂地区的沿河城、斋堂城之外，在斋堂邻近地区还有几座重要关隘，它们是：

白羊城：景泰元年（1450 年）建，翌年竣工，属昌镇所辖。

横岭城：弘治十八年（1505 年）建北城垣，正德八年（1513 年）建南城垣，属昌镇所辖，其地现已划归河北怀来县。

长峪城：正德十五年（1520 年）建，万历元年（1573 年）又筑长峪新城，属昌镇所辖。

镇边城：正德年间建，隆庆年间建新城，属昌镇所辖，其地现已划归河北怀来县。

明代在斋堂及邻近地区先后修建了 6 座城堡，足见对这一区域的重视。

军事设施

沿河城守备中枢所辖地域非常之广，从沿河城、沿河口直至毛葫芦安口绵延40公里，斋堂地区都在其防护之下。

石羊沟的军事设施

元《析津志辑佚·昌平》说："三岔口，四十里，属保安州界，通黄芦、石阳峪。"石阳峪就是现在的"石羊沟"。"三岔口"即指"三岔村"，也就是稍后的沿河口、现在的沿河城。

40公里的石羊沟是连接沿河城和河北省怀来盆地的重要通道，在沟中有敌台3座，二道城子、五道城子、七道城子、关子等地名都与军事设施有关。

二道城子　位于石羊沟口1.5公里许，有空心敌台1座，乃"沿字叁号台"。中华人民共和国成立后沿河城公社、沿河城乡都在此储存炸药，有专人看管，故敌台保存十分完好。沿河城乡建制撤销后，生产队解体，二道城子的沿字叁号台渐告荒废，台顶日渐倾颓。

五道城子　位于石羊沟半沟，距沿河城7.5公里处，地势险要，两山雄峙，壁立如门之状，但未见城垣遗迹。民国期间，中央军

沿河城石羊沟天险五道城子（李树云、索宝林摄）

曾用石块将五道城子峡口封闭，使交通断绝。战争结束后重新扒开。

关子　关子村之得名，是因为该村山势极为险要，群山壁立，势如雄关。

在石羊沟大东宫偏台附近，有烽火台、炮台遗址。还发现有大东宫新石器遗址。

沿河口防线及其隘口关城的修建

“土木之变”之后，为加强京师防护，明嘉靖二十三年到二十八年（1544—1549 年），居庸关、紫荆关、倒马关一线的内长城修筑完成，沿河城守备区域共有 17 处险要隘口，坐落于斋堂地区的有 4 处，它们是：

三汲沿河水口 建正城 2 道，水门 2 孔，敌台 5 座，附墙台，唇头山烽火台，南山烽火台，沿河城城垣及其一系列附属建筑。除陆地有官军把守之外，在永定河水面上也有军士巡逻。

石港口 明景泰二年辛未（1451 年）建关，建有正城 2 道，东西过门 1 处，水门 1 孔，巡检司置司于此。嘉靖三十年（1551 年）巡抚都御史艾希淳在《议处要害论》中云："石巷口山腰上创筑墙垣大率低薄不堪，议增加墙垣。"石港口设有巡检司署衙。

东小龙门口 明景泰二年（1451 年）在沿河口以西 4 公里龙门沟口建关，有正城 2 道，东西过门 2 座，南山墩 1 座。

天津关口 景泰元年（1450 年）六月，监察御史郭仲曦题奏："天津关、斋堂乃要会处，可立一城，天津关宜筑堡子，以便官军栖止。"建议很快被批准，于景泰二年（1451 年）正式建

沿河城龙门口崖门（李树云、索宝林摄）

关，有正城 1 道，堡城 1 座，北过门 2 座，守口官官廨 1 座，附近黄草梁有隆庆五年至万历二年(1571—1574 年)所建敌台 7 座，附近还有南山墩 1 座。

爨里口 明景泰二年（1451 年）建关，由守口千户李宫修。明正德十年（1515 年）建爨里口，有正城 1 道。

除以上 4 口外，还有石巷口、东龙门口、天桥关口、梨园岭口、滑车安口、天门关口、洪水口、乾涧口（又称“连涧口”)、恶鱼涧口、夹耳安口、西小龙门口、支锅石口、毛葫芦安口等 13 口，坐落于清水镇界内。

空心敌台的修建

“土木之变”后，瓦剌仍不时南下掠夺，沿河口、斋堂、洪水口等地都曾遭受瓦剌肆意蹂躏。隆庆二年（1568 年），抗倭名将戚继光调任蓟州，总理蓟州、昌平、保定 3 镇事务，督帅 12 路兵戎事。

戚继光到任后，决定修建增补内长城，在较平缓的山坡上修建“边墙”“拒马墙”，在险要山口、水口修建敌台。戚继光原拟建敌台 3000 座，实际只建成 1200 余座，每座可住 50 人。戚继光在蓟州 16 年，加固长城，建筑墩台，整顿屯田，训练军队，制定车、步、骑配合作战的全新战术，多次击退侵扰之敌，捍卫了京畿安全。

明隆庆元年至万历元年（1567—1573 年），兵部右侍郎汪道昆携总督刘应节、杨兆等又增建敌台 200 余个，在门头沟区辖界内共建有敌台 17 座，按沿字壹至拾伍号进行编号的有 15 座，另有两座用料石垒砌的敌台没有编号。此外，还有附墙台 5 座，烽火台 6 座，边墙 580 丈（约 1933.3 米）。

在斋堂地区有 12 座敌台，其分布是：永定河口为沿字壹号、贰号台，沿字壹号台在河之北，20 世纪 60 年代初在河上修建吊桥时将其拆毁。沿字贰号台在长崖根头起的山冈上，抗日战争中为日寇炸毁。沿河口河东为沿字肆号台，河西为沿字伍号台。进石羊沟走 1 公里许，到二道城子，有沿字叁号台。在黄草梁上有老百姓说的“七座楼”，即 7 座敌台，其中 6 座为沿字陆至拾壹号敌台，另一座为未编号的石头垒砌的敌台。其余的敌台洪水口

沿字伍号台（李树云、索宝林摄）

有3座，小龙门口1座，梨园岭口1座。这些敌台依山取势，建造坚固，借助山险扼守要冲。

明清时期沿河城空心敌台顶层上的旗杆石（师昌璞摄）

明代内长城的敌台用料皆就地取材，台基用花岗岩垒砌，台身用青砖砌成，射孔、窗口、券门用石料雕砌。敌台一般高十四五米，方形，边长近10米。其结构分3层：下部实心；中层空豁，为方形四廊式砖室，四面有箭窗，有窗有门，内室有夹墙台阶通往台顶；上层建有楼橹，环以垛口。楼橹为长方形，底部平铺木板，砖砌四壁，有窗有门，用于宿兵或贮存军需。楼顶还有汉白玉雕花旗杆石和排水的石滴水。

其兵力武器配备："每台共五十人，主军十二名，四名管放佛郎机，四名专管装运，二名管放神枪等火器，二名在上层专管梆旗。客兵三十八名，管军器一名，管梆旗并佛郎机，客兵各随时编拨。每防添兵戍守空心敌台，以上临下，用火器更番击打。每台佛郎机八架，约每面二架，随时转用。每架子铳四门，每门铅子三十，铁闩剪锤等项具备。又神枪十二杆，每杆神箭三十支、铅子六十枚、小木马六十个，剪匙同此器用尽，以快枪代之。火药三百斤，每二十斤用一坛盛，共十五坛。铁顶棍八根。光大石子每重五十斤上下计四百块，小团石手可抛者四千块。号旗一面，木梆锣鼓各一。用白牌一面，将兵火器械等项书悬侯查，每军食米盐菜预给一月，水瓮水柜注水满足。”

“附墙台”则有“佛郎机三架,俱照空心敌台处置备用”。“垛”类似今日之哨所,“计垛受兵,冲者一垛二三人,缓者一二人”。“凡墙垛冲处，每垛干柴一束重百斤，干草五把，藺石大小各足，器械各随所执，火器火药于台取用，随人数多寡各居铺舍，有警登台率守。”

敌台指挥系统如下：明军建制每 10 人为一小旗，每 50 人为一总旗；清代则 5 人为伍，10 人为队，1 马队、1 步队，20 马步军合为一哨。“每二台一百总，十台一把总，二十台一千总，空心、附墙台一体编派”“凡起止号令俱听千把百总约束”。

关于作战情况，总兵刘效祖曾做过如下描绘：“遇保各照原编台垛人数各司所职。如近百步，援兵登城，旗帜器械一齐竖立。约火器力可至者，即放大将军虎蹲炮；至五十步内，火箭、火铳、弩矢齐发；聚拥攻城，两台炮铳矢石交击，更番不息。缓处步贼聚攻台垛不支，则传号以速援兵，各垛兵恃台为壮，火瓶、火铳、矢石并力攻打,预制石炮墙外,临时发药线。每守夜台垛各轮一人，敲梆传筹，遇警以所备柴薪预积墙外，燃火通明，城上不露虚实。”

刘应节继任戚继光任总督后，对刚竣工的空心敌台总结有十大好处：“军以台为家，内有薪水当粮之备，外无风雨霜雪之苦，一也；多储火器给用不绝，二也；贼弓矢不能及，杆不能施，我之炮铳矢石皆可远击，三也；军依于台，身既无恐胆自壮，即若兵可兼而用，四也；偏坡壕堑恃台为固，五也；因台得势，因事至今，节制可施，六也；即有狡贼乘高逾险，出吾不意，而台制高坚，八面如一，彼既不能仰攻，而步贼又不敢深入，七也；相持可久，则援兵可待，八也；贼谋其入，必谋其出，来可拒阻，归亦可击，九也；即贼攻一台，溃一墙，虏马不能拥入台，兵亦得恃无恐，十也。”

“文化大革命”期间，沿河城瓦窑的哨楼被毁坏，沿河口的两座敌台也面临被拆毁的危险。村民魏如兴等闻讯之后，马上登上敌台，誓死保护，终于保住了敌台。1979 年，中国历史博物馆的工作人员到沿河城给敌台拍照，同年创刊的《旅游》杂志封面就使用了这两座敌台的照片，并发表文章盛赞沿河口人保护名胜古迹有功。

除上述军事设施之外，景泰三年（1452 年）和嘉靖二十四年（1545 年）还分别兴建了斋堂仓和大板仓，以储备粮食。天顺五年（1461 年），斋堂仓被取消。大板仓位于沿河城南城墙之上，现唯留遗址。

在东胡林村还有鞑子寨，寨建于元。蒙古人入主中原后，为加强统治，在斋堂川建立了数个寨子，进行监视管理。东胡林鞑子寨坐落在村对面山头上，为圆形堡垒，远看像个大蒙古包，占地 400 多平方米。寨子长约 30 米，宽约 15 米，高约 5 米，大寨东、南、北 3 面直接山崖，全是十几丈高的悬崖峭壁。西面砌墙，以当地河卵石筑成，长约 300 米，厚尺余，高处可达 5 米，虽经风霜雨雪今尚基本完好。西墙地上有两个方孔，似为寨内排水孔道。寨南有人工开凿的石坑，坑长约 4 米，宽 3 米，深约 3 米。石坑覆盖木架茅草，用以遮阳挡雨。石坑东南角有一条十分隐蔽，仅

东胡林鞑子寨旧址

容一人通过的通道，可上到寨顶。登上寨墙，斋堂、东胡林、西胡林等村清晰在目，周边十里景物尽收眼底。

此外，在青龙涧村还有古地道，乃村民为防患兵匪战事而修。地道东西走向，有 3 个出口，入口在东边坟地内，出口在西边，中间还有一个安全出口，地道内隔不远就设有灯台，用以照明。

抗日战争爆发后，为躲避敌人轰炸，在马栏村建有防空洞，萧克司令员等即曾在防空洞内指挥抗日队伍与日本侵略者作战。防空洞现已支撑加固修缮，内部按原样陈设，有油灯、水缸等生活用品。

战　事

京西古道穿越斋堂川，斋堂沿河城一带乃四战之地，古往今来，经历了多少战火硝烟。

金军两过京西出奇兵

粘罕军行南暗口，顺利攻占燕京城 据宋《三朝北盟会编》载：金太祖完颜阿骨打当时屯兵奉圣州（今河北省涿鹿县），等待与宋军会师攻打辽国。宣和四年（1122 年）十一月，金军分三路从奉圣州（今河北省琢鹿县）出发，阿骨打走居庸关，挞懒走古北口，粘罕“下军马于南暗口”（爨底下村南边的峡谷）。辽防守南暗口道的青白军，远望粘罕大军旌旗蔽日滚滚而来，即望风溃散，粘罕大军顺利抵达燕京城。三路军马，以粘罕军行动最快。困守燕京城中的萧太后闻讯经古北口出逃不过 25 公里，粘罕军先头部队“游骑已到城下”，金军遂攻占燕京。

粘罕潜行皇太妃岭道，轻取天险居庸关关城 据宋《三朝北盟会编》载，金国把燕京地区送给宋国，宋改辽燕京析津府名燕山府。可惜好景不长，北宋宣和五年（1123 年 ），宋政权就被金军赶走。

为攻占燕山府，金国大军事家粘罕考虑当时山后的奉圣、儒、妫等州（今河北省涿鹿县、怀来县，北京市延庆区）都在宋军控制之下，且居庸关一线有宋军重兵防守，金军无法正面进攻居庸关，也不能经南暗口从西向东到燕山府平原，便决定从南到北攻居庸关。史书载：“遂分兵由紫荆口金坡关入寇易州，即出奇峰，取凤山，治皇太妃岭道，以寇昌平县，则反顾居庸矣。于是居庸亦溃，彼贼遂入居庸。”当年粘罕统率金军入紫荆关金坡口，走的就是皇太妃岭道。金兵进军时，早先修建的皇太妃岭道由于时间久远时过境迁，许多地段已经荒废，粘罕命令金兵沿途边修道，边秘密前行,并绕开斋堂川及西山大路,从紫荆关（宋称为金坡关,在易县西北）关东 20 公里之奇峰口经涞水县野三坡入门头沟区境，再经凤山、皇太妃岭道进入刘家峪、龙门口、三岔口（后来之沿河口，今之沿河城），渡永定河，过向阳口、大村，进入昌平之南口,直逼居庸关。守关宋军一触即溃,金军轻取天险居庸关。

此一役出其不意,犹如神兵天降,影响深远,彪炳千秋,元、明、清三朝统治者须臾不敢忘记与北京近在咫尺的皇太妃岭道，不敢掉以轻心。

毛立芳战死九龙凹

毛立芳将军系浙江省余姚县人，明朝崇祯初年，以缜抚武科在河北易州兵宪幕下为将官。因为后金军对京师外围屡屡劫掠袭击，为加强戒备防御，遂于崇祯二年（己巳，1629 年）七月将毛将军调至军事要冲之地沿河城守备府驻屯镇守。

毛将军下辖之地东西 40 公里的防线上有 17 道隘口，二十几道关城,17 座空心敌台,5 座附墙台,6 座烽火台。毛将军甫一到任,立即视察山川形胜，加强武备“殚厥心力，拮据营备”，积极备战以防不测。等到是年仲冬之时，强敌果然前来相犯，云集于斯，“威震京师，散掠外围”，包围得水泄不通，内外相隔将近两月。由于毛将军有备于前，将士用命，人不卸甲马不撤鞍，防守特别牢固，所以敌军虽然在沿河城下逡巡徘徊数日之久，结果仍无隙可乘，一无所获，不能前去东面半步，只好撤围而去无功而返,其战略企图一直未能得逞。

翌年（崇祯三年，庚午，1630 年）孟春，后金大军声威大炽，卷土重来大举进攻。毛将军下属的洪水口、小龙门口狼烟烽火相继报警，军情十万火急。毛将军留下防守汛地之军，便匆匆率领部属出御增援，越楼岭、过斋堂，同洪水口、小龙门口两口守官张炳、张桂奇合兵一处，毅然出口迎敌作战。

毛将军率领众军刚过江水河，登上灵山山腰的九龙凹，尚未布好军阵，后金军先锋已有数骑急驰而来，直冲明军。毛将军急忙率军应战拒敌，继而敌大军齐至，包抄掩杀，双方将士各举刀枪，捉对儿混战厮杀，杀得扬尘迷目、惨烈异常。当时因为灵山之上冰雪覆盖，人马难行，再加上敌众我寡力量相差悬殊，明军士卒渐处下风，毛将军与二张几乎同时被俘虏。后金军将官一见将毛立芳守备等将官生俘，不禁大喜过望，打起了如意算盘，遂软硬兼施，许以厚利，一心想诱胁毛将军倒戈投降，做其前驱好赚开洪水口等关城，摧枯拉朽、势如破竹，如一股狂飙一路杀奔北京城下。毛将军怒发冲冠大骂敌酋，宁可玉碎不图瓦全，视死如归宁死不降，乘敌不备奋而夺刀自刎，为国捐躯，江南英雄男儿的殷红鲜血喷洒在北国灵山之麓的皑皑白雪上……

嗣后不久，各路援军开到，闻听毛将军牺牲噩耗，无不流涕发恨，连夜纵马乘骑顺着京西大道进行追击，遂将这股后金军歼灭于控扼古道的牛角岭上，聊为毛将军复仇。

毛将军牺牲之后，当地人民争相为其捐资购棺献地，从厚在“爽垲之地”殓葬，尊其为“宣明忠烈将军”，并为其在斋堂城西辑宁门外路北立碑，碑额上书“忠义流芳”4 字旌扬其事。至清光绪十五年（己丑，1889 年）齐家庄巡检司司佐阮兆兰，又顺应民意在斋堂城隍庙之东殿设位祭祀。为国为民的毛将军将永远活在京西人民的心中。

卢象升大战石头城

据《明史・列传一百四十九卢象升传》载：崇祯“六年，山西贼流入畿辅，据临城之西山。象升击却之，与总兵梁甫、参议寇从化连败贼。贼走还西山，围游击董维坤冷水村。象升设伏石城南，大破之，又破之青龙冈，又破之武安。连斩贼魁十一人，歼其党，收还男女二万。三郡之民，安堵者数岁”。

石头城即京西门头沟区斋堂镇沿河城，“冷水”即灵水，灵水村与沿河城一山之隔，又恰在沿河城之南。

这段文字说的是明朝崇祯六年（1633 年）农民起义军打到北京西山，时任右参政兼副使的卢象升与总兵梁甫、参议寇从化率领明军大败义军，义军奔逃至西山，在冷水村也就是现在的灵水村，反将游击将军董维坤所率之军包围，在此紧要关头，卢象升率军追踪潜至，在石头城也就是沿河城之南设下埋伏，一战下来，义军大败，灵水村游击将军董维坤之围遂解。以此战为重要节点，明军一连数战势如破竹，取得一连串的重大胜利。

这场战斗（1633 年）发生在沿河城建城（1578 年）后的 55 年，这也说明沿河城军事要塞建成的重大意义。

民国以后战事

至于民国以后军阀混战，在斋堂川也没少打仗，抗日战争，这里更是埋葬日本侵略者的坟场。

民国期间，斋堂也是中国共产党建立基层组织较早的地区，当时共产党的活动主要在 3 个地区，一是矿区，二是三家店，三是斋堂、田庄、青白口一线。

七七事变之后，面对日本的野蛮侵略，为保卫祖国，保卫家园，在斋堂地区很快就发生了髽鬏山大血战。

1937 年 8 月 7 日，为攻占南口一线，打通沿平绥铁路西进山西之路，日本板垣师团、步骑混合部队及空军对平绥路上的要塞南口发动了疯狂攻击，国民党十三军与日军展开了激战。卫立煌奉命率第十四集团军增援。卫立煌部在涿州集结后兵分两路，一路经宛平斋堂川、青白口及怀来镇边城一线北进；一路经千军台、大台沟前进，以抄击南口之敌侧后，共同会歼日军于长城一线。

日军获悉卫部军事意图后，即火速派出一支骑兵从昌平的阳坊、高崖口，经宛平的淤白、田庄对卫部进行阻击。卫立煌部先头侦察部队于芹峪口与日军遭遇并立即交火。随后卫立煌部派出大部队抢占了太子墓村后山的下马岭鞍西峰坨和芹峪口后山白坨等制高点。经数天激战，将敌人击退。与此同时，日军调第六师团四十五联队由少将旅团长牛岛满指挥，于 8 月 19 日经门头沟到落坡岭下火车，沿王平村、王平口一带山梁向西运动，企图阻击经千军台一线的卫部增援部队。8 月 25 日，卫立煌部八十五师从房山秘密运动到千军台、大寒岭一带。此时王平村村公所派人报告，日军已近东板桥村。接此情报后，八十五师两个连火速跑步前进。于东板桥附近与日军交火。卫立煌部居高临下，地形十分有利，交火不久即毙敌数十人。日军被击退后，向清水尖和南山顶爬去，企图抢占这两个制高点。八十五师识破日军意图，在当地群众带领下，从庄户地界间道而进，迅即占领北部髽鬏山制高点。于是中日两军在髽鬏山至清水尖间展开拉锯式的大血战。

第十四集团军司令卫立煌率部驻东胡林；第十师驻灵水，师长由第十四军军长李默庵兼；第八十三师驻吕家村，师长刘勘；第八十五师驻金鸡台，师长陈铁。由于当时国民党宛平县政府早已逃之夭夭，卫立煌在下清水学校大礼堂召集群众开会，他以国民党中央委员的身份，委任国民党宛平县八区区长谭天元为县长，委任状由河北省政府颁发，经卫所部第八十四师师长朱怀冰当众转交谭天元，并要求他动员组织地方力量支援抗战。

谭天元迅即命煤窝吕玉宝抽调各村数十人组成游击队，在门头沟一带袭扰敌人，他还在中共宛平县委地下组织的支持下，协助卫部征粮、征款、出夫、出牲口，支援抗击日军。中共宛平县委魏国元、彭城等组建“难民代表团”，斋堂一带热血青年杜存训、史梦兰、宋恩庆、杨济之、安鸿印等组建宣传队，以各种方式支援作战，受到卫立煌将军重视，曾在其司令部院内接见宣传队队员。

8 月 26 日晚，在清水尖下的平地上再次发生激战，消灭日本侵略军一个骑兵连。战役之初，日军为阻击卫立煌增援南口，每天出动数架飞机对卫部阵地狂轰滥炸，在战场上施放毒气弹，致使卫部官兵伤亡重大。

曾宪邦（1903—1937 年）团长，字雨初，湖南桃江人。黄埔四期，时任第十四军第八十三师（师长刘勘）第二四九旅四九八团上校团长。1937 年 8~9 月，曾宪邦率四九八团在庄户千军台主阵地鏊鬏山抗击日军进攻，其时，新增日军牛岛旅团，大炮 20 余门，连日来频频发起步炮联合攻击。9 月 13 日上午，日军开始新一次进攻，曾团浴血抗击，争夺激烈。9 时许，曾宪邦左腿被打断，部下劝其退下火线，他断然拒绝，带伤指挥战斗。激战到下午 3 时左右，曾宪邦再次被敌人机枪击中腹部，小肠外流，昏了过去。苏醒后，他用颤抖的手，在指挥手册上写下一首七言绝句：

有志男儿卷战事，锋前不惜国人头。
烟尘百战留青史，报国丹心应未酬。

下午 4 时，在日军的猛烈炮火轰击中，一块弹片掀开曾宪邦的天灵盖，他英勇地为国捐躯了。噩耗传到师部，师长刘勘亲令一个步兵排不惜一切代价抢回了曾宪邦的遗体。曾宪邦负伤多处，以身殉国，年仅 34 岁。国民政府追赠其陆军少将。曾宪邦所率国民革命军第十四军八十三师四九八团，全团官兵伤亡殆尽，仅存约一连人。后十师接防，在板桥、庄户南山与敌肉搏，伤敌无数。

战斗一直持续到 9 月上旬，卫部在距南口还有一天路程时，汤恩伯第十三军已坚守不住，南口被日军攻陷，卫立煌所部随即失去增援目标。农历九月十八日（10 月 21 日），卫立煌部不得不撤出战斗，回师南撤。

2017 年 8 月 19 日，民主党派及部分民间人士在庄户一髽鬏山会战 80 周年之际，举行了纪念追思活动。

斋堂镇是著名的革命老区，革命基础深厚，抗日战争期间，中国共产党领导斋堂人民进行了八年艰苦抗战。1937 年 10 月，中国共产党领导的国民抗日军来到斋堂。1938 年 3 月，八路军邓华支队进驻斋堂，成立了宛平县抗日民主政府，不久，以斋堂为中心形成平西抗日根据地。1938 年 2 月，八路军第一二〇师副师长萧克来到斋堂，在斋堂川成立了冀热察挺进军，斋堂川从此成为平西根据地的中心地区，数十位八路军将领都曾在此战斗过。当时挺进军司令部就设在马栏村。院内共有瓦房 10 间，其中东房 3 间，西房 3 间，南北房各 2 间。3 间东房曾是萧克司令员的办公室兼卧室。直至 1940 年，萧克和司令部即在这里指挥冀热察地区进行抗日活动。

斋堂川人民在共产党的领导下，一天也没有停止抗击日本侵略者。1939 年共粉碎日军 3 次扫荡。1940 年春季，日寇大扫荡分十路进攻根据地遭到粉碎。秋季日军再次发动扫荡，集结了 1 万多日伪军分十路向平西进攻，其中对斋堂川进攻之敌兵分五路，而根据地仅有两个营不足 700 人能够投入战斗，结果寡不敌众，被迫暂时撤离斋堂地区。在这种情况下，下苇甸、傅家台、青白口、煤窝、军响、东斋堂、下清水、杜家庄、向阳口、大村、沿河城、千军台、大安山、红煤厂等地被日寇建为据点。从此，宛平大部沦入敌手，长达四五年之久。

经过多年较量，1945 年终于发生了聚歼日寇的王家河滩大战，迎来了斋堂川的解放。王家河滩位于斋堂村东约 500 米。1945 年 4 月 1 日，八路军侦察获悉，东斋堂的日军据点增加了车辆和兵力，西斋堂伪军撤至东斋堂。八路军七团团长王茂全决定，趁敌撤退之机予以痛击。当晚七团以一连埋伏村东王家河滩，三连进入西斋堂，占领敌据点，二连为预备队。4 月 2 日晨，近 200 名日伪军分成三路东撤。到达村东河滩时，等候已久的一连三排进行伏击，一连的一个班从左前方冲到敌军面前，三连冲进东斋堂村，消灭伪军后插向敌军背后，其中一个排插向清水河南侧，迂回敌人侧翼夹击。在这场战斗中，日军中队长镇村被击毙，毙伤日伪军 70 余人，缴获炮 1 门，机枪 1 挺，“三八”枪百余支。王家河滩大战迫使日军撤退，斋堂川解放。

八年抗战期间，斋堂镇抗日英烈 374 人，约占全区 831 名抗日英烈的 45%；斋堂镇烈士 478 人，约占全区革命烈士 1193 人的 40.07%。为纪念他们，1946 年 7 月 7 日，宛平县人民政府暨全县人民在东斋堂龙王庙旁树立了“宛平县斋堂川共抗日革命烈士纪念碑”，后圈在斋堂中学校园之内，前几年又迁至白虎头口九龙头。

办学兴教

斋堂为京西军事要地，长期有军队戍守，至今斋堂地区还有很多过去军户的后人。正因为如此，在斋堂习武之风一直不衰，但尚文之气同样盛行，办学兴教始终受到人们的重视。

旧　学

我国古代教育自孔子开私学之先河以来，向为官学、私学两脉并行发展，办学形式据《礼记·学记》说是“家有塾，党有庠，术有序，国有学”，在漫长的封建社会，以四书五经为代表的儒学教育一直占据着主导地位。斋堂的旧学教育主要有社学、义学和私塾 3 种形式。

社学

社学为元、明、清三代的地方小学。斋堂地区关于社学最早的记载始于明洪武八年（1375 年）。据《顺天府志·宛平县·学校》中载:“图经志书:县学在日中坊海子桥西北,洪武三年庚戌（1370 年）修盖。射圃在县学后，洪武八年（1375 年）八月设置社学：顺承关、日中坊、安富坊、太平坊、咸宜坊、积庆坊、时雍坊、发祥坊、阜财坊、丰储坊、金城坊、玉河乡、京西乡、香山乡、永安乡、桑峪社、清水社。”在这些社学当中,桑峪社就在斋堂地区。桑峪社是个行政单位，下辖若干村庄，这个社学究竟坐落于何村何寨，尚无定论。

义学

义学是民间一种重要的办学形式，又称义塾，即免费私塾。经费以募捐或宗族公款招收贫寒子弟入学。斋堂镇的义学可知者有 3 处。

斋堂义学 元延祐四年岁在丁巳（1317 年）三月吉日，宋氏族人宋泽等立的“宋氏孝行之碣”透露：其父宋戎元“扶危困，有尧夫之志；设义学，习尧振之风”，斋堂义学上限虽不可考，但说明起码在元延祐四年丁巳（1317 年）之前，斋堂已有义学存在。

据晚清举人王金度于清光绪八年（1882 年）所撰《齐家司志略》所载：齐家司第三任司佐徐麟巡检道光二十三年（1843 年）到任，发现斋堂文庙为平罗营署衙占据，遂下令该营官员移出，将东西房舍捐之义学，说明 174 年前斋堂还有义学存在。

斋堂义学一脉相承，绵延传承数百年！

王户义学 西斋堂村王氏族长王存忠于 1935 年建立王户义学，王存忠任校长。王存忠 1908 年生，1937 年入党，参加革命后改名“王忠”，为西斋堂村第一个党员，首任党支部书记，后任宛平前山区区委书记、县委委员。1942 年 5 月在大宫村事变中遭叛徒毒手而壮烈牺牲。王户义学另设有董事会，董事由本门有名望、有文化的人担任，教师是杜砚田。王户义学不收学费，男女生兼收，不经考试直接入学，共收学生 30 余人，有女生 5 人，5 名女生是：王树增、王秀云、王树芳、王增云、杜德琴（教师杜砚田之女）。男生在地上，女生在炕上学习，学校经费靠王氏捐助。开设的课程有算术、国文、自然、历史及《三字经》《百家姓》等。王户义学开办两年后,因七七事变爆发,学校被迫停办。

沿河城义学 据明天启四年（1624年）都指挥张经纬守备所立沿河城石碑载:张经纬天启三年（1623年）六月十九日到任，曾着手修城隍庙，建关王祠，“奖乡耆之善良，捐俸膳义学，讲乡约以教化，去营蠹奸以惠地方”。可见明代斋堂镇沿河城村即有义学，距今已近400年。

私塾

在斋堂地区的旧学中，私塾最为普遍，有家馆、家塾、村塾、冬学等形式。

私塾教材除《论语》《孟子》《中庸》《大学》《诗经》《书经》《礼记》《易经》《春秋》等书外，还有《三字经》《百家姓》《千字文》《名贤集》《弟子规》《烈女传》等，也涉及诗词、中医等门类。

戊戌变法后，新学渐兴，私塾教育方式逐渐退出历史舞台，解放初期最终绝迹，文言文教材也由语体文所代替。

斋堂教育的发展同时造就了一批颇有名望的教师。谭景和、王金度、杜瀛川、王旭、刘朝伦等就是对斋堂教育事业发展做出重要贡献的一代师表，他们的学识与品德影响着一代乃至几代斋堂人。

谭景和，西胡林村的私塾教师，字致祥，道光十三年（1833

年）生于西胡林村，光绪十六年（1890 年）卒，终年 57 岁。他敏而好学，咸丰四年（1854 年）考中秀才。遂开始在家乡教书，后几次参加科考，均屡试不中。谭景和“孝悌谦和，为乡人所敬”，受其影响，读书者渐多，村中人才多出其门。

王金度，东北山村私塾教师，字式如，道光八年（1828 年）生于东北山村，卒于光绪八年（1882 年），终年 54 岁。他聪明好学，自幼受到良好教育，道光二十七年（1847 年）考中秀才。两年后到门头沟坐馆教学，咸丰八年（1858 年）中举，遂来京师设馆教书。离开京师后先后在房山的南窖、北窖，门头沟的板桥村教学多年，后回乡教书。他“立身行事，教本尚德”，在当地威望很高。晚年著有《齐家司志略》。

杜瀛川，西斋堂村私塾教师，字月峰，道光二十五年（1845 年）生于西斋堂村，光绪十五年（1889 年）病逝，年仅 44 岁。他 10 岁入塾启蒙，后就学于谭景和，咸丰九年（1859 年）中秀才。随即游学京师，就学于王金度，受业于太史黄自元、忠斌、京兆尹何桂芳等。他“长于诗赋，尤善时文”，长期在本乡及房山河南村、河北村教学。光绪十二年（1886 年）中举。教书善于因材施教、因势利导，颇有名声。

王旭，西斋堂村私塾教师，字晓村，约咸丰三年（1853 年）生于西斋堂，约卒于 1940 年。王旭出身秀才，但科举屡试不中。先在门头沟马翰林家坐馆，后来转而潜心治学。在斋堂，王旭率先将白话文引入教学，还将七巧板、益智图引入课堂，开发学生智力。王旭初在家私教，1917 年后，相继开办师范传习所，建高小，王户义学和女子班，出资兴建 15 间教室，购买教学设备。他的弟子遍布宛平七、八、九 3 个区。王旭端正耿直，爱国敬民，对日本的野蛮侵略极为愤慨，对中国共产党领导人民抗日十分同情，并鼓励学生踊跃参加抗战。他终生从教办学，颇有声誉。

刘朝伦，东胡林村私塾教师，东胡林村人，生于同治六年（1867年），卒于 1932 年。他勤奋好学，秀才出身，以教书为业。灵水村的举人刘心斋即出自刘朝伦门下，故灵水村也被称为举人村。刘朝伦教书师德高尚，对家境困难的学生常不收费或少收费，受到村民的尊重。其子刘展佣继承父业，后也成为教书先生，门头沟圈门和潭柘寺一带都曾留下他们的教书足迹。

师正聪，沿河城私塾教师，字子达，沿河城村人，生于光绪十年（1884 年），曾在柏峪任教，后在沿河城老君堂办私塾，以教书为业。抗战爆发，他深明大义，支持女婿安宏印、李万玉，独子师永德参加抗日工作，在日伪汉奸的迫害下，1941 年夏病逝，终年仅 57 岁。

私塾教材（师吕璞摄）

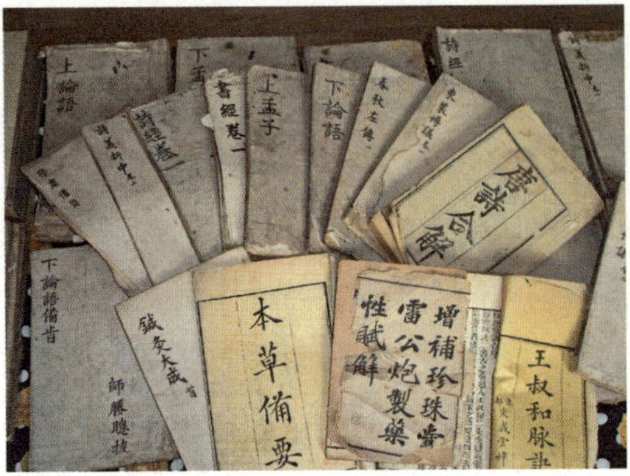

沿河城塾师师正聪藏书（师昌璞摄）

黄国珠，沿河城私塾教师，字有光，沿河城村人，生于光绪二十年（1894 年），卒于 1957 年。1911 年毕业于斋堂私立王旭师范，翌年到北安河村任教，后回沿河城村与师正聪在沿河城老君堂联手办私塾，新学兴起之后，又任教于新学。抗战期间，为了方便农民学习文化，他农闲办学，农忙放假，为穷孩子办夜校，教珠算、杂字，不收学费，很受欢迎。还招收女生入学，男女合班学习。此外还参与了边区抗日教材的编写工作。1940 年当选为宛平县议会副议长，1943 年被评为“宛平县模范工作者”，晋察冀边区的参议员，出席过晋察冀边区群英会、议员大会，受到过聂荣臻等首长的接见。1947 年，加入中国共产党。中华人民共和国成立后，仍热心农村的扫盲工作。

黄国珠先生像

兴办新学

斋堂地区最早兴办的新学是天主教会于1910年兴办的后桑峪村小学，随后西胡林村亦开始兴办新学。1914—1916年，宛平县第七、第八区派王培之、陈国元、杨文波去北京梁家园小学观摩考察，学习私塾改良办学情况，回来时带回一套连体课桌椅。然后请木匠照做40套，在斋堂办起一座40人的改良学堂。后斋堂川各村纷纷效法建起小学。

谭天元和下清水小学

谭天元，字体仁，宛平八区灵水村人，毕业于中国大学，曾任国民党宛平县党部委员，七、八、九3区视学员，八区区长，宛平县县长。

1920年，谭天元任区长时到下清水村，征得村长王国庆的支持，在村民赵德政的一所房子和村中几间公房内创立清水小学，设甲、乙、丙、丁4班，即一、二、三、四年级。

翌年学校迁至本村大庙。1923年，“宛平县第八区下清水村完全小学”正式成立，校长谭天元，王国庆等为校董。为扩大办学规模，增招学生，谭天元想尽办法，通过募捐、集资等方式，

谭天元宅院

获取必要的办学资金，使学校日渐扩大，并增建了校舍、食堂、礼堂与操场，增加了乐器、体育器材等设备，还成立了鼓号队，学校规模和设施日渐完善。

下清水小学每周上 6 天课，周日休息。学校很注重爱国主义教育，每周头一节课为“纪念周”，全体师生齐聚大礼堂，由校长或老师给学生讲解鸦片战争以来的屈辱，晚清政府屡次与西方列强签订丧权辱国割地赔款的不平等条约，使国家危难日益深重，讲师批判其腐败无能，以此对学生进行爱国主义教育。学校师生还自编进步抗日歌曲《速起中华国民》，经常组织演出爱国抗日节目，外出宣传，非常受民众欢迎。

谭天元重教兴学，具有独到的发展眼光，他深知外语对今后社会发展的重要性，于是 1923 年他从外地礼聘英语教师，在学校增加外语课程。1924 年，又在下清水学校安装了电话，这也是斋堂川的第一部电话，当时就连斋堂的八区区公所、保卫团团部都还未安装。1924 年学校就有了操场、网球场、篮球场，使学校的建筑、设备、教学都居当地一流水平，故声望日隆，附近的宛平七区、房山、河北涞水等地的学生也纷纷前来求学。1934 年夏，宛平县长万宜来校视察，为表彰谭天元创办学校有功，特奖学校 300 元现金，两台收音机。1935 年春，宛平县长朱铭轼也来校参观视察，并给予了现金奖励，还赠予学校一支护校用的枪支。1937 年 5 月，由宛平县政府秘书洪大忠在斋堂主持召开体育运动会观摩会，下清水村完全小学获得总分第一名，得到了奖金与奖旗 1 面。

1936 年底，下清水村完全小学已存款 3 万多元，谭天元准备实行学生免费入学，进行免费教育，并增设中学，然而抗日战争的爆发，使他的宏伟规划全部破灭。1939 年秋，在日本侵略军的扫荡中下清水村完全小学被付之一炬，使谭天元近 20 年苦心经营的心血毁于一旦。

七七事变之后，北平失陷。在髽鬏山大战中，卫立煌在下清水村完全小学大礼堂召开群众大会，委任谭天元为宛平县县长，要求他组织地方力量支持抗战。谭天元迅即命煤窝吕玉宝抽调各村数十人组成游击队，对日本侵略者进行袭扰活动，他还在中共宛平县委地下组织的支持下，协助卫立煌部征粮征款、出夫出牲口，支援抗日。八路军到达斋堂后，谭天元前往晋察冀抗日根据地，最后不知所终。

汤铭鼐与师范传习所

汤铭鼐原为通县知事，1916 年 5 月，与宛平知事李杜对调，到宛平县任职。他曾在卢沟桥开办师范学校，到宛平任职后，他利用烟苗罚款建立七、八区师范传习所，并在两区大力兴教办学。几年之后，七区建小学 15 所，八区 40 余所，共计 50 余所。为此特受上级嘉奖，据《京兆公报》1920 年 4 月 30 日载：直隶政府命令“据呈宛平县知事汤铭鼐、永清知事李树莲……均办学著有成绩，应照准教育部奖章条例，仰候汇案咨部分别办理以昭激励”（见 1920 年 4 月 30 日《宛平县大事纪要》）。

师范传习所属于村办初级小学师资师范培训班，由本地私塾学馆改办，故设备简陋，亦无明确的学制和固定的招生时间。课程仅有国语、算术、教育理论等，且以讲授国语为主，讲课内容无统一规定，由教师依据需要自行决定。招生对象主要以青年学生和村办私塾教师为主。因任课教师多在有一定声望的老教师中选聘，故教学质量有一定的保证。但因经费困难，七区的师范传习所不久即夭折停办；在八区西斋堂村开办的师范传习所，在王旭的坚持下，仅勉强维持。

1919 年，汤铭鼐卸任，邀好友沌谷诗人张相文，经斋堂川，南登山路，到百花山下黄安村圣泉寺纳凉避暑。张相文作诗对汤铭鼐办教育予以肯定，直以“教育家”呼之，诗如下：

七绝四首・西山消夏中赠宛平县令汤啸秋其二

张相文

桃李门墙待着花，河阳百里遍桑麻。

春风一样司嘘拂，夹道争迎教育家。

王旭与斋堂女子学堂

20世纪30年代中期，王旭冲破封建势力束缚在斋堂开办女子班，亦称“斋堂女子学堂”，招收十几名女生在王家后院开班授课，教员有王腾超，每学期每人收三五元。原计划招甲、乙、丙、丁4班，因人手少照顾不过来，只好分为甲、乙两班。学习方式：每天到校先复习前一天所讲课文，第二堂开讲新课。新课除四书五经之外还有算术与文学等，文学多以小说如《镜花缘》等为教材。下午则分班复习，做作业，写毛笔字。七七事变后，女子学堂被迫停课。

宛平县抗日高级小学（田寺抗高）

抗战之初，中国共产党在极端困难的情况下，为培养青年抗日保家卫国进步力量、培训干部，由宛平县抗日政府教育科主办，组建了宛平县抗日高级小学。1939年9月1日，在下清水村举行开学典礼，旋即移师田寺村授课学习，人们把它亲切地称之为“田寺抗高”，将其誉为“平西抗日教育的一颗明珠”。1940年冬，因为环境恶劣，难以坚持，县里综合各种情况，最后决定将学生全部由县里带走，进行安置。一部分学生仍归县政府宣传队，一部分年龄较大的分配工作，一部分到涞水山南中学（分区联合抗日中学）学习，宛平县抗日高级小学就此解散。

宛平县立高级小学（简称“县高”）

1946 年初，燕家台高小与灵水高小在西斋堂村正式建立宛平县立高级小学，校长由贾伯瑜担任，任课教师中本地教师和外地教师各占一半，开设的课程有国语、算术等。后“县高”为躲避战争被迫从西斋堂村迁出，先后转移到西达摩庄、西北山村。因在西北山村遇到山洪和泥石流，有 3 名学生罹难，“县高”再次迁到白虎头村继续办学，直至 1951 年。

北岳三中

周谟和易居于 1946 年 10 月从华北联大结业，1947 年春，二人受阜平行署派遣，来平西斋堂川筹建北岳三中，1947 年秋后，转移到与斋堂毗邻的李家庄继续筹建北岳三中。当时去李家庄的有校长赵亚平，教导主任王磊，教员谭久皋、高明远、孙俊卿、易居和周谟。

北岳三中招收的第一批学生有 40 多人，大都是当地的高小毕业生、肄业生。这批学生的学习期限不足 1 年，所以将这样的班叫“短中班”（也叫干训班）。“短中班”的学生毕业后面向全地区分配。

接着又招收了第二批学生。第二批的学习期限定为 3 年。为了与第一批区别开来，将这样的班叫作“长中班”。学生来源大致和第一批相同，人数较第一批多，约 100 余人，分甲、乙两班。

“长中班”开设的课程有语文、数学、政治、生物、音乐、体育等。没有课本，教材由教师自选自编，学生抄笔记。经费开支是供给制，政府发助学金，学校管吃、管住。

第二批学生从 1947 年冬至 1948 年冬学习了 1 年多。这时全国形势大变，大城市相继解放，尤其是华北地区。1948 年冬，良乡县城解放了，北岳三中迁校出山，与良乡中学合并。校长仍是赵亚平。北岳三中的历史使命就完成了。

北岳三中在平西组办的时间虽不长，但其在抗日战争和解放战争中的地位和作用还应予以肯定。

斋堂中学

1951 年，中华人民共和国刚刚成立，党和政府对发展山区教育非常重视。当时门头沟属河北省管辖，为发展教育，河北省政府很快批准了宛平县政府建立宛平中学的报告，并委任贾伯瑜为校长，筹备建校事宜。鉴于抗战胜利后教师极度缺人，经县政府决定，先建立“宛平前期师范学校”进行过渡，校址设在东斋堂天仙庙（天仙行宫）。

“斋堂师范”首届学生以“县高”学生为主，兼收杜家庄、灵水、金鸡台等高小的考生。1952 年，斋堂地区划归北京市京西矿区管辖；1953 年，学校更名为“北京市初级师范学校”，人们习称“斋堂师范”。学校实行 3 年制，招收高小毕业生，开设的课程有语文、代数、几何、生物、地理、历史、教育学、心理学等。

贾伯瑜既是校长又是教员，担任语文、数学、音乐等学科的教学工作，还负责全校师生的文娱生活。

1956 年，校名改为“北京市第六十八中学”。5 年间，“斋堂师范”共招收 5 个班约 250 人，另有短师、小学教师轮训班学生约 90 人，合计约为 340 人。这些毕业生后来大多成为地方各部门的业务骨干、中小学党政领导。

1958 年，京西矿区更名为门头沟区，学校随之更名为“北京市门头沟区第六十八中学”，开始招收高中生，成为深山区的一所完全中学。1959 年，学校更名为“斋堂中学”，一直沿用至今。多年来斋堂中学坚持德、智、体全面发展的教育方针，教学质量在门头沟地区比较突出，1978 年 4 月经区里批准，斋堂中学被定为门头沟区重点中学。

改革开放后，北京经济发展迅速，山区居民大量外迁，生源锐减，再加上高考升学率较低，于是 1998 年斋堂中学决定撤销高中，仅保留初中教育。

斋堂中学校门

寺庙宫观

斋堂地区的村民对宗教的信仰并不专一，尤其对佛、道二教，往往是两者兼而信之，所以在斋堂地区同一座宗教场所之内，往往是既供奉佛教尊神又供奉道教尊神，尤其是佛教寺庙之内出现道教尊神更加普遍。

过去，佛教、道教在斋堂地区一直比较活跃，也是当地百姓信奉人数最多的两个宗教。天主教传入我国后，在斋堂地区也有活动，但规模远远比不上佛道两教。这些宗教都在斋堂地区留下了数量众多的宗教场所，散布于斋堂各个村落间的山间谷地里，仅灵水村过去就有轩玄帝庙、五道庙、天仙圣母庙、龙王庙、白衣庵、文昌庙、魁星楼、胜泉庵、灵泉禅寺等9座庙宇。

寺 庙

儒教

儒家学派，又称“孔教”。儒教以“儒家思想”为最高信仰，尊孔子为儒教教主，后为和崇尚黄老列庄等道家思想的道教区分，从南北朝开始叫作儒教，与佛教、道教并称为三教。孔庙是纪念中国古代伟大的思想家、教育家、儒家学派创始人孔子的场所，旧时每年农历二月、八月上旬丁日为祭孔日，称为“丁祭”。每当春秋此日，府县官吏、举人秀才、府学教谕，齐集大成殿祭孔，仪式隆重，庄严肃穆。祭孔是民间的一种对“先贤”的尊敬仰慕和追思的纪念活动。

门头沟全区 126 个社区、177 个行政村中，历史上真正曾经建立过孔庙的只有两个地方，那就是沿河城和斋堂。

沿河城文庙（当地百姓称之为“圣人庙”），明代已建，在村东上衙门东北，驻军营房之前，小校场之西南。庙前有“文武官员人等至此下马”的下马碑，院中有坐北朝南的大成殿三间，内设圣人牌位。院内尚有西房两间，古树参天，郁郁葱葱。沿河城是元明清以来的京西军事指挥中枢，驻屯将佐士兵 3000 余人，在军人云集以军事著称的沿河城居然建有孔庙，其意义绝对不同凡响，它标志着那时的军人渴望允文允武文武双全的心态和追求。

“圣人庙”曾长期作为村塾所在地，清末民初，杨树地人刘福堂在圣人庙教学。

20 世纪 50 年代后，当地实行合作化，沿河城分为东、中、西三个生产队，圣人庙坐落在东队的辖界之中。东队的人“大无畏”，竟然将圣人庙大殿当作这个生产队的仓库和饲养室，西厢房干脆成了牲口棚喂牲口。

东斋堂文庙 清末举人王金度编纂的《齐家司志略》中云“文庙建在辑宁门内”。文庙建在角楼下村后高台上，原在斋堂城内东南隅的平罗营衙署，嘉庆六年（1801 年）被水之后，曾悍然移署于文庙之中，而将孔子圣像移储城之北庵，“以故大成殿，为讲武所，兼充武库”。

清道光二十三年癸卯（1843 年），徐麟到齐家司任巡检，甫一到任往谒文庙，见平罗营署衙占据文庙已达 42 年之久，认为：“文庙不归俎豆，而以储兵戎，非宜也”，遂慨然下令，将平罗营衙署逐出。“大成殿门仅三楹，东西舍则捐之于义学。因地址甚隘，规格未能悉备”。这些记述向世人透露出：当时（清道光二十三年癸卯，1843 年）的东斋堂圣人庙已有义塾存焉。

东斋堂的谭潾（1923 年 1 月 12 日生人，参加革命后，改名鲁鸣，曾任空八军政委）虚岁 6 岁（1928 年）时便开始在村后高台圣人庙上初小，教师是宋恩荣，说明 20 世纪 20 年代末至 30 年代初，东斋堂圣人庙便已建有新式国民小学初小学堂。

二战中，东斋堂圣人庙毁于日寇之手，后矿务局黑土港煤矿占其旧址，起建礼堂，从此东斋堂圣人庙再也难寻其迹，难觅其踪。

道教与教育相关的神祇有文昌帝君和魁星，他们的神庙分别是文昌庙、魁星庙。

文昌庙全区5座：沿河城、吕家村、琉璃渠、灵水村、高台村，除琉璃渠、高台村外，其余三村都在斋堂镇，斋堂镇文昌庙占全区总数的60%。

魁星阁全区7座：沿河城、东斋堂、爨底下、龙泉雾、灵水村、军响村、灵岳寺李村。除龙泉雾村外，其余六村全在斋堂镇中，斋堂镇魁星庙占全区总数的85.71%。

佛教

佛教很早就传播到京西一带，并广泛传播。佛教的活动场所多称为“寺”，明嘉靖时王廷相有一首《西山行》长诗，其中有这样的诗句：“西山三百七十寺，正德年中内臣作。”这首诗形象地说明了明代京西寺庙之盛况。斋堂地区也很早就有了佛教活动，最早的佛教庙宇可追溯至汉代，而影响较大、现依然存在的主要有灵岳寺、宝峰寺、灵泉禅寺、大悲岩观音寺等。

1.佛寺

灵泉禅寺　传其起自汉时，在灵水村，原名瑞灵寺，明代改为今名，村民俗称“玉皇庙”“大庙”，明《宛署杂记》载，灵泉寺乃“弘治年僧员海重修”。始建何时已不可考。

寺位于娘娘庙北，坐北朝南，山门为砖石结构，歇山式，大脊筒瓦顶，有吻兽，垂兽及三小兽，双层砖檐，檐下四角吊有风铃，券门为石雕件拼砌而成，门额有“灵泉禅寺，大明嘉靖癸巳七月吉日重开山第一代住持圆恭立”等字，山门面阔 4.1 米，进深 2.5 米。山门前有影壁，硬山清水脊，筒瓦板瓦合瓦，高约 2 米，宽 10 米，厚 0.6 米。山门两侧有旁门各一间，规模形制相同，歇山，大脊筒瓦顶，砖吻兽，垂兽，三小兽。

进入山门为天王殿，天王殿东北侧是关公殿，面阔 8 米，进深 6 米，硬山大脊筒瓦顶，砖吻垂兽，排山勾滴，前出廊，梁枋上绘有旋子彩绘。关公殿北侧有和尚塔一座。

天王殿后面是三世佛殿，面阔 3 间 12 米，进深 7 米，悬山大脊，筒瓦顶，砖吻，垂兽，四小兽，博缝板下有悬鱼，有斗拱，拱眼壁绘佛教故事及佛像，有旋子彩绘。殿前有月台，长 8 米，宽 6 米。殿之两侧有旁门各一，为硬山筒瓦顶。三世佛殿东侧有配房 3 间，为硬山大脊，筒瓦板瓦合瓦，砖吻兽，房内有壁画。

三世佛殿后面是三大士殿，共 3 间，硬山清水脊，筒瓦板瓦合瓦，梁枋有旋子彩画。三世佛殿西侧有一跨院，为四合院，正殿 3 间，硬山清水脊，筒瓦板瓦合瓦，前出廊，有斗拱，额枋上有绦环板，面阔 10.5 米，进深 8 米。东西配殿各 2 间，硬山清水脊，筒瓦板瓦合瓦，面阔 6.2 米，进深 4.2 米，南殿 3 间，硬山清水脊，筒瓦板瓦合瓦，面阔 10.5 米，进深 6 米。

柏山寺　柏山寺位于沿河城与沿河口之间的万柏山下，佛教建筑。早在唐朝即已建成，历史非常悠久。明成化八年（1472 年）

的《重修柏山寺碑》载："考其本寺，始建唐朝。"明沈榜著《宛署杂记》载："柏山寺在三岔粤，唐朝建。"此两例可为该庙建庙确切时间之明证。

柏山寺依山傍水坐北朝南，坐落在万柏丛中，幽雅清新。上里院：娘娘庙上殿3间，下殿3间，韦驮殿1间；下外院：前殿3间，老爷殿1间，祖师殿1间；看庙人员住房院：东西房各5间；菩萨殿3间，总共25间。佛像金装肃穆，四周墙壁上满绘壁画，殿前石碑几通，悬挂巨型铁钟一口，此外尚有东西厢房各3大间，南面是山门，分外严整。

出山门西行百步便又至一殿，那是娘娘庙，供奉着碧霞元君等3尊女神塑像，墙上满绘壁画。院中松柏斜出，似乎在迎送每一位烧香祈子之人。

寺后万柏山腰有一山洞，当地人称之为"菩萨洞"，大明保定总兵都督范阳张爵于明万历十一年（1583年）九月书写"仙人洞"汉白玉碑，距今已434年，该碑日前不久已经失而复得重见天日。

据《西关志》载，明嘉靖二十年（1541年）辛丑进士、监察御史曾佩，当年奉王名巡边视察时曾过沿河口，留诗一首《过斋堂村晚宿沿河口寺》，他当时投宿下榻之地即在柏山寺，曾留诗一首以记是行，其诗如下：

过斋堂村晚宿沿河口寺

明·曾佩

山行旬日外，仅见一平村。

垒石分畦畛，编茅立户门。
种豆人耔午，归樵叟负云。
休予僧毻毛，静坐月黄昏。

抗战爆发，日寇 1938 年纵火烧庙，一把火将 1300 余年的古刹烧成一片白地。

柏山寺在金代曾出高僧通悟大师，“俗姓杨，讳祖玄”，是土生土长的本地人，生于金大定二十五年乙巳（1185 年），卒于元初蒙哥时的乙卯年（1255 年），终年 72 岁。“通悟”乃其师号，又称“龙溪老人”。戊申（1248 年）春蒙受“紫衣”师号。大师 72 岁圆寂之时，他坦然辞其大众，遗颂曰：

七十有二载，虚度过一生。
五蕴已皆谢，地水及火风。
万法无实体，诸缘尽是空。
塌去便归去，明月与清风。

及至大师殡时，“天色晴明，彩云屡现，祥风遽生，使数尺灵幡崛然而起于空中离也。自百余丈见之者，无不骇然。次日灰尽烟灭，得舍利许多，其圆明不让于隋珠。其弟子理公辈曰：‘此僧家之常事，不可矜卫，然不能违时人之心。’”于是将舍利子一分为二，“一分奉埽大明（寺），一分奉埽于此。”

其通悟大师圆寂两年后，他的四十余名弟子为通悟大师建塔刻铭，塔铭铭文由进士王庭硅于元宪宗七年（1257 年）撰并书篆。铭曰：

伟矣玄公，赋性尊崇，禅无不悟，数无不通。

兵革之后，有德有功。七十二岁，遗颂而终。

及其殡也，祥霭屏幪。风幡一举，冉冉腾空。

嗣子挺出，不坠东风。无缝塔立，传之无穷。

一代大师万古流芳，758 年前所修的通悟大师玄公塔在“文化大革命”中被推倒，原塔现已荡然无存，唯留遗址与塔铭矣。

灵岳寺　坐落在白铁山山前坡地之上，唐贞观年间建。寺规模宏大，五代时为兵火所毁。辽代重建，称“白贴山院”。金代改称“灵岳寺”。此后各朝多有重修，终成巨刹，寺内“皈依有殿，斋会有堂，造膳有厨，储积有库，主有丈室，八十四龛佛像，灿然金碧”。多年以来由于广置土地，灵岳寺的庙产很大。西斋堂宝峰寺，即为灵岳寺的下院。

灵岳寺坐北朝南，依次有山门、天王殿、大雄宝殿、两厢配房及钟鼓楼。大门楼位于寺院南端正中，歇山顶，墙体磨砖对缝，砖券拱门，板瓦筒瓦合瓦，砖雕鸱吻，门楼面阔一间 3.4 米，进深 3.4 米。门两侧有倒座房各 3 间，钟鼓楼已成残基。天王殿建在 0.8 米高的青石基上，面阔 3 间 9.5 米，进深 5.8 米，悬山调大脊，鸱吻垂兽，大博缝板，王架梁保留叉手构件，彩绘精美，脊檩枋下有清雍正十一年（1733 年）的修缮题记，此殿虽经多次重修，但仍保留有元代建筑手法。大雄宝殿采用我国古建形制最高等级的庑殿顶，殿宇高大宏伟。单檐调大脊，板瓦筒瓦合瓦，砖吻，面阔 15.4 米，进深 11.4 米。殿宇出檐很大，清康熙年间竖立柱加固，檐下双昂五彩斗拱，简洁实用，檩枋彩绘佛像，细致入微。四扇大门，直棂窗。大殿廊下立有二碑，一为元至元三十年（1293

年）《重修灵岳寺碑》，一为清康熙二十二年（1683 年）《重修灵岳禅寺碑记》。大殿供奉释迦牟尼，据当地老乡讲佛像是由一棵巨大的柳木雕琢而成。灵岳寺原建有云庵师塔和妙明禅师灵塔，都已不存。

灵岳寺在斋堂川影响非常大，斋堂名称的由来，即与该寺有关，因当时大量善男信女到灵岳寺进香，很多人便在斋堂村用饭，佛教用饭的场所称“斋堂”，时间长了斋堂便成了地名。灵岳寺是北京市门头沟区建寺较早，保存格局最完整，最大的寺庙，也是一处具有一定价值的古建筑。

云庵禅师是灵岳寺的著名高僧，俗姓张，郑州人氏，法讳“缘思”，曾任灵岳寺住持。

宝峰寺 位于西斋堂村西北约 1 公里的山坡处，属灵岳寺下院。据《全辽文》载，辽代通理大师恒策（1049—1098 年）7 岁前“肄居宝峰寺崇谨为师”，圆寂后，“其德业俱载宝峰本寺《遗行碑》中”。由此可知，宝峰寺在辽清宁元年（1055 年）前即已建成，至今已近千年。佛教中以佛、法、僧为“三宝”，又以诸神净土为七宝世界，所谓宝峰寺，就是汇聚三宝及净土的神圣之峰，佛门圣地之意。

宝峰寺择地清幽，背山望水，寺坐北朝南，穿堂门一间，磨砖对缝，合瓦元宝顶，绘苏式彩画，面阔 3.80 米，进深 4.20 米，正殿 3 间，硬山箍头脊，板瓦筒瓦合瓦，木望板、飞椽，内有金柱，檐檀及枋间油漆彩画，绘翔凤、草龙，为和玺彩绘。正殿前有月台，与院内同为方砖铺地。两厢配房各 3 间，皮条脊，板瓦合瓦顶，门窗皆为直棂窗。在院西侧有一小跨院，跨院内原有经幢式塔一座，塔底为须弥座，六棱塔身，莲花瓣形塔刹，题刻："中华民国二十七年古历七月初三日戌时经生，顺义县三宝戒弟子沈贯然慧澈居士之墓。……中华民国二十八年古历三月二十日立塔纪念。"塔侧刻有经文，此幢塔全高 1.85 米，径宽 0.35 米。正殿前原有清同治年间碑一通《重修宝峰寺碑》。院内还有一株碗口粗的丁香树。

通理大师（1049—1098 年 ）是宝峰寺著名的高僧，王姓，字开玄，上谷砚山县新安人，世袭农业，家积纯善，父名保寿，母名王刘氏，通理为第三子。7 岁遇恩师得度，肄居宝峰寺崇谨为师。及长，其德行很被辽道宗见重，"特赐紫袍，号通理焉"。通理后到云居寺开放戒坛。并校勘刻石，总计"四千八十片，经四十帙"。占云居寺石经总量近三分之一。

辽寿昌四年（1098 年）二月十三日通理大师寂灭，弟子们为其建了 4 座灵塔，分葬灵骨舍利。

大悲岩观音寺 位于沿河城向阳口村北后山峰高林密处，山路崎岖艰险。始建年代不详，明正德八年（1513 年），三岔村（后来之沿河口，今之沿河城）韩文兴等重修，称大悲岩。明末，寺已衰败，明崇祯十三年（1640 年），僧人慧住携其弟子性常四处募化修寺，翌年竣工，改称"大悲岩观音寺"。清康熙五十八年（1719 年），寺再次进行维修，重修殿宇，增设僧房，名称改为"灵岩寺"。

寺坐落在岩石的凹进处，斜出的石岩将殿院几乎全部遮掩，似在洞穴之内，建筑巧妙地利用岩石之间的空间，将岩石与寺庙

大悲岩观音寺

建筑融为一体，构思奇巧。寺前地势宽敞平坦，周围景色幽雅，群山环抱，经历代不断修缮，大悲岩观音寺已具相当规模。寺坐北朝南，分东西两院，相距 30 米。

西院由山门、两厢配殿、正殿构成。

山门 3 间，面阔 10 米，进深 9 米，墙体由城砖砌筑。硬山大脊，筒瓦砖吻，木构架为大式，五架梁，旋子彩绘，木质板门两扇。

两厢配殿 3 间，面阔 10.6 米，进深 6 米。正殿 3 间，面阔 10.4 米，进深 6 米，硬山调大脊，筒瓦砖吻，大式作法，旋子彩绘，门 5 抹。

正殿建在石岩之下，仅前檐露出岩外，称为“盖不严”。因此民间传说这座大殿是神仙一夜之间盖的，由于建筑与岩石结构复杂，虽然是神仙也没有好办法加快速度，结果鸡叫时还有三块瓦没上；又有的说正殿盖完后有三行瓦露在洞外，故称“盖不严”。

殿前立重修碑二通，其一为明崇祯辛巳年（1641 年）《重建大悲岩观音寺碑》；其二为清康熙五十八年（1719 年 ）《重修大悲岩灵岩寺碑》。殿后立明正德八年（1513 年）《大悲岩记碑》。

大悲岩观音寺内部佛像

大殿供奉“千手千眼佛”，墙上壁画色彩鲜艳活灵活现。另有木质佛龛 3 个，分别供千手观音娘娘和弥勒佛。大殿两侧有拱形门，穿过门洞，进入殿北岩洞，正中有砖砌神龛，供玉皇大帝。洞内有一龟趺长 0.8 米，宽 0.5 米，造型奇特，是民间匠人之佳作。岩洞最北端石壁上嵌汉白玉龙头，龙口与泉脉相通，涓涓细流汇入下方的水池，水质清澈甘甜。

东院建于民国七年（1918 年），墙体腰线以下为虎皮墙，其上磨砖对缝。正殿建在山洞之上，洞口用砖石砌成房屋形式，远观恰似二层楼。门窗皆用雕琢精良的石材发券，窗雕金钱纹。门洞上有石额，大字为“创建斗阁朝阳洞”，石额四周高浮雕花卉。正殿面阔 8.1 米，进深 4.8 米，硬山雕龙大脊，灰筒瓦，兽面勾头，菊花纹滴水，砖吻，大式木架，山墙开圆形砖雕假窗，大殿内后墙开 3 个龛洞，龛洞内绘制菩萨等壁画，正中供铜质千手观音，侧面供木雕韦驮，泥塑关帝坐像，关平捧印，周仓持刀，马童侍立。

两厢配殿面阔 3 间，进深 1 间，室内有火炕，是僧人居住的房子。

在东西院之间，有一小山洞，深 3 米，洞宽 2 米，洞口用砖砌拱券门，高 1.58 米，宽 0.6 米。券洞上方额书“群仙塘”3 字。

大悲岩观音寺，集佛、道于一体，供奉玉帝、观音、关帝、娘娘等，适应各阶层人的心理需求，过去香火颇盛。可惜这座古刹“文化大革命”期间被毁。1981 年，门头沟区政府公布为第一批区级文物保护单位。

2.塔

塔是佛寺中的特殊建筑，塔起源于印度，最初是为藏置佛祖的舍利和遗物而建造的，后来逐渐形成一种纪念性建筑物。这种建筑形式与佛教一起传入我国，所以早期的佛寺建筑即仿照印度形式，以塔为中心建造寺院。随着佛教逐渐的中国化，供奉佛祖的佛殿慢慢成为祭祀的中心，而塔则渐渐退于次要地位。在漫长的历史岁月中，根据我国的建筑传统，塔的形制也发生了很大改变，相继出现了阁楼式、密檐式塔，其中南方多为阁楼式塔，而北方采用密檐式塔居多。

斋堂地区过去寺庙中的古塔甚多，由于自然损坏与人为破坏等各种因素，现存的佛教古塔已经寥寥无几。

狼窝沟密檐塔　位于西斋堂村西北的狼窝沟西侧山坡上，原有 3 座塔，呈“品”字形排列。现存三级密檐塔 1 座，一级密檐塔 1 座，另 1 座仅存塔基。塔建于明天顺三年（1459 年）五月。

三级密檐塔，坐西南朝东北，高 6 米，实心六角形，每面宽 0.90 米，砖石结构。塔基面宽 1.18 米，高 0.66 米，须弥座高 0.76

米，三层砖收分，中部雕花卉，六角有石雕柱。其上再置高 0.44 米的莲花如意须弥座。塔身高 1.7 米，塔铭无存，塔铭位置背后有装饰门，其上有龛洞，余面砖雕十字花纹、万字纹。塔身每面有一个半如意头，六角砖雕装饰性圆柱有柱础。塔身砖雕斗拱，承托密檐，塔顶叠涩收分，上置宝珠。

狼窝沟塔

一级密檐塔位于三级密檐塔的东北侧 5 米处，塔高 3 米，实心六角形，塔基高 0.47 米，其上为须弥座，高 0.68 米，六角饰石雕柱。又置如意莲花纹须弥座，高 0.30 米。塔身高 1.03 米，东北侧有砖刻塔铭，高 0.165 米，宽 0.17 米，楷书字径 0.03 米，“历代住持僧众宝塔，天顺三年五月终”。塔铭下砖雕装饰门，余面砖雕装饰窗，饰十字纹、万字不到头纹，塔刹七层收分，上置莲花座，宝珠无存。塔基地宫暴露，呈方形，深 1 米，器物无存。

另一塔距三级密檐塔东南 5 米，现仅存塔基。

狼窝沟塔保存基本完好，1995 年，被定为区级文物保护单位。

火村口顺河宝塔　位于火村口，为黑白两塔。塔坐北朝南，

火村口顺河宝塔

河卵石砌塔身，如钟形，高6米，底座直径3.68米。塔于“文化大革命”期间被毁。进入21世纪后，经村民代表会讨论，决定按原形制复建双塔。开挖塔基之际，从黑塔基石下挖出古坛一个，内有铜币2枚，一枚为北宋元祐年间造，一枚为清嘉庆年间造，以此推断黑塔为嘉庆之后所建。白塔中没有任何东西出土。复建工程于2004年5月19日开始，出土的两枚钱币仍置于黑塔之内。黑白两塔均身高6.9米。复建工程历时7个月完工，共投资18.9万元。

3.钟

在牛战村的一古寺院内除有神像、名松之外，原还有一口铁质古钟，挂于钟楼之内，高2米，钟口周长约4米，钟壁厚度约3厘米，钟体刻文字图案。抗日战争时期，牛战村人为支持抗日前线，决定将这口古钟砸碎，运送到兵工厂做手榴弹用。据老人们讲，五六个小伙子用大锤整整砸了3天才把钟砸碎。砸钟的那几天，邻村五六里地都能听到砸钟的声音。

军响村现存有一口大铁钟，钟身高1.1米，钟钮高0.38米，全高近1.5米，下部周长2.6米，上部周长2.2米，钟壁厚0.04米，螭首，葵花口八瓣钟唇。钟身上部顶铸如意莲花纹饰，每个如意

军响村观泉寺铁钟

中有一个圆孔，共8个，下部铸八卦图案及波状纹饰，4个钟唇上铸圆突敲击槌点，钟身铸字，全文如下："伏以世间大因缘今正是实，三宝地上须凭钟鼓相应按人事日月之因缘也。今据顺天府宛平县桑峪社台上村观泉寺住持僧照干、师祖海官、徒普生，寺中香火地古积老祖置到寺西地上分，河用地二卜，顺治十五年三月照干，村中置到认桑峪三图九甲地穴卜认本户地三卜，桑峪村三教堂住持僧其如、信官杨拱巨，灵水村灵泉寺主持僧周朗，大清康熙三年仲夏月吉旦重修造钟一口，遂带龙王庙蜡台一对，香炉一个。台上村首事李计、王氏，军下村信士杨文魁，东胡林信士刘应节，东斋堂信女王门王氏，军下村信士杨承安，马栏村龙王庙住持僧承福，田寺大寺主持僧悟庆，□人清水村王大学、王吉云、王吉有。大钟一口重一千六百斤。"大钟铸造比较粗糙，未经打磨，甚至有的文字为反字，显然为民间所铸。艺术价值虽不高，但别有特色。特别是作为钟钮的蒲牢造型奇特，两端并非龙头，而是人面造型，中部为龙身，上有龙鳞，此种样式极为少见，下部文字为记事，记述了观泉寺住持僧照干置办香火地之事，有地亩数量和位置，小字皆为善男信女之名。此钟为观泉寺所有。钟上的"顺天府宛平县桑峪社台上村观泉寺"等文字，为研究斋堂地区的村名演变提供了宝贵资料。

道观

道教在京西斋堂广有影响，特别是全真教邱处机的首座大弟子尹志平在燕家台建白云观下院通仙观后，道教的影响进一步增大，信奉者颇多，道教建筑遍布于斋堂各村。

沿河城老君堂　老君堂，顾名思义是奉祀太上老君的，太上老君是道教正神三清之一，地位至高无上，位列第三。

沿河城老君堂坐北朝南，里外两院，内院正殿三大间，供奉太清太上老君李耳。有老君塑像及壁画，巨钟一口，后因年深日久，庙宇倒塌，得到柏山寺末代住持寿材和尚资助修复，故老君堂又有门额曰“瑞云寺”，佛道在此合一。修复后无塑像，仅在墙上彩绘老君像。清末至抗战初期，该庙一直存有清兵的兵器，像“大抬杆儿”、土炮等，皆贮存于斯。

东西两厢清末民初为村塾所在地，由师正聪、黄国珠两位老先生在此执教，后兴办新学，直至 2002 年学校撤到斋堂之前一直都是学校所在地，前些年老君堂内外两院被夷平成为学校操场，学校校长室、会议室即为老君堂正殿旧址。

从老君堂出去就是一棵千年古槐，古槐对面就是戏台，戏台乃军民酬神演戏之用，正是沿河城村中心地带，百余年来，沿河城村中许多大事都发生在这里。

灵水村南海火龙王庙　建于金代，是斋堂地区著名的道教庙宇，位于灵水村西莲花山麓，一说建于明嘉靖十五年（1536 年）。庙中供奉南海火龙神，当地传说关羽是赤火龙下界，所以庙内也有关羽神像。

庙坐北朝南，占地南北27.6米，东西32.3米。主要建筑物已塌毁。山门为砖砌歇山筒瓦顶，有吻兽、垂兽，拔券门，砖刻匾额，周围刻莲瓣，书“南海火龙王庙，大明嘉靖岁次丙申重阳吉日造，普林乡重修”等字。匾下券门上原有狮、鹿、龙等砖雕纹饰。山门面宽5.5米，进深4米，有旁门二。西跨院内有坐北朝南菩萨殿3间，硬山调大脊合瓦顶，已残破。菩萨殿为小式作法，内为彻上明造，五架梁，通面宽9米，通进深7米。院内西山根有两处泉水，因水盛而修成火龙庙，一泉曰“灵泉”，灵水村即以此得名。

龙王庙院内有一株胸径达3米许的古柏，其上长出桑树一株，被称之为“柏抱桑”，又叫“柏抱桑孙”；西跨院有古柏一株，胸

灵水南海火龙王庙遗址

径 2.2 米，其上长榆树一株，径 0.5 米，被人称之为“柏抱榆”，又叫“柏抱榆子”，为“灵水八景”之一。院外有龙池，八角形全石砌，四周有木制雕栏，池中院养有金鱼，门西侧墙内镶“三禁碑”，为专门保护八角龙池的碑刻，可惜龙池于 1972 年被拆建为知青食堂。

马栏龙王观音禅林大殿

龙王观音禅林 位于斋堂镇马栏村，是门头沟区的著名道教庙宇，元至正年间(1341—1368 年)创建，原名龙王庙，明成化年间（ 1465—1487 年)重修，嘉靖三年(1524 年) 改为今名。现为区级文物保护单位，至今老百姓还把它俗称为龙王庙或大庙。

龙王观音禅林依山势兴建，层层升高，现仅存大殿。大殿坐北朝南，面阔 3 间 7.2 米，进深 1 间 5.5 米，悬山五花墙式建筑。调大脊，为琉璃制，黄、绿色调配，饰有祥龙、吉凤，花卉及佛教故事等图案。吻兽规格略显瘦小，灰陶烧制。殿顶板瓦筒瓦合瓦，石望板，木制大博缝板，五花墙，抹皮红色，彻上明造，五架梁，梁柱均很粗硕，柁上之角脊为神龙吠水饰样，造型精美，桁与檩枋间均用坐斗及元宝状云纹木构件承托，颇具匠心。檐部外檐用一斗二升麻叶头代替了雀替，内檐斗拱为七踩单昂重翘，平身科攒，檐下三昂九踩斗拱，十分有特色。明间一攒，四个柱头有四攒，尺寸长者 1.07 米，短者也有 0.58 米，以挑檐构件之平面至大斗下平面0.92米。斗拱最上部挑檐构件头部雕刻极具特色，明间上为一兽头，另四个为如意头，饰琢水纹浪花，巧妙无比。后檐无斗拱，用如意头状雕花木件承托。大殿檩枋均施鸦墨彩画，内墙壁上均绘精美壁画。无论在殿架构造上，还是在装饰色彩上，龙王观音禅林大殿都是不多见的文物精品，在古建研究上也有一定价值。

龙王观音寺大殿附近有石碑二方，其中一为明嘉靖三年（1524年）《龙王观音禅林碑》，记录村民于仲全等成化年间重修龙王观音禅林大殿翔实情况。碑额雕二龙戏珠，碑高2.33米，宽0.78米，厚0.18米。无碑座。

龙王伏魔庙 俗称“大庙”，在爨底下村。原称龙王庙，因爨底下村邻近沟底，每到雨后常有山洪下泄，村庄多次遭遇山洪，极不安全，只好另建新村，于是村民建龙王庙以期平安，天旱时亦可在此求雨。由于爨底下村位在古道之旁，商旅较多，于是庙内也设关帝，希望利市发达，遂改称“龙王伏魔庙”。

爨底下村龙王伏魔庙位于村东北小山上，坐北朝南，外面环以围墙，门前有一老桑树。门楼1间，双扇板门，门洞内有墨书题记，左侧写“□座宝刹似□□，十方弟子来进香，口诵真经念□咒，古佛下界降祯祥”，右侧已字迹模糊，难以辨认，仅有“三花”“花落”等个别字迹尚可辨别。小院南北长20米，东西宽15米，正殿3间，进深1间，前出廊，硬山调大脊，两端鸱吻，灰筒瓦石望板，垂脊上有三小兽，梁架绘有苏式彩绘。大殿外两廊绘有值日功曹神像。西配殿3间带寮房1间，原已倒塌，今已修复。院内有枯树1株。大殿内龛台上正中原供泥塑关帝坐像，两侧供奉龙王及雷神、雨师、风伯、侍女站像，龛台下原有关平捧印像、周仓持刀立像，现已不存。现龛台正中有一尊琉璃关公立像，左侧一尊弥勒像，右边一尊龙王像，均是后配的，显得很不和谐。后墙有墨绘壁画，中间为四扇屏风，两侧为云龙行空和神龙吐水。两侧山墙前端有墨画碑记，左侧碑额写“万古流芳”，碑文写“大清康熙岁次乙巳七月，合村众善人等修以伏魔龙神圣庙，以完成自发善心愿，出施银开列”。以下是村中历代修缮庙宇的捐资人姓名及捐款数量。此庙已于 1998 年被门头沟区政府公布为第四批文物保护单位。

天仙娘娘庙（圣母观音寺） 位于东斋堂村北山坡上，明正德四年（1509 年）建。明《宛署杂记》载：“圣母观音寺，在东斋堂村……古刹废址，正德十四年（1519 年）重建，通政司参政顾经记。”又明《长安可游记》载：“斋堂守御城……出小西门，玄女庙在焉。”所载之“圣母观音寺”与“玄女庙”就是今天的天仙娘娘庙。天仙娘娘庙坐北朝南，建于丘坡之顶，对面即清水河，靠山临

东斋堂天仙娘娘庙山门

水，可谓环境优美，景致怡人。天仙娘娘庙规模较大，原有五层殿堂，四进院落，现存庙址尚能显示出昔日的辉煌。

山门南向，青砖砌成，均磨砖对缝。顶子用筒瓦覆盖，硬山调大脊，有吻，横脊筒瓦雕花，技法细腻，雕刻精美，顶板瓦筒瓦合瓦，排檐滴水，前檐有砖雕圆椽。砖砌拔券门，券洞条石铺筑，券上横眉嵌石额，寺门额题“天仙行宫”。山门通面阔 3.3 米，进深 2.85 米，高达 5 米，门洞用条石铺筑，门前两株古柏挺拔苍翠，使山门更显雄伟肃穆。

门内东面为鼓楼，鼓的直径很大，3 个人伸出胳膊也围不拢，鼓可以两面击打。西面是钟楼，高 1.6 米，每逢初一、十五敲钟，方圆十几里都能听到。

山门内有倒座观音殿 1 间，硬山清水脊，筒瓦元宝顶，彻上明造，三架梁，檩枋绘旋子彩绘。面阔 10.6 米，进深 6.7 米。二进院内为前殿，面阔 3 间，带廊子，硬山调大脊，筒瓦顶，砖鸱吻，有垂兽。彻上明造，五架梁，瓜柱有云头，脊檩下有“嘉庆四年（1799 年）阖村众等重修”字样。旋子彩绘，殿内壁上绘有人物壁画。面阔 10.8 米，进深 6.9 米。

殿前有一大平台，用来唱戏。在平台前的院内，有一韦驮，平持降魔杵，守卫大殿。前殿东侧为穿堂门，歇山调大脊，砖吻兽，筒瓦，砖砌拔券门。门宽 3.4 米，进深 3.3 米。

三进院大殿，殿带廊子，硬山调大脊，砖吻兽，筒瓦，彻上明造，五架梁，瓜柱上有云头，脊檩下有“大清乾隆三十四年岁次己丑”字样，檩枋均绘苏式彩绘：面阔 10.6 米，进深 8.3 米。中殿供奉西方佛祖及十八罗汉。殿中十八罗汉的神态各异，栩栩如生。

在殿侧有小房 1 间，合瓦元宝顶，砖砌拔券门，面阔 3.5 米，进深 3.4 米。

中殿与四进院后殿相对，后殿面阔 3 间 9 米，进深 1 间 6.45 米，带廊子，硬山调大脊，砖吻兽，筒瓦，彻上明造，五架梁，檩枋绘苏式彩绘。供奉成排的韦驮像。后墙墨龙壁舞，两侧壁画为墨绘十八罗汉。

这组建筑自山门始，中轴依次倒座观音殿、前殿、中殿到后殿终，五层建筑，四进院落，规整严谨。

另外在庙两侧各有五座配殿，共计 38 间房屋，设 72 司，其中有过天桥，娃娃山，挤凤登城，孩抓娘肠等。孩抓娘肠传说过去有一妇女生孩子很多，但是她把孩子都弄死了。这个妇女死后，她的孩子就把她开膛破肚，肠子都给抓出来了。挤凤登城讲的是阴司有一个凤凰城，城门很小，里边小鬼争着挤出城，据说挤出来就能超生。最恐怖的一司是两个小鬼锯一个人，鲜血淋淋，令人惨不忍睹。最后一司是岳飞的神像，有奸臣秦桧的泥塑跪在岳飞的神像前。

天仙娘娘庙山门和倒座观音殿保存尚好，其余均已损毁或改建。一度被建为学校，直至 20 世纪 90 年代。

灵水天仙圣母庙 位于灵水村西，南海火龙王庙北侧，建于清康熙十九年(1680 年)。庙坐北朝南，原规模很大。山门面阔 2.4 米，进深 1.6 米，硬山合瓦调大脊，砖吻兽，今山门无存。

二门建于山石砌筑的平台上，中为踏步，两则各有拔券洞一

灵水天仙圣母庙

个，山门 1 间，面阔 3.4 米，进深 2.9 米，硬山调大脊，筒瓦砖吻兽，三小兽，檐下有一斗二升斗拱，平身科四攒，施旋子彩绘，彩龙惟妙惟肖，这条龙的龙爪很特别，它多出一指。两条龙的下方画有道家的八大吉祥物：花、罐、鱼、长、云、罗、伞、盖。两端还有八卦中阴阳鱼的图形。脊檩上有“咸丰三年（1853 年）五月初三日重修”等字样。

正殿 3 间，面宽 10.7 米，进深 8.1 米，硬山大脊，砖吻兽垂兽，三架梁，有排山滴水，大额枋上有和玺彩绘。

配殿东西各 3 间，面阔 4.30 米，进深 2.20 米，硬山大脊，砖吻垂兽，三架梁。两侧有寮房，南北各 3 间，今已残破不堪，寮房内墙壁上原来有“七十二司”壁画，今已无存。

沿河城三官庙　何时所建已不可考，其址在沿河城东门南，与城隍庙仅一墙之隔。殿房坐南朝北，大 5 间，内供奉天官、地官、水官三神像，天官面带戚容，殿内壁画环绕，有巨钟一口，悬于廊檐之下，1931 年钟遭人破坏。

早期道教奉三官为主宰人间祸福的大神，天官赐福、地官赦罪、水官解厄。宋代又将三官与 3 个元日联系起来，称天官的生日是上元正月十五，地官的生日是中元七月十五，水官的生日是下元十月十五。每逢这 3 天，道观里都要举行盛大的法事，香客、游客纷至沓来，形成庙会。

除了上述提及的宫、观、堂、庙之外，广大的农村还有为数甚多的民俗奉祀之庙，供奉各路民间杂神，如：城隍庙（全区查实有两座，一在沿河城，另一在斋堂）、五道庙、龙王庙、药王庙、关帝庙、娘娘庙、火神庙、山神庙、土地庙、文昌庙、马王庙、牛王庙、虫王庙、二郎庙等，这些均为道教建筑。

道教的传播久远，影响巨大，很多民俗活动都与道教有关。过去每逢久旱不雨，各村村民便抬上龙王神像，敲锣打鼓杀猪宰羊，到龙王庙祈雨。

每逢正月十五，媳妇婆婆们手提小篮，到娘娘庙送纸鞋，为没有怀孕者祈求子孙。

阴历四月二十八日为药王诞辰，是日药王庙的庙会极盛，唱大戏、跑旱船、踩高跷、拉洋片的，热闹非凡；卖油条、卖凉粉、卖烧饼麻花的应有尽有。

在斋堂小孩有时在道观里记名，拜道士为师，算作出家。徒儿的名字必须由师父起，名字为三字，皆以中间字排序。记名的小孩子留一小辮，长大结婚时须经师父给剃掉，压在神像的屁股底下。“还俗”还要有一定的仪式：师父给准备还俗的弟子一把笤帚，让徒弟在庙里打扫灰尘，徒弟故意东一下西一下，不好好打扫，于是师父便过来夺过笤帚，轻轻地给徒弟一个耳光，假装生气地说："你给我滚吧！"算是滚出了道门。

教 堂

据传元代即有天主教徒在斋堂一带活动，尤以后桑峪村信奉者最多。根据有关资料后桑峪最早的天主教活动场所似乎就出现在元末。在前桑峪村和后桑峪村交界的旧井台边曾发现一门墩，高约 80 厘米，宽约 60 厘米，厚约 20 厘米，状似狮子狗。据村里老人讲，教会活动最初在一民房内进行，后集资盖起几间民房，成为活动的教堂，这个门墩就是原来教堂门前的旧物，另一个在抗日战争时期被毁坏。门墩上刻有"镇宅吉利，怀林德义元统二年信甫元旦日"几字。元统二年即 1334 年，如果村人所说属实，那么这座教堂就是元末所建。门墩现藏于门头沟区博物馆中。自元之后，天主教在后桑峪传播，而村中居民由于信教不同，信奉天主教的居住在村的后边叫后村，不信天主教的则住在前边叫前村。

天主教堂于清光绪二十一年（1895 年）扩修。教堂坐北朝南，南部为中式大门，院落南北长 28.7 米，东西宽 37 米。北侧教堂 9 间，面阔 31.2 米，进深 8.85 米。东侧教堂五间，西侧为音乐楼，旧有风琴 1 架、大鼓 1 面、钟 2 口，一为铁钟，一为铜钟。教堂外用青砖包砌内衬石墙。教堂除本村教众使用之外，附近教众也可以到后桑峪村教堂活动。

1902 年开始修建圣母山和若瑟院。1939 年日寇放火烧村，教堂一并被焚毁。1988 年 4 月后桑峪天主教堂得以重建，并于 1993 年兴建圣母山。

天主教进入斋堂地区之后，曾经兴办了一些有益之事，比如在村中兴办学校、开办幼儿园等，男女生都可学习，甚至免费入学。这些活动对发展山区教育起了一定的推动作用，后桑峪村小学即由天主教于 1910 年创办，为门头沟区最早的新式小学。

清末，我国爆发了声势浩大的义和团运动，反对西方列强对我国的侵略，斋堂地区也出现了义和团组织。清光绪二十六年七月十三日（1900 年 8 月 7 日），斋堂川 58 个村庄的 2000 多名义和团成员宣示举义，攻打后桑峪教堂，双方展开激战，由于教堂内的武器精良，对阵两天之后义和团失败。而后宛平县齐家司责令各村向教堂赔礼道歉，还在教堂悬挂了“万有真源”金字牌匾。

七七事变发生后，后桑峪村天主教教徒怀着强烈的爱国热情，投入到抗日战争之中，与日军展开殊死斗争。在平西一带开展抗日的焦若愚、萧克等中共领导干部，与教堂都有交往，中共平西根据地的一些会议也曾在教堂召开，一些文件即藏于教堂之内。1939 年，因搜出所藏文件，日军出于报复的目的，将后桑峪教堂烧毁。

国难当头之际，一些教友毅然投笔从戎，加入到抗战的洪流之中。1938 年 10 月，为响应“抗日挺进军”萧克司令员的号召，后桑峪村 34 位教友参军，到苇子水新建的兵工厂铸地雷、手榴弹，以打击日本侵略军。嗣后不久，又有十多名教友来到兵工厂，这些人一直到 1950 年才从山西第三兵工厂退伍还乡。杨广录、杨巨恩、杨广林等十几位教友在抗日战争期间为国捐躯，壮烈牺牲，在“宛平人民八年抗战为国牺牲烈士纪念碑”上永远镌刻着他们的英名。

桑峪教堂

民俗风情

斋堂地区的生活习俗主要是汉族习俗，但一方水土养育一方人，处于山区的斋堂在漫长的历史岁月中也逐渐形成了颇有特色的民俗风尚。其中婚俗与丧俗在人生当中最为隆重。

民 俗

婚俗

汉族婚俗过去实行的是父母包办，多先由媒婆进行提亲，若女方同意，男方再去求婚。一经同意，首先要交换庚帖，双方家长拿上庚帖请人批八字，看看男女命相是否相克，以定婚姻吉凶。如相合便订婚，如果八字不合，此事便要作罢。

换帖是将合婚得吉的结果通知对方。届时，男方要备礼到女家互换婚书，表示婚约达成。男女双方缔结婚姻关系后，男家要把聘礼送往女家，此谓下聘。女家受礼后要回礼，有的将女家给男方准备的衣服鞋袜等送与男方，有的将聘礼的一部分退回。聘礼中的物品多用双数，忌讳单数，以示儿女双全。在斋堂换帖和下聘可合并进行，即由男女双方长辈坐在一起，举行定亲仪式。主要是男方给女方订婚信物，一般都是祖辈传下来的玉镯、佩饰等物，男方母亲要给女孩定钱。男女双方要向对方长辈敬茶认定亲戚，遂告礼成。

迎娶日期要先卜得吉日，再将日期及迎娶事项同女方商议。一般要选两个吉日，一个在上半月，一个在下半月，由女方筛选，选中的日子俗称“定日子”。斋堂川的迎娶日期讲究“正月不娶，腊月不订”。婚礼需选良辰吉日，九为吉日。

婚礼举行当天要安排众人吃喜宴，为安排有序，人员都有明确的分工，各负其责，在斋堂还要将负责每项工作的人名单用红纸写好贴在墙上，这张红纸称为“执单”。有了这张执单，人们要干什么就知道该找谁了，这种“执单”至今仍在使用。在旧社会，执单中所列名称有总管、执事、天仙（司仪）、执客、账房、厨师、帮厨、大厨、大灶、端盘、请客、司菜、站客堂、借家具、杂使、陪新人（嫂子）等等，有的一项有一人，有的一项多人，大家各负其责。

娶新娘是婚嫁礼仪的中心环节，在男方迎娶的前一天，女方在斋堂地区的亲友也要前来贺喜，并赠送贺礼，此举被称作为新娘子“添箱”。女方家中也宴请宾客。

男方接亲在傍晚，有钱人家用花轿迎娶。穷人家雇不起花轿，便把八仙桌子倒立，上面蒙上红布，桌子腿上捆绑两根杠子权充花轿，一样可以把新娘子抬回来成婚。由于斋堂地区山路崎岖，交通不便，所以新娘子也可以骑毛驴到夫家。毛驴笼头上戴着红缨子或红花，鞍子上还搭着红被褥，透着喜兴。迎娶新娘子可以骑驴，但不能骑马、骑骡子，原因是骡马身高体大，脾气倔，容易摔着新娘子。另外新娘子到新郎家后，要由新郎将其抱下来，骡马个子高，也不好抱。不骑骡子还与骡子不能生育有关。

如果新娘子所嫁的人家在山上，山高路陡，毛驴也骑不了，那就得人背。背新娘子可不能由新郎来背，旧社会讲究的是“男女授受不亲”，新娘子还没到婆家，怎么能让新郎来背呢？这需要男方雇“背手”（背运人）用木制的背架子背新娘子到婆家，背架子还要缠上红布，托架上放一块木板，新娘子与背手背对背，坐在背架子上，为了保障新娘子的绝对安全，还要用红布带子把人捆绑在背架子上，由背手一直背到婆家，中途不得歇脚。背手虽然劳累，但报酬也比较丰厚。

新郎接亲一般坐官轿或骑马，带上两个接亲的，斋堂地区称这二人为“班客”。接亲带的礼物主要有烟、酒、茶、糖、果饼（点心）匣子、一斤白面、一块猪肉、红包、鞭炮和大小红喜字。带的白面是烙缘分饼之用，带的猪肉俗称“离娘肉”，后来将此程序简化，换成了给钱，斋堂叫作“离娘钱”。进新娘子家要发喜糖和红包，路上如有行人拦截也要发红包或喜烟、喜糖。在接亲的途中，遇到路口、老树、碾盘、墙脚、小庙、石碑，都要贴张小块红纸喜字，因为古时人们迷信，认为这些地方往往有鬼魅精怪存在，花轿经过时，怕它们出来捣乱作祟，贴张红喜字以辟邪，把这些东西镇住。

进村后，首先鸣鞭炮报信，这时女方家长和亲友迎出门来，班客将大红的单喜字贴在新娘家的大门上。在进新娘家屋门和新娘的闺房门时，女方小辈会想方设法“刁难”新郎，提出一个个刁钻问题要新郎回答，给新郎娶亲制造些困难和障碍。新郎必须大声请求开门，并回答小辈们的诘问，还得不断地向里边扔喜糖和内装零钱的红包。小辈们得到了糖果和红包，才放新郎和娶亲的人进来。

凡是路远头天赶到新娘家中准备次日赶早接亲的，就需要在新娘家吃住，斋堂川在招待新郎的筵席上有“闹新姑爷”的习俗。

第二天起早放鞭炮，斋堂地区讲究的是天不亮迎娶花轿就要往回走，因为天亮后回来，有可能在路上遇上丧事队伍和“毛毛女”而冲了喜气。斋堂地区未出嫁的姑娘，过去常用丝线把脸上的汗毛绞干净，故此没出嫁的姑娘称之为毛毛女。如果在路上遇上了丧事队伍或毛毛女，新娘子就要把裤脚撕开一点，人们认为这样就“破了”晦气。

新郎和接亲队伍出发之际，新娘子的父母站在门口相送，新娘子穿上婆家给的红色新嫁衣，带着红包袱，里面是娘家陪送的新衣服，这时新郎把带来的“离娘肉”或“离娘钱”交给岳母。新娘的母亲用新郎带来的白面烙成“缘分饼”交给新娘，让新娘带到婆家，让新郎家人品尝。

新娘临上花轿之前必须先掉眼泪，哭一场，意思是感念娘家养育之恩，眷恋娘家不愿意离开。如哭不出来就得装哭。据说斋堂川过去有个新娘子，性格比较倔强，成亲时就是哭不出来，母亲就用笤帚疙瘩真打女儿，还是哭不出来，就这么跟着新郎走了，结果在斋堂便成了笑话。

迎亲队从新娘子家出发，迎亲花轿不能中途落轿。所经过的村庄都要吹打一番，以吸引群众。如果迎亲途中遇到别的娶亲队伍，不能说话，老远看见就要主动错开绕行，实在错不开的，就要拿一块红布晃动，示意对方，据说是怕冲了喜。有时男女双方是街坊邻居结成秦晋之好，两家距离很近，迎亲队伍就要故意绕远一些，烘托结婚的喜庆气氛。

送亲人员也要双数，其意在于告诉新郎家：新娘家有人，新娘子不能在你们家受欺负。新娘娘家陪送的嫁妆大多为一对红掸子和一对红漆衣箱。掸子取“胆子”之意，意在为新娘壮胆；红漆木箱放嫁妆钱和其他东西。

新娘子下轿第一件事就是喝盐水，新娘子象征性地尝一下即可，送亲的娘家人也要尝一下，说一声“盐分真大”，以示两人有缘分。新娘子喝盐水的同时，也会吃一块缘分饼，因“缘分饼”是半生不熟的咸饼，旁边的人会急切地问：“生不生啊？”新娘子则会羞怯怯地说：“生。”于是众皆大笑。

新娘子到男方家后要铺红毡让新娘走过去，没钱的人家则用三小块红毡子倒着往前走，不让新娘子脚上沾上土。进门时新娘要跨过马鞍，迈火盆。过马鞍象征着今后的日子“平平安安”，迈火盆象征以后的生活红红火火。

新娘子刚进院门时，男方家的一个小男孩就把一个木墩子扔向新娘子，并且说上一句“扔墩子，抱孙子”之类的吉祥话，也有“小叔子”扔墩子的。小叔公是男方的本家叔叔，辈分高岁数小，小叔公可以和侄媳妇开玩笑，但大伯子则不能，斋堂称为“荤小叔子，素大伯子”。

婚礼开始之时，司仪要逐一介绍新娘家陪送的东西。

在斋堂婚礼主持人要唱喜歌。拜堂成亲时，天地桌摆放在堂屋门前，按女东男西站定，一拜天地，二拜高堂，然后是夫妻对拜。拜堂之后新娘就被送入洞房。洞房要全新，墙上、窗上要贴红喜字，床上要新被褥，被子要四套。管理洞房的人必须是两个已婚妇女，多由新郎的亲戚担任。入洞房后新娘朝着喜神的方位坐下，谓之“坐帐”。

这里值得指出的是斋堂川的拜堂仪式可非比一般，在喜堂之上，司仪不是简单机械地喊：“一拜天地，二拜高堂，夫妻对拜，送入洞房。”司仪喊的是：“一拜天地盖载恩，二拜高堂养育恩。”

拜堂之后吃喜宴，斋堂地区讲究“连三席”，这是三种不同席面，即下马饭、邀席和正席的合称。

正席菜肴的数量是“十二、八”，就是 12 个盘子，8 个大碗。常说“十八”，音似“吃了挖”，这是斋堂的土语，是舀、盛的意思，就是说吃完了还添。因山村白面很少，所以正席和偏席多吃用当地所产的黍子（大黄米）、黏谷（小黄米）、黏高粱（黏高粱米）面制成的炸糕。

吃完饭后将举行结婚典礼，此时新娘子换好衣服，吹鼓手吹奏喜歌，放完鞭炮，新娘子由姐妹扶上来，与新郎并肩而立，在天仙即司仪的主持下，开始拜三堂。第一堂祖父祖母，第二堂父母，第三堂长兄长嫂，故而称“拜三堂”。

拜完三堂后，开始按亲属远近、辈分大小排列，依次拜其他亲属，进行认亲。

拜三堂后，新人入洞房。洞房前由小辈人组成一道障碍，提出种种要求，千方百计刁难新郎新娘，闹了一阵子之后，才能由新郎抱着新娘进入洞房。进入洞房后，新郎把新娘放在炕上，新娘面朝里，盘腿端坐，新郎站在炕上双手叉腰，大声咳嗽一声，摆出大丈夫英雄气概，意思是给新娘个下马威，如果新娘此时回头，就是怕了新郎。一般新娘此时都不搭理新郎，新郎没办法，只得把新娘抱转过身来，让新娘面朝外。

在新娘子进门这天，不能上厕所，因此，在结婚前三天，新娘子就得少吃少喝特别是结婚的头天和当天，一般只吃几个煮鸡蛋，以防到时候坏了规矩，让别人笑话。

新房里的喜床要由“齐全人”铺，齐全人就是公婆、丈夫、儿女齐全的妇女。婆家把喜床铺得很厚,为的是新娘子过门后“厚道”。女方家自然也懂得这个规矩,为了使女儿到婆家后不受欺负，就事先嘱咐好新娘子，睡觉前要把床上铺的东西揭掉几层。新人被子的四个角上都装上一些红枣、栗子和花生，意思是“早”“立子”“早生贵子”之意；放花生，意思是男孩、女孩花搭着生。

到了晚上，新郎的好友、晚辈就要来闹洞房，想方设法折腾俩人，直到夜深方散。

新婚之夜，新郎与新娘谁都不去吹灯，以示两人生活长久，通常都把油灯放到窗台上，把窗户纸捅个窟窿，让风把灯吹灭。如果没风，小叔子也会在外面帮忙——从窗户外面把灯吹灭。

婚礼第二天早上新媳妇拜见公婆，夫妻二人带上礼品回门，斋堂叫作住回面。到娘家住回面最少 4 天，最多 8 天。不能住单数。期间，夫妻二人带上礼品拜见女方家的亲友，而女方的亲友也要请新姑爷，这天姑爷坐在首席，其他人相陪。住回面回家后，男方亲友也纷纷相请新媳妇。

丧俗

斋堂地区的丧俗也很有特色。因斋堂过去多为驻军之地以拱卫京师，许多村庄为军户村，故丧俗颇有军旅遗风。一些人家虽非军户，但也逐渐与军户葬俗相融合，使斋堂川的丧俗渐趋一致。

在丧事中舅爷的位置极为重要，舅爷斋堂川称为“老舅爷子”。老人去世首先要把舅爷请来主持丧事，阖家公议商量安排死者葬礼诸般事务。

老人临终之前将自己未完之事往往嘱托给后人。弥留之际要及时给老人穿上装裹（即寿衣）。寿衣很讲究，首先是穿戴要齐全，上下里外与鞋帽都要穿齐，为的是让去世之人在阴间有衣服，冬不冷夏不热。其次是新，服装必须是从来没穿过的；穿单不穿双，怕“重丧”；穿棉不穿夹，怕把家人夹带走；穿长不穿短，怕短命；穿绸不穿缎，怕“断后”；不钉扣子，怕“扣子”；用的白布条叫“拉孙”，即死后灵魂也要拉扯儿孙过好日子；不系腰带，怕“带走儿子”，而用白线或蓝线代替；死者枕的土墼子（枕头）必须请不齐全人（老寡妇）来缝制，给前来奔丧吊唁的亲朋吊客发放孝布，不叫发孝布，叫扯孝布。扯孝布也必须由不齐全人来做。斋堂人在死者胸口还要压上一面镜子，镜面朝下，同时把屋里挂的所有带照片的镜框都反过来。

死者的寿衣和铺盖都不能带毛，斋堂人认为如果带毛，死者到了阴间，只有把毛都数清楚了才能托生。人死之后，还要用香火把死者的眉毛和鼻孔烧掉，此举当地叫“犯墓枯”，这是为了不让死者“齐全”，防止他变成僵尸恶鬼危害人间。

为了防止死者带走活人，死人铺被子不铺褥子，因褥子与“入子”谐音；死者身下铺黄布，上盖白布，此为“铺金盖银”。

人去世后，家人要用湿毛巾给死者擦脸净面，让其干干净净离开人世。随后将其抬到临时支起的尸床上，叫作“上床”，停放在堂屋。死者上床后，要在其身下放上钱币，名为“垫背钱”。死人的头朝门口，表示这个亲人要走了。然后通知亲朋，告知丧讯。为去世之人定做棺材，入殓之后一般要停放 3 天、5 天或 7 天，周围村专门从事丧事的乐队进行吹打。

停灵期间，灵床前摆放供桌，正中摆放香炉，内插三炷香，香炉两侧各有一支蜡扦，蜡烛和香一经点燃后直至出殡之前不许熄灭。灵前放木制灵牌，上写“故父（母）× 公讳 ×× 之灵位”等字。供桌下还要放一个砂子或瓦盆，俗称丧锅子，跪着在里面烧些纸钱，这叫烧“倒头纸”。在场的人员只许悲切流泪，但绝对不许哭出声，只有在烧完倒头纸之后才能放声大哭。四邻八舍至此方知这家有了丧事，才好过来进行安慰，帮忙办理丧事。

在灵前另放一瓷碗，叫“倒头碗”，碗中放小米或黄土，要尖顶成坟丘状，碗口用白纸糊好。用 5 根 5 寸长的秫秸棍或荆条棍在棍头上捏上“面球”，在火上烧焦，插在碗中，这 5 个面球棍叫作“打狗棒”，还要放上“打狗饼”。死者也要一手握打狗棒，一手拿打狗饼，以备在黄泉路上过“饿狗村”时用以制服饿狗，而不会受撕咬之苦。

供桌前挂满纸钱，桌上的供品有米饭、空心饺子、馒头、点心之类，共 4 盘，每盘里摆放供品 4 个，这是遵循“神三鬼四”之说。

人去世之后丧家要用白布围在门框门楣上，称“挂孝帘”。同时在停灵的堂屋正门上挂黑布挽幛，布上贴四方白纸，一般写“永垂不朽”“万古流芳”“流芳百世”“与世长辞”等语，还要挂上白灯笼和用蓝纸书白字的对联。与此同时，丧家所有门联、门心、室内春条，以及盆景、帽镜、穿衣镜等摆设均须贴上白纸，原则上不能露红。近代室内相片即应翻过去放置，以示哀挽。

灵堂设置完毕，则须向亲友报丧。

老人去世当天还要去坟地通穴，通穴工具必须是银物或金物，意思是用银或金物画个圈，遗体灵魂就不离开此地了。

刨挖墓穴斋堂称为“打窖”，墓坑大小依棺材而定，约一人多深，在家族墓地的位置，按辈分分行排列，方向由阴阳先生和本族长辈商定。墓穴打好后要用白布袋装些黄土，由寡妇“封口”，放在死者头下做枕头，俗称“土墼子”。

灵堂开吊之前，棺木旁要放“烧活”，男性死者糊纸毛驴，女性死者糊纸牛，作为死者往阴间的坐骑。但斋堂男人死后要多糊一匹白色战马，这显然与祖上多为军队将士有关。

人去世后最少要守灵 3 天才能入土，除等远方亲属来奔丧外，也可防止假死而留待复生，守灵期间由直系亲戚担任，夜不闭门，香火不断，蜡烛不灭，每个更次烧一次纸钱，象征后代传人不断，人丁兴旺。

灵堂两边屋檐下悬有挂绳，绳上挂吊唁者赠送的帐布。

人去世后亲属要烧纸，一种是烧纸钱，留待亡者阴间使用。一种是裱糊的物件，有幡、纸牌、纸楼、纸物等。幡分正幡、闹幡。

老人去世子孙亲属要穿丧服，旧称披麻戴孝。

把死者遗体放入棺材叫入殓。事先把棺材抬到堂屋门前，头朝外，扫净棺内，铺好被褥，在棺材头尾四角放铜钱，叫作“垫底钱”。把供桌撤掉，丧锅子移至棺材前。入殓时大儿子抱头，二儿子抱脚，其他儿子在两侧托着，将死者装入棺内，放平稳，正衣帽，在其手中放一镜子，叫作“照妖镜”，兜里放一小瓶水，为的是过鬼门关时不让小鬼灌“迷魂汤”。

完毕后封棺，钉棺材的钉子有 3 根，一边钉 1 根，另一边钉 2 根。分男女而定钉子的位置，男性死者左二右一，女性死者左一右二。钉的时候，先由老舅爷长子钉，只钉一下，便由其他人接过去把所有钉子钉好。斋堂还有规矩，死者入殓时不能有太阳，避免死者给生者带来伤害，入殓时左近人员彼此不能呼唤姓名，不准哭，怕被死者带走。入殓期间吹鼓手要吹奏，直至入殓完毕。

入殓完毕便是起灵，孝子象征性地搭住棺材底，叫“顶棺材头”，谁顶棺材头即是死者财产继承者。劳忙的人钻到棺材底下抬起，叫“驮棺”。在棺尾抬的叫“捧棺”。旁边抬的叫“护棺”。抬灵者用绳子挎在膀子上，一边 2 人，叫“挎材或挎棺”。

出殡时众人依次而行，撒纸钱之人在最前面，叫买路钱。其后是孝子打着引魂幡在前领路，引魂幡上写着“南无西方接引路”7 个大字，在后的是花圈、花篮。再后是吹鼓手吹奏乐曲。旁边姑爷提一壶酒、一壶水，下葬后浇到坟头上。

送葬队伍最后是女眷哭送，斋堂有女人不上坟地的传统，所以送到村口女眷即可停止，执意不听的要强行拉回。一般亲友送到村口即可。

入坟前斋堂还有抱土之仪，即由大儿媳抱着泥封罐在专人陪同下完成。

下葬完毕。孝子跪坟磕头，向帮忙的乡亲们磕头致谢。姑爷到龙王庙取一壶水，帮助下葬的人都到亡者家在门口迈火、摸刀进门。取水意在图兴吉，跨火、摸刀意在祛晦瘴。事家还要向大家请客答谢。

下葬后 3 天，亲属还要上坟烧纸，再次封土，是为“封三”，以慰亡者。有的还将砖石做成的墓照立于墓前，上刻：“故父母 × 公讳 × × 之墓”等字。

如夫妇均已去世，则用石块将坟头理圆，故称“圆坟”，以防野兽盗洞。圆坟后在坟头植一株荆蒿子，取其谐音“尽好子”，子孙皆精明能干之意。有的在坟头上种植一棵栾树，当地叫木兰子树，取其谐音，意在子孙没有懒汉。

从亡者卒日算起，丧家每隔 7 天举行一次祭奠，共 7 次，俗谓“烧七”。一般是“三七”“五七”较隆重。

斋堂还有写亡疏的习俗，意思是给故去的亲人写信。每年除夕夜将“亡疏”放入信封，信封上写好收信人姓名、称谓，然后将亡疏放于供桌上，正月初三晚上将亡疏在村西择地点燃，点燃时周围画一圆圈，朝坟方向留一个口子，亲人即可收到。一般只给 5 代以内故去的亲人送亡疏。

人生礼仪

妇女怀孕称有喜，分娩称坐月子，我国北方的汉族大体都是这种习俗，在斋堂也没有新奇之处。新生儿降生后，不仅要向娘家报喜，还要用蒜辫子煮水，为小孩洗第一次降生澡，斋堂的这种习俗别处却不多见。洗完澡后在小孩的额头上还要点一个朱砂红点，以祛病免灾辟邪。小孩幼儿时期，如遇生日、过节、走亲、婚庆等事，也多在其额头中部点朱砂红点，以求喜庆和祛邪之意。

小孩降生后多以猫、狗、腌臜、寒碜等给小孩起名，人们认为这些名字虽然不好听，但好养活，吉利；也有乳名叫栓柱、留住、宝柱之类带有希冀意义的，都代表了家族渴望家族人丁兴旺、后继有人的企盼。

孩子的满月、百日、周岁都要进行庆祝。

满月之日，斋堂地区讲究小孩要穿“姑的鞋、姨的袜、姥姥的大劈叉”，大劈叉就是幼儿穿的开裆裤，此外还要请亲戚、客人喝满月酒。

百日之际，家长要蒸两个鱼形的面饽饽，象征性地往孩子脖子上套一下，祝愿长命百岁。

小孩周岁时要“抓周”，来看小孩长大后的爱好、职业、工作趋向。

老人过生日扎红腰带，有的人还在衣服的腋窝处缝上一个装满五谷杂粮和朱砂的红三角包，以示驱邪、增寿。吃龙须面：面条细而长，以示“长命百岁”之意。

节日习俗

斋堂地区的节日习俗也有自己的特色。“打春”这天，除了各家摊黄儿或做春饼等食品之外，出嫁的姑娘一般不许在娘家住宿，因为有兄弟，认为对他们不吉利。

正月十五是元宵节，大部分地区的习俗是吃元宵、观灯、逛庙会。斋堂人吃元宵与各地不同，因斋堂不出江米，所以由当地的黏高粱面、大黄米（黍子）面、小黄米（黏谷）面制作，这些元宵也不是摇出来的，而是和好面包上豆馅或糖，团成圆球状，称为“包元宵”，所以这些元宵或发黄或发红。

正月十五又叫灯节，斋堂从正月十四开始，家家都在门前挂灯笼。灯笼有自备的，有店铺发送的，有村里公用的，一直挂到正月十六。花灯造型各异，形制多样，还有令人眼花缭乱的走马灯。正月十五还有走会的习俗。

二月二为龙抬头，吃炸油香、面条（龙须）、饺子（龙耳朵）等。

清明是汉族的重要节日，家家都要上坟祭祀故去之人，但斋堂却有大小清明之说，清明当日为大清明，前一日为小清明。清明这天并不上坟，上坟要在清明前，不能挨到清明后。另外上坟还有新坟老坟之别，上新坟和上老坟要错一天。清明前 3 天上新坟，前 2 天上老坟。死亡之日到清明节不足 3 个月的，清明节时不上新坟，要待下一年清明才上；死亡满 3 个月的才可上新坟。上坟的祭品一般是纸钱、馒头和酒水，有的还有鞭炮。馒头有圆、长两种，分别代表男孩和女孩。让亡者保佑家族兴旺，多子多福。

上坟那天，还要给坟培土，不让坟有所损坏。最后放鞭炮冲晦气、图吉利、保平安。新媳妇要上坟，令其认祖。家里添了新人，清明节在先祖坟上压红纸，通知亡者共享喜悦。

清明节闺女不到娘家坟地上坟，斋堂川流传着一句话，“闺女上坟，家里没人”，闺女上坟会让四邻笑话——这家绝后了。迁居他处，或坟地已无存，可在路口烧纸钱，遥祭先人。

清明已是春暖花开之时，所以除上坟之外，斋堂还有打悠千（荡秋千）的风俗，俗语说:“大清明、小清明，打了秋千不腰疼。”清明节还有插柳条，挂弓箭之俗，清明之日，将柳条挽成直径寸许的圆圈插在门上，以避毒虫。以桃木为弓，柳木为箭，挂于门簪之上，以达到避害去灾之目的。小孩头上也戴上柳条圈，谚云:“清明不戴柳，死了变成狗”，目的也是祛病禳灾。

端午节是我国另一个重要节日，主要有吃粽子、划龙舟、系红绳、点艾蒿等习俗。在斋堂包粽子多用大黄米，以苇叶包裹。在斋堂川还有禳灾之俗，即用五彩布头缝制小老虎和小葫芦，内装樱桃、桑葚、豆子、葱、蒜，于五月初一挂在男孩脖子上，女孩则挂一串用彩纸叠成的小“粽子”，到了初五，将其摘下扔到门外去，据说可保佑小孩健康成长。有的还要悬朱符，将艾蒿插在大门上，小孩子要在耳轮上也戴一两根艾蒿，当地民谣：“五月初五不戴艾，死了变个丑八怪。”此外还要给小孩系上五彩绳，以避蛇虫。

古时端午节又称“女儿节”。女孩用指甲草，即凤仙花染红指甲。年轻妇女头上插一朵火红的石榴花，老太太则在鬓发间插一支矮糠，取其香味儿，这一风俗相沿至今。男孩这天玩“斗百草”。斗百草有文武之别，文斗比谁认识草的种类多，武斗斋堂称为“勾和尚”，玩法是两人各拿一根草，相互拉钩，断者为输。

端午节还是学徒出师之日。过去手艺人一般春节后收徒，学徒三年零一节，此节即春节后的端午节，所以学徒此时出师，出师的徒弟还要摆谢师酒以示庆贺。

立秋是斋堂山民的重要节日，这天早晨，各家都要摘几片核桃叶，插在大门或屋门的门鼻子上，表示收成好，并要吃立秋粥。俗话说“立了秋把扇丢”，意思是炎热的夏天已过去，秋天到了，天高气爽，不再用扇子了。

斋堂人立秋有“抓秋膘儿”一说。意为伏天已过，天气转凉，应该好好吃一顿，补补身子。

阴历七月初七是传说中牛郎织女鹊桥相会的日子，有人将其比喻为中国的情人节。七夕也叫乞巧节，这天女孩要在太阳下放一盆水，将针轻轻放在水面上，使针浮在水面之上，谓之乞巧。

七月十五是中元节，俗称“鬼节”，在斋堂主要是吊唁家里已故的亲人。

八月十五中秋节又叫团圆节，斋堂民间谚语云：“七月十五定旱涝，八月十五定收成。”八月十五，已到中秋，一年的收成好坏，年景如何已成定局，过完中秋节，即将迎来大秋作物的秋收工作，所以中秋节又是“丰收节”。“七月十五点红，八月十五满红”，说的是枣的成熟程度：七月十五枣开始星星点点地出现红色；到了八月十五大枣则全身红透，已完全成熟。其他水果也相继成熟，开始收获上市，所以中秋节还是“果子节”。

过中秋节兴吃月饼、毛豆、水果。斋堂人除了吃外面买来的月饼外，还自家蒸制一种红糖馅的“团圆饼”。十五晚上月亮升起之后，全家人聚齐，在院子里祭拜月亮，供品除一套月饼和自制的团圆饼外，还有各种水果。在水果中，西瓜当先，但不能有梨，因为西瓜圆圆的，象征团圆意，而“梨”与“离”同音，所以有所避忌。吃毛豆的习俗是因为月宫里嫦娥身边的玉兔爱吃毛豆，所以要插上红色的鸡冠花和带枝的毛豆。祭拜仪式结束之后，撤下供桌，摆上饭桌，全家人聚坐一起边赏月边吃月饼、团圆饼和各种水果，喝酒饮茶，其乐融融。“十五的月亮十六圆”，在斋堂指的是已婚妇女在八月十五必须和婆家一起过，十六才能回娘家与家人团聚。

中秋节前后斋堂镇还有唱戏拜龙王、祭五谷之神的习俗。

八月十五中午，斋堂人讲究糊窗户，据说因为时至中秋，天气转凉，如这天糊窗户，就能把老爷儿（北京管太阳叫老爷儿）糊在屋里，冬季屋子里暖和。

十月初一送寒衣，斋堂村民这天要进行扫墓，并用纸剪成纸衣，出门焚烧。是日各家还要点火熏炕。

腊八指阴历十二月初八日，我国旧历十二月又称腊月，所以此日称腊八。作为节日斋堂的传说是：从前有一富户，不知节俭。有一年腊八，发现家中无粮，于是扫缸底，翻粮袋，最终凑了几种仅余的杂粮豆类，煮了一锅粥吃。后来这家人勤劳节俭，终成小康之家。为不忘铺张的教训，就在每年腊八这一天，将杂粮豆类混在一起煮成粥，后此事传成习俗。腊八粥由小米、玉米糁、高粱米、各种豆子，以及杏仁、核桃仁、枣等熬制而成。但凡有亲丧未出孝期的人家不熬腊八粥，街坊邻里也不馈送腊八粥。此外家家腊八要泡腊八蒜，即将蒜放入醋中浸泡，春节时打开，蒜瓣翠绿，而醋则带蒜味，正好用来吃饺子。古时没有冰箱，腊八这天斋堂人常去河边打冰，贮存起来来年用。

“腊”为“猎禽兽祭祖先”之意，秦代规定十二月为腊月，南北朝时规定十二月初八为腊日，称为腊八节。斋堂川有的民谣即与腊春节有关，如“小孩儿小孩儿你别馋，过了腊八就是年。腊八粥，喝几天，哩哩啦啦二十三……”还有“腊月二十一去赶集，二十二祭龙王，二十三吃糖瓜儿，二十四写大字，写春联，二十五做豆腐，二十六打猪肉，二十七杀公鸡，二十八把面发，二十九全备齐，三十晚包饺子”，是腊月下旬斋堂村民准备春节的基本内容。实际上一到腊月二十几号在民间即表示已进入年节了，家家都要扫房，斋堂称为“扫年”，即打扫卫生干干净净迎新年。

祭灶，腊月二十三是祭祀灶王爷之日，斋堂人称为“小年禧”，又叫“过小年”。

昔日，斋堂川几乎每家都供有灶王爷，这是一种木版印刷的画像，贴在灶台上方，并配有一副对联，上联“上天言好事”，下联“下界保平安”或“回宫降吉祥”，横批是“一家之主”。斋堂川有句俗话：“家里除了灶王爷就数我大了。”可见灶王爷在人们的心目中地位很高。

祭灶是在晚饭之后，先将炉火升旺，供桌上摆设糖瓜儿、关东糖，另有草料一碟，凉水一碗，这是给灶王爷骑的马准备的。蜡扦下压着黄钱、千张、纸元宝等敬神的钱粮。男主人主持祭祀仪式，上香后依次向灶王爷三叩首，过去有“男不拜月，女不祭灶”之说，但斋堂地区并不严格。

香烛快燃尽之际，将灶王像、敬神钱粮、草料等拿到院中焚化。焚化时进行祝祷：“灶王爷，您好话多说，坏话少讲啊！”祭祀完毕，把一小块关东糖扔进灶火或火炉子里，谓之粘粘灶王爷的嘴，然后大家即分食糖瓜儿和关东糖。

除夕，阴历腊月三十日（小尽为二十九日）为除夕，俗称“大年三十”，这天被视为正式的年禧，人们送旧迎新的主要庆典都集中在这天进行，因而是最热闹的一天。三十这天，人们要贴春联、斗方、春条、门神、年画、挂钱等，统称为“点景”，即布置春节的喜庆气氛。

春联又叫对子。过去有专门卖对子的，现写现卖。农村大多是买了红纸，请村里账房先生、教书先生代写，不用付酬金，道一声辛苦就可以了。在斋堂，对子因贴的地方不同，所写的内容也不同。大门对，一般是“天增岁月人增寿，春满乾坤福满门”“天赐平安福，门迎富贵春”之类的吉祥语。此外还有财神对、灶王对、仙对、佛堂对等。屋里的板柜上一般贴“黄金万两”“日进斗金”“招财进宝”的组合字。石磨上贴“青龙大吉”，碾子上贴“白虎大吉”。马车、驴鞍子上贴“日行千里路，夜走八百程”，牲口棚贴“槽头兴旺”，猪圈贴“肥猪满圈”。对着门口的墙上贴“出门见喜”，院内山墙上贴“抬头见喜”。春条与对子不同，只有一行字，一般贴在房子的后墙或山墙上，贴的时候要斜着贴，右高左低，一般为 16 个字，如“宜入新春，万事顺心，全家欢乐，人口平安”等。门神贴在街门、屋门上，双扇门各贴一张，单扇门则只贴一张。斋堂川的门神主要是白脸秦叔宝和黑脸尉迟敬德。山区宅院大门口右侧一般都砌有门神龛，内写“门神之位”，这一天要在门神龛里上一炷香。院里显眼的地方一般还要贴上福字，街门、屋门的上方贴上红纸剪成的挂钱。

沿河城人春节贴门神（师昌璞摄）

除夕前一天晚上要请祖宗回家过年。取几张纸钱到院外焚化，嘴里念叨着“请祖宗回家过年”，然后回到屋里，取出“家堂”挂在堂屋的西墙上，摆放供品，一般为 3 碟，多为 5 块月饼，送走祖宗后全家人分享。旁边放 1 碗半生的米饭，内插 1 根柏树枝，围着柏枝放 7 个萝卜片，柏枝上挂黄纸钱。摆上香炉、点上蜡烛，燃香点烛要一直到初三，不准熄灭，谓之“香火不断”。上完供后给祖宗跪拜、磕头。也有的人家在大年三十这天到祖坟去摆供、烧纸，进行祭奠。

三十这天人们在换新衣服前要剃头、洗脚。正月里是不准剃头的，斋堂川有“正月剃头死舅舅”之说。“三十晚上洗洗脚，倭瓜豆角吃不了”。然后换上新衣服。

吃年夜饭之际，全家人一起吃团圆饭，主要有大豆米饭或油炸糕，饭菜很丰盛，还要有鱼，表示“连年有余”。斋堂三十晚上多吃大豆、小米、玉米做成的米饭，也叫来年饭，因初五之前一般不以生米为炊，所以各种饭食做得比较多，放入冷屋储存起来，节日期间慢慢吃。饭后进行“灯花祭祖”，院子各处点放灯花，以照亮门户，迎接祖宗回家。

饭后就是守岁，这一夜，家里所有的灯全都点亮，一夜通明，相互娱乐。从三十开始鞭炮声不断，一是庆祝新年佳节，二是崩崩晦气，求一个吉利。

进入子时各家开始准备接神。院内摆放八仙桌，又称“天地桌”，上放一只斗，斗口用红绵纸糊上，斗上贴有天地爷的画像，桌上放供品，桌前放芝麻秸和松柏枝。五更时分开始接神，男主人手持高香，向院子各个方位叩首，迎请喜神、财神、福神、禄神、马王爷、灶王爷下界进宅。然后把香插进香炉，代表全家向天地爷下跪叩头，请众吉祥神共享新春快乐。最后把供神的“钱粮”与芝麻秸、松柏枝焚烧，接神仪式结束。

斋堂镇灵水村还有“摆岁”之俗。春节子时正届年关，灵水村人在村中道路上点一堆火，各家从家中拿一把谷穗、麦穗、玉米、豆子等粮食作物投掷火中，发出“噼噼啪啪”的爆响，其意在于表示村民生活越来越红火，越来越兴旺。

接神回来开始包饺子，大年初一吃饺子。过去斋堂地区人们大都信佛，因而初一的头一顿饺子必须是素馅。饺子馅少了则说“面多了”，面少了则说“馅多了”，忌讳说“少”字。面盆、馅盆都不收拾，锅盖上要剩下几个饺子不煮，表示家庭富裕，有吃不完的饺子。饺子熟后第一笊篱只捞 4 个，给祖宗供上，或到村中的关帝庙进行供奉，求关老爷全年保平安。

大年初一，男性家长代表全家叩拜祖宗，晚辈依次给祖宗下拜。然后晚辈给长辈拜年，磕头一律是一跪三拜。平辈之人岁数小的也给岁数大的拜年，但一般不磕头。只有年龄相差悬殊才磕头。拜完年后长辈要给晚辈压岁钱。

大年初一一般不请客，初二才请客。大年初一最主要的活动就是拜年，斋堂人有“初一初二请老的，初三初四请小的，初五初六请街坊”“初一的饺子,初二的面,初三初四把门儿串”等说法，初一拜年一般不出村，只给村中同族长辈和亲戚拜年。家中有新媳妇的这一天要由婆婆或嫂子领着去给亲戚拜年，长辈们一般要给压岁钱。

初二是祭财神的日子，店铺供关公、比干、赵公明三尊财神，而住家户一般只供一尊财神，即“增福财神”比干丞相，财神是买来的木刻水印画像。祭祀时燃烛、焚香，依尊卑长幼三叩首，然后将敬神钱粮拿到院中焚化。

初三送祖宗,吃完晚饭后,向祖宗磕完头后取下“家堂”收好，在村西空地画一圆圈，朝坟地方向留下一个口子，将亡疏在圈内焚烧，燃尽后用面汤等浇灭，名为“浇祖”，同时将供饭放在朝坟地的路口处，仪式结束。

正月初五称为“破五”。女子可以回娘家看望,如果是新姑爷，除了岳父家外，还要给女方亲戚拜年。拜年活动一直持续到正月十五。

到了初六，一些店铺开始重新营业，掌柜的和伙计们先敬拜诸神，大放鞭炮，伙计们使劲地拨打算盘，用秤杆敲打秤盘子，象征大吉大利。然后打开大门，开始营业。

春节期间，斋堂川各村多有戏台、戏班子，唱戏娱乐。剧种主要是当地的山梆子、秧歌、蹦蹦戏和皮影戏。唱戏用的灯油、化妆品等费用由村中集资。过了初五，则到没有戏班的外村去唱戏，哪村请哪村负责费用。唱戏一直唱到正月十五为止。

祭祀习俗

1. 点灯花儿

灯花儿为祭祀用品。一般用白纸制作，其形如灯，高约 2 寸（约 6.67 厘米），其燃烧部分如灯花儿，故称“点灯花儿”。点灯花儿多以避邪除灾，求保佑，求平安为主旨，死了人办丧事要点灯花儿，过春节拜神要点灯花儿，初八吃过晚饭家中最多点 108 盏灯花儿。小孩满月后也有点灯花儿的，有祛病免灾之意。

2. 求雨

斋堂川坐落在京西山区，素来干旱少雨，田亩基本靠天吃饭，加之地高水低，有河也是望水兴叹，所以一遇大旱之年，村民便群起求雨，各村有各村的路数、高招，八仙过海各显神通，其中最有名的是斋堂五十八村龙王大会。

斋堂川有“大旱之年不过五月十三”之说。据传，阴历五月十三是关老爷磨刀的日子，关老爷磨刀要洒一点磨刀水，所以老百姓传说“大旱之年不过五月十三”,如果过了五月十三还不下雨，那就是遇到了大灾之年。那就要东斋堂组织五十八村龙王大会。

据说，东斋堂贾家与房山乌龙潭的乌龙关系非比寻常。当年房山乌龙潭的乌龙因避难变作一个小伙子来到斋堂，说好了光吃饭不拿工钱，给庞财主家干 3 年活儿。这个黑小伙儿干起活儿来一个顶几十个人，一夜之间就给庞财主闸了龙须港一港地，他龙须港一港地就留了一棵高粱苗，结果竟然打了 88 石。东斋堂村有一户姓贾的人家，他家有个傻闺女，生来不怎么说话。庞财主让贾家傻闺女给黑小伙往地里送饭。3 年约定期满，黑小伙儿向庞财主袒露了自己的真实身份，请求他代向贾家提亲，他要娶贾家傻姑娘为妻。

等到迎娶之日，光听见吹吹打打的音乐之声，就是不见人前来。哑巴姑娘忽然感到口渴难耐，就到水缸旁边舀水，谁料一掀缸盖，却见一条蟒蛇赫然在缸中，贾家姑娘大叫一声吓死了。这时庞财主才把乌龙化作人形在斋堂 3 年劳作始末细说了一遍，贾家之人才恍然大悟，才知道傻姑娘魂魄已被乌龙娶走。当晚，傻姑娘的父亲做了个梦，梦见黑小伙儿跪在面前，说：“岳父大人，以后但凡有个天旱无雨的，您就到房山乌龙潭取水。”于是贾家将傻姑娘的肉身连同给她置办的嫁妆一起埋在了东斋堂东门外，据说现在东门外的贾姑娘坟埋的就是傻姑娘。因有此传说，所以很多人认为由斋堂主持五十八村龙王大会，是因为东斋堂贾家与乌龙的特殊关系。其实由东斋堂组织并非贾家的关系，而是因为过去齐家庄巡检司、平罗营汛地均驻斋堂，使斋堂成为这一地区的地域中心。

每年是否风调雨顺关系到军民的生活质量，故斋堂川五十八村军民都不能置身事外掉以轻心，而是非常热忱地投入到求雨活动中去。龙王大会非常隆重，程序上有 4 个大的环节：

取水 逢大旱之年，东斋堂便遴选两个本村的小伙子，到龙王庙（现在的斋堂中学）把龙王爷的神像搬到院里太阳地儿曝晒，而这两个小伙子一时不能回家，要先住到龙王庙中，由家里送素食吃喝，他们二人要等到接水的人都走了之后才能离庙回家。龙王神像被搬出来晒太阳之后，村里的乡约绅士就要到贾府拜访，共商起龙王大会一应事宜，而后由贾氏一门做东，南去房山乌龙潭取水，而且正式向斋堂上下五十八村遍发帖子，告知某日某时起龙王大会。

取水的人头戴柳条帽，甚而光着脚走在山路上以示虔诚，抬两顶轿子，一顶抬上龙王神像，到军响娘娘庙湾供好，留下数人在此侍候着；另一顶轿子上抬个葫芦去房山乌龙潭，这葫芦必须是头一天在炉膛里炕干的，葫芦口上插一根干纸捻，用蜡封好。取水之人到达乌龙潭后，将葫芦供在龙神庙中，所去人等一律在庙外露宿一宿。次日天明，求雨之人跪在乌龙潭边烧香焚表，烧纸马，央求祷告："老姑父，老姑父下雨吧！"直到龙王庙里所供的葫芦嘴儿中的纸捻返潮了才能终止。纸捻返潮大有学问，据说纸捻潮一指则是表示龙王爷肯赐一指雨，纸捻潮二指则是表示龙王爷肯赐两指雨。看到纸捻潮了之后，人们便从乌龙潭里往葫芦里灌上水，放回轿子中。随后感恩的人们一起向龙潭叩头致谢，抬上水轿子往回走，一路之上谁也不许掀轿帘往里看。

另有一说：前往乌龙潭取水的人在乌龙潭拜神之后，由一位卓有威望的老者把一面锣平放在水面上，锣面上再放上有纸捻的葫芦，此时一般有水鸟飞到葫芦上，葫芦嘴儿在晃动中沾上水就湿了。

水轿子抬回军响娘娘庙湾后，由东斋堂人上一大桌供，等着各村前来接水。

接水 各村接到东斋堂起龙王大会的帖子就紧锣密鼓地忙活起来——油饰龙王神像，乐队合练彩排，准备香、灯、纸、表，指派人手砍松柏枝，赶制龙王彩轿。到了约定的正日子，起大早抬着本村的龙王神像到军响龙王庙湾聚齐接水。接水有很多讲究：人们都不许打伞、戴帽子，连草帽也一样不许戴。接水的队伍比天大，但凡在路途中遇到了，文官下轿，武官下马，无一例外。所过关卡，一路绿灯，守口官兵，诚惶诚恐，礼敬有加。

五十八村的人们逐一朝拜，拜完之后就都去东斋堂喝水饭粥（小米粥再兑上山泉水，令其微微发酵，吃起来有点儿酸），不管是谁，只要是来求雨接水的，到那儿就喝，但是铜锣一响就得放下碗，让下一拨喝，如此一拨一拨不间断地喝，有喝上的，也有没喝上的，即使如此，一天也要喝掉 12 石小米的粥，可见参与求雨人员之多，场面之盛。

供水 接水之人回到本村之后，水葫芦还要在龙王庙供上 3 天，如果天还不下雨还要“朝玉”，即越级直接向玉皇大帝求雨。据说民间的求雨还是很灵验的，往往求雨的人们往村里走，前脚进村，雨也后脚跟着人群进了村。下雨后水葫芦要在东斋堂每家轮流供奉，一直供到来年二月二。

各村把水接走之后，东斋堂给龙王爷上的那一桌大供就归煤窝村的人们享用了，为什么呢？原来是有这么个缘故：

有一年东斋堂贾家从房山乌龙潭取水回来，将走到军响时，忽然被事先埋伏好的一伙同样缺水的岭南人抢走了水轿子。经长途跋涉从房山回来的东斋堂人一时措手不及，冷不防中了人家埋伏，纳过闷儿来赶紧去追，追了半天，已是筋疲力尽，被这伙以逸待劳的岭南生力军越落越远，眼瞅着这帮家伙进了煤窝沟，一直朝岭南跑去，那雨也跟着水轿子跑了。

大感晦气的东斋堂人正在自怨自艾，大叹功亏一篑之时，孰料"吉人自有天照应"，煤窝大梁上正好有一帮砍大棍的煤窝人，一看竟是岭南人抢了斋堂川五十八村的水轿子，顿时"怒从心头起，恶向胆边生"，迎面冲上去，把那帮岭南人逮了个正着，一顿拳脚夺回了水轿子，送到了军响村，为斋堂川五十八村立了大功。为了褒奖他们，从那以后，每起龙王大会，那桌丰盛的供奉都归煤窝人享用。

送水 到了来年二月二龙抬头的日子，东斋堂还要再找两个小伙子把葫芦里的水送回房山乌龙潭，此谓送水。至此，龙王大会始告结束。

斋堂川五十八村龙王大会，那是在大旱之年实在没辙的情况下，不得已而为之，不可擅起。据斋堂老人们回忆，最后一次龙王大会是在民国十三年（1924年），此后一是没有大规模的旱灾。二是处于抗战时期命都顾不上，哪还有闲心起龙王大会？三是中华人民共和国成立后，在共产党的领导下，破除迷信解放思想，人们慢慢也都不信这些了，这求雨的事就永远销声匿迹了。

斋堂川有民谚，“斋堂一筛锣，乐死黄安坨；黄安坨一遭殃，乐死齐家庄”，说的是斋堂天旱，敲锣聚人准备求雨，而在百花山下的黄安坨却旱涝正好；而黄安坨一旱，齐家庄则雨水正合适。因各地干旱情况不同，所以求雨的形式也有区别。

在斋堂的祭祀还有拜关帝、敬娘娘、供门神等活动。拜关帝是为了保护村庄平安，祛病除灾。敬娘娘主要是在爨底下，村里人信奉天仙圣母娘娘，娘娘神像用木头雕成，端坐在神龛内，轮流在家中供奉，每家供一年。到正月初一，再转到另家去供奉。

西斋堂六区017号院门神龛

西斋堂三区017号院门神龛

此习俗一直延续到抗战初期。而在煤窝四村，对娘娘则是一村供奉一年，每年正月十五转驾。斋堂地区几乎每家院门右侧都有门神龛，龛内墨书门神爷神荼、郁垒的名号（有的则刻有“门神护卫”4字），而门上贴的则是唐代大将秦叔宝、尉迟恭二位。

民风民谚

斋堂镇历史悠久，民风淳朴。在灵水村火龙王庙后墙上有一块三禁碑，讲的是村民立约保护“灵水八景”之一的“鱼池赏月”之事。碑高 90 厘米，宽 35 厘米，康熙三十年（1691 年）仲夏立。

碑文 8 行，满行 19 字，内容如下：“大清康熙岁次辛未仲夏初旬，合村聚会，稽古龙池，灵水祥瑞，世久年深，砖损石坠。公议重修捐工，如石土、灰泥即时全备，仅月成功，皆欲书勒庙前。池边禁止：污秽、堆粪、洗衣，鸣钟议罪，罚供祭神，使之警畏。凡我村居，均相劝诲，刻铭于石，流传后辈。池内三禁：凶泼投跳、愚顽搅混、儿童污溺。池台三禁：宰杀腥膻、饮畜作践、浆衣洗菜。”这块碑记载的内容是门头沟区最早以立碑形式保护环境的乡规民约。

灵水八景中的“鱼池赏月”又叫“龙池赏月”，池呈海棠花形，所以有人将其称为“八角龙池”。池水清澈，明月掩映，人们常驻足观赏。为保护龙池清洁，灵水村人定下村规民约，庙前池畔禁止堆放污秽之物，也不许在池内洗衣服。还明确提出三禁措施和规劝措施，要求村民互相遵守。如有人违反，即要“鸣钟议罪，罚供祭神，使之警畏”。这些都反映了村民的原始环境保护意识。

灵水村西北一刘姓家碾房的墙壁上原写有“君子不争”4个大字，为举人刘心斋亲笔书写，告诫大家使用碾子的时候应该互相谦让，不要争执。可惜年深日久，题字今已不存。

灵水人刘心斋是光绪二十一年（1895年）的举人，曾参与康有为的“公车上书”行动。他为人清正，为了让村民重视龙王庙的乡规民约，刘心斋将自家养的两头肥猪故意放到街上，而后亲自带领家人去捉。他在村中鼓噪喧哗，让人们出来看热闹，看到人越来越多，这时他才叫家人把猪捉住，然后恭恭敬敬地对全村人说：“村规民约是老祖宗订了传下来的，是大家订的，就得照祖宗家法办事，我家的猪今天没圈好，影响了村里的环境卫生，违反了村规，应该受罚。”说完向全村人深深一揖，命家人将两头肥猪杀掉，把猪肉分给了各家各户。从此灵水村爱清洁、讲卫生的民风更盛。

斋堂人性格粗放，为人坦诚，生活俭朴。据《齐家司志》载：斋堂川“人以奢丽为大戒，男子不饰边幅，妇女不施脂粉，布衣濯洗以为礼，孝友慈睦，意实退之，而不力靡文。户空乡僻垠，诵声咿唔，近数十年，童试及乡试者甚众”。该志还记云：桑峪清水两社“清厘籍贯催交钱粮，户户清白，粮无漏隍，胥役无由侵蚀，贼匪不得潜踪”。“每逢上忙，贫寒及业户不能完丰，多系里长垫交，秋后补还，民力甚舒，国课无缺，收纳永无浮冒，催课不闻追呼”。“桥梁道路，时被山水冲塌，农隙时，各村乡地董率村民，自备物料，各按村界，修补完好，岁以为常，无须官为筹款”。这些记述在一定程度上反映了斋堂地区的朴实民风。

斋堂川流传有许多民谣，真实地反映了斋堂川千百年来的情况，反映了当地山民的价值取向与人生态度。

“一亩十三堰，地块组成山。越往上越小，数数数不全。拿起草帽走，帽下是一堰。”这首出自黄岭西的民谣极言山区地亩艰难，地无三尺之平，一亩地竟达十三堰，数来数去数不过来，临走起身拿起草帽才发现最小的一堰地，竟然在草帽下面扣着！非常诙谐幽默。

柏峪村流传着这样一首民谣：“陈半夜，刘点灯，谭家王家摸星星。”说的是人们起早贪黑辛勤劳作，建设家乡的情景。

而“灵水的嘴儿，清水的腿儿，东西斋堂的大烟鬼儿。东西胡林的长流水儿，煤窝的土豆子”说的是不同村庄的村民不同的特点。

“碣石的姑娘会爬嵖，青白口的姑娘会拧筏，斋堂的姑娘会唱三出大戏，胡林的姑娘会打麻（一说‘会扎花’）”（如要骂人，则加一句说：“×× 村的姑娘会生娃”），说的是各村女子的特点和绝活。

“宋家炕、李家窝、刘家平台台、徐家高山顶”说的是灵岳寺四姓四村的位置和地形特点。

斋堂川还有类似的谚语：“婚丧嫁娶，邻帮相助”“娶媳妇盖房，大伙帮忙”“自己吃填坑，别人吃了扬名”“活儿留给自己干，饭要给别人吃”“让着吃不了，抢着不够吃”“吃不穷，花不穷，算计不到就要穷”“要想富，早穿裤，要想穷，睡到老爷儿（太阳）红”“要想挣得多，打铁骨碌锅（小炉匠）”“天上下雨地下流，小两口打架不记仇。白天吃的是一锅饭，晚上枕着一个枕头”。这些谚语既是村里的良好习俗，又形成约束人们言行的谚语。

“置房屋，买庄田，就怕后来的儿孙难”“种地多种谷，养儿多供书”这两句话在斋堂流传甚广、影响至深。“种地多种谷”是从实践中总结出的经验，因为山地干旱少雨，那就要多种耐旱的谷子。“学而优则仕”，要想彻底拔掉穷根改换门庭就得多让孩子读书。所以大户人家或者商户有俩闲钱，总是尽量买地置办房屋家业，供子弟念书识字、争先仕途。

在斋堂川流传着许多有关农业生产的谚语，也非常有意思，以下选录其中的一部分：

三月三，种棵葫芦挂一千。

清明刮起坟头土，接接连连四十五。

春差一（天），秋差十（天）。

芒种不种田，一年就算完。

处暑不秀头，割下喂老牛。

立了秋，拦腰揪。

七月十五看年景，八月十五看收成。

八月十五下一阵，来到次年五月尽。

八月十五云遮月，正月十五雪打灯。

九月九，大撒手，猪马牛羊遍地走。（言九月九后秋收完毕，牲口可敞开放养，若有谁家庄稼尚未收割完毕，被牲口吃掉糟害，牲口主人概不负责）

九月九，至十三，不下雨来一冬干。

立冬不收菜，必定受冻害。

旱收枣，涝收梨，不旱不涝粮满囤。

秋耕留地不留茬，春耕留茬不留地。

早雾晴，晚雾阴。

早霞不出门，晚霞行千里。

早上大雾走，白天晒死狗。

黑家（土语，指夜里）下雨白天晴，打得粮食没处盛。

东虹（读 jiàng，指彩虹）下雨西虹晴，放了南虹动刀兵，放了北虹了不成。

早来东风不下雨，涝了西风天不晴。

九里没雪，伏里没雨。

蚂蚁搬家忙，大雨要滂潢。

正月寒，二月温，正好时候是三春；暖四月，燥五月，热六月，不冷不热七八月；九月凉，十月冷，寒冬腊月冰霜冻（指农历）。

旱枣涝梨；冷杏热核桃。

一入十月中，梳头洗脸一个工。要想裹裹脚，还得掌上灯。（极言冬季天短，也指农历）

这种儿歌谚语在斋堂人的日常生活中很多，母亲哄孩子睡觉时，一面轻轻拍着孩子，一面口中哼着歌谣：“儿子儿子快睡觉，猫来了、狗来了，花子挑了水来了，猫拾柴、狗烧火，来了猢狲捏饽饽，捏得正、满炕蹦，捏得好、满炕跑，捏得歪、满炕摔……”

有时大人和孩子对坐在炕上，脚板交错用手指点触脚趾，边唱边点道:“点、点、点牛眼,牛眼花,点芝麻。芝麻绿,点草地。草地黄,点二郎。二郎精,点着鹰。鹰不起(飞),点着你。”时间一长,孩子就高兴得哈哈大笑。

有一种“知了”村人俗称“无嘤哇子”,夏季伏天才有,叫时很有节奏,而村人也学“知了”节奏去叫,并讲述一家人的工作和休闲、嬉闹情景:“呜嘤、呜嘤哇,白米干饭炒豆芽,男人吃完刨疙瘩(柏树根,做香料用),媳妇吃完去拉家(聊天),小子吃完打尜尜(木制、两头尖,横放在平石上用木刀猛一击,飞出去以距离远近定输赢),丫头吃完拉娃娃。”这些儿童游戏和歌谣反映了斋堂川安详和谐的田园生活。

在斋堂各村还有一些文人编写的对联、诗歌,也很有趣。如在斋堂“宫大门”内侧墙上,写有一首春字歌,趣味悠长,内容是:

春日春山春景河,春人春路唱春歌。

春堂春生写春字,春女春房绣春罗。

在斋堂川还有一副对联,将4个村子的名称巧妙地串在联内:

上清水下清水何分上下;

东斋堂西斋堂什么东西。

上清水、下清水、东斋堂、西斋堂都是村名。

在斋堂流行山梆子戏,周围村民很喜欢,于是有人形成一联,贬斥京戏而颂扬山梆子。上下联是:

讨厌那京班戏酸是文假是醋没什么意思;

爱听这山梆子字又真调又稳好热闹家伙。

杨家峪村有一处碾房,无门无窗,俗称为“敞房”,后因火而毁。1951 年，村民又在原址重新建起碾房 3 间，屋内置碾两盘。碾房中间墙上书写着这样一副回文联：

运旺起村村起旺运；

人能兴地地兴能人。

杨家村两岔口原有“和顺”“四顺”两座行人骡马店，俗称“下店”。在东河沟和西河沟之间的台地上还有“永和店”，俗称“上店”。“永和店”的里院房子盖得很讲究，条石地基青砖到顶，店里还有一副对联也很妙：

迎送远近通达道，

进退迟速游逍遥。

此联之妙有三：一是字字“走之”旁，巧联成对，构思奇异；二是两岔口靠近西山大路，距大寒岭 3.5 公里之遥，往来客旅甚多，旅店内的对联暗含旅店在内；三是立意高远，表达了顾客至上、和气生财的宗旨。整副对联合辙押韵，妙趣无穷。

戏剧音乐与花会

斋堂地区的村民开朗乐观，文艺活动相当丰富，最有特色的是山梆子戏和花会，每逢喜庆节日期间，斋堂人民就以各种文艺活动进行庆贺。

戏曲

斋堂地区流行的地方戏剧主要有燕歌戏、山梆子戏、蹦蹦戏等戏种，在东斋堂、西斋堂、沿河城、桑峪、西胡林、煤窝、柏峪等村流行的剧目有50个以上。门头沟区现有古戏台13座，其中6座半坐落在斋堂镇，它们是：东斋堂东城门外南侧的戏台（东斋堂西门外南侧也曾有戏台，现已毁）、沿河城老君堂戏台、灵水南海火龙庙戏台、马栏观音禅寺戏台、西胡林九圣庙戏台、桑峪药王庙古戏台、柏峪老爷庙戏台，斋堂地区保留有这么多古戏台，足见斋堂人对戏曲的热爱。即使没有戏台的村子，节庆时期也要搭台唱戏。有一首民谣这样描写道："正月初五搭戏台，各种木头摆出来，你的长我的白，直直溜溜有疙瘩……"而另一首民谣又说："汉子唱，媳妇瞧，孩子边上挖窑窑。"说的都是斋堂人对戏剧的喜爱。还有一首民谣唱道："正月初三戏开头，一直唱到龙抬头，家里吃的是轧饸饹，看见草青才罢休。"可见戏剧在斋堂人心中的分量。

斋堂川的戏曲完全起自民间，没有任何官方支持，从排练到搭台演出，全是村民集资或尽义务。很多演出人员的文化水平都比较低，所以除少数戏班有过走出大山到附近州县演出的经历外，大多数戏班都是在当地"自娱自乐"。

西斋堂的秀才王旭为戏班曾编了这样一副对联："白面书生探其腹空空如也，粉面佳人观其足悠悠大哉。"讲的是戏中演的虽然是书生却没有文化知识，虽是小姐脚却非常大。旧社会妇女讲究缠足，因演员都是男的扮演，所以才有小姐脚大之说。

对于各村的演出，各村之间也互相抵牾调侃，有一首民谣说：“燕台的戏不用听，头宿黑家下河东；柏峪的戏不用瞧，头天准是金水桥；煤窝的戏不用看，头场就是大登殿。”说的是节目很少改变。

另一首民谣：“某某村的戏，就是不咋的，家伙也不响，行头也不济，没钱打灯油，就着月色地，没钱买蟒靠，披着牲口屉，骤（发平声，当地土语，踢的意思）个旋风脚，弄个嘴啃地。唱戏不管饭，回家吃自己。”就是互相调侃戏谑之词，绝无任何龃龉芥蒂之意。

除春节之外，节气变换之际有时也唱戏，叫应节戏。如元宵节唱《鳌山灯》；三月三是王母娘娘诞辰，往往会唱《罗衫记》；四月二十八祭药王，五月初五是端午节，六月十三是龙的生日，要唱《小白龙显圣》；七月十五也称敬鬼节，要唱《刘全进瓜》；而中秋节一般唱《包公放粮》《打龙袍》等；十月十五是下元节，经常唱的是《铁连灯》……有特殊活动时还要请戏。如天旱求雨时唱《算粮登殿》，红白喜事时唱《田氏劈棺》，得病求神病愈还愿时唱《四郎探母》等。

斋堂地区比较有名的戏班及各村的戏曲发展情况如下：

东斋堂六合班 清道光年间，由6个村联合组成一个戏班，名“六合班”。因戏唱得好，得到皇上的欣赏，咸丰皇帝曾御赐“京都六合班”金匾。六合班班主是东斋堂村的刘老牛和刘成。有一次唱完戏，走来一位老者，要求六合班的人伴奏，他唱几句，当即刘老牛掌板，刘成拉弦唱了起来。谁知这位老者东一句西一句乱唱，刘成有些招架不住，刘老牛见状，从刘成手里拿过大弦，老者怎么唱，他怎么随。老者唱完，哈哈大笑，说“六合班确实有人才”，扬长而去。从此刘成发奋学艺，终于成为板鼓名家。

东斋堂山梆子剧团 由刘景文和谭斌组织筹建。主要成员有：贾宏亭、贾宏楼、贾伯瑜、贾润云、贾希臣、张殿文、李万金、刘景堂等。教戏的是陈喜贵，全部是口传面授。由于演艺水平较高，有时也到外村唱戏。掌班的刘景文技术娴熟，有板有眼；谭斌主唱青衣，扮相好，兼唱武旦；贾宏亭唱老生，嗓音洪亮为人爽朗，唱做俱佳；贾宏楼正宗胡生，扮相好，嗓音正，有铁嗓之称。20世纪50年代一次区群英大会上，东斋堂山梆子剧团唱《辕门斩子》赢得满堂彩。东斋堂梆子剧团人才济济，每逢过年，连唱半个月的戏，从不重场。在大台地区的戏剧比赛上，东斋堂山梆子剧团的现代戏《血泪仇》取得比赛第一名。

西斋堂六合班 创建于清朝道光年间，据说班主是姓史的兄弟俩。兴盛时期戏班多达五六十人，大部分是本村人，少数为外乡人。主要演员有：麻长旺、王存秀、永和、杜宏禄、杜沦安等，其次还有杜长岭、王俊、赵老道、大井子等。主要剧目有《麒麟山》《青石岭》《筏子都》《朱痕记》《斩经堂》《渭水河》《下河东》等。

一次班主带领戏班在京西八宝山唱戏，一唱就是40天，剧目没重样。咸丰皇帝亲赐金字牌匾一块，下题“敕封京都六合班”几个大字，由一个听过戏的太监代赐。升平署精忠庙发给文照:准许西斋堂六合班“除京门外，可到附近州县演出”。光绪末，六合班班主先后故去，戏班日趋衰落。

民国初年，六合班重新兴起，杜存典拜师王存秀后，成为一代名师，主要演员有杜宏亮、乔云布、杜宏思、杜存道、杜思深、刘进文、王德智等。这次六合班的复兴，一直延续到现在。

柏峪燕歌戏 燕歌戏乃是一种独特剧种，据传已有400多年历史，民国年间，曾到北京唱过戏。近年因演员年龄老化，人员外流，燕歌戏几乎面临灭绝。2004年村党支部决心抢救燕歌戏，专门成立了“柏峪社员剧团”，现已整理剧目15个，排练剧目4个。2005年3月正式注册“柏峪社员剧团”。2005年年底，被列入北京市非物质文化遗产加以保护，该剧种号称南北九腔十八调，艺术行当涵盖生旦净末丑、诗曲媚俗白、说唱念做打、吹拉弹唱走。柏峪剧团历届班主有谭志广、谭兴选、王延柱、陈连顺、

柏峪的戏

刘兆通、陈登金、刘景春、陈永录等。

谭怀孟曾著《柏峪燕歌戏》，由北京燕山出版社出版，专门介绍燕歌戏的历史发展情况。

爨底下蹦蹦戏 爨底下村在清代及民国时期有一个剧种叫“蹦蹦戏”。蹦蹦戏曲调婉转，乐器以唢呐、小锣为主。据村中老人回忆，当年所上演的剧目主要有《王大娘锔缸》《李桂香砍柴》《傻柱子进京》《后妈打孩子》《老妈开店》《三娘教子》《赵连弼借粮》《马虎眼上当》《黄爱玉上坟》《马寡妇开店》等。至今村里还流行着有关当年唱戏的顺口溜：“唱得精韩晓耕，唱得对韩晓瑞，扮得俊韩晓印，唱得瞎韩晓花。”这个顺口溜就是对蹦蹦戏演员的评价。最后的一个戏班组建于 1930 年。

黄岭西村的戏 现今黄岭西村还有王希礼、曹殿平、刘志兰、大亮、宋良芹等 5 个人会表演山梆子和蹦蹦戏。山梆子的主要剧目有：《打金枝》《骂殿》《牧羊圈》《大保国》《打渔杀家》等。蹦蹦戏的主要剧目有：《王大娘钉缸》《小女婿》，还有《血泪仇》《没法办》等现代题材的剧目。黄岭西村没有戏台，演戏时全部是临建。周围的村民常赶来看戏。另外黄岭西还有庙会“天仙会”。到时也有戏班唱戏。

杨家村的戏 京西斋堂川流传着一首民谣：“杨家村的戏，吕家村的地，诗人出在张家村，秀才出在杨家峪。”杨家村的戏，历史悠久，源远流长，据老艺人回忆，戏源于明末清初，后来逐渐传至斋堂川许多村落。

民国初年，杨家村人麻来喜回到家乡，与杨明三单独筹办戏班，杨明三卖了房子做资金，招收了一批年龄较大的学员，结果效果并不好，于是决定改招十几岁的小学员。经过数月训练，到了第二年正月开始搭台演唱，结果唱得有板有眼，很受欢迎，本来想扩大剧团多招些人，但因资金有限，只好交给村中接办，为此砍了两棵大松树给戏班制戏装。经过几年锻炼，演员的演技逐渐得到提高。

1918 年八宝山举办庙会，邀请杨家村戏班赴会演出。那天人山人海，教师麻来喜对大家说："养兵千日用兵一时，咱们的戏只准唱好，绝不能给杨家村人丢脸。"结果全体演职人员心往一处想，劲儿往一处使，第一天先唱三出戏，第一出《秦琼观阵》，杨文福饰罗成；第二出《筏子都》，杨文福饰子都；第三出《黄鹤楼》，杨文福饰周瑜。杨文福武功扎实，扮相俊美，嗓音亮，唱念做打，样样儿皆行。京剧表演艺术家杨小楼看完他的表演后，觉得这是个可造之才，欲收杨文福为弟子学京剧，还给杨家村戏班起名叫"喜顺和"班。就这样，杨家村的戏在八宝山唱响了，后来很多地方都邀请他们去演出。

继麻来喜之后又有几位教师来到杨家村教戏，剧目也日益增多，如《芦花记》《法门寺》《牧羊圈》《下河东》《麒麟山》等都是后来习学的剧目。在 20 世纪 40 年代还排演了现代戏《血泪仇》，内容是国民党抓壮丁的故事。到解放初期排演《三打祝家庄》时，全剧团已达到五六十人。几十年来"喜顺和"共排演了 100 多部戏剧。重要的剧目有：《打金枝》《骂金殿》《曹庄杀狗》《牧羊圈》《黄鹤楼》《带水战》《四郎探母》《带交令》《薛平贵》《上金殿》

《秋胡采桑》《窦娥冤》《下河东》《麒麟山》《罗通扫北》《上天台》《阴魂阵》《辕门斩》《桂英挂帅》《平西涧》《空城计》《借赵云》《逼上梁山》《血泪仇》。

杨家村过年过节唱戏的习俗，一直到1964年“四清”工作队进村才停下来。“文化大革命”中戏装被当作“四旧”烧毁了。1979年冬天，村党支部决定恢复戏班，并出资5000元购置戏装、乐器等，召回了原来的老演员杨俊茹、杨俊才、杨德臣、杨全耕等人教戏。1993年，杨家村戏班在门头沟影剧院演出获得成功。主要演员有杨义臣、杨俊仁、杨全耕、杨金贤、杨和彬、杨连珍等。演出受到区领导的一致好评。

沿河城的戏 沿河城民国以来属于宛平县七区，和斋堂川有些距离，但是该村的戏还是小有名气的，有三点值得一叙：

一是文武场厉害，在周围村落里还是名列前茅的，没人敢小视。这中间有个故事，村中李秀玉曾撰文谈及，现将其小文片段附下：

当年沿河城的戏班也很有名，虽是民间文艺团体，技艺却也了得。逢年过节台下拉根绳子把男女观众分开，这戏就开演了。十里八村的乡亲都来看戏，白天演晚上唱，不过正月十五不刹戏。亲戚朋友借机走亲访友，出嫁的闺女又回娘家又看戏，台上台下好不热闹。要不京西怎么流传这样的歌谣：拉大锯扯大锯，姥姥家门口唱大戏，接闺女唤女婿，没脸的外甥赶着去……

有一年，沿河城人听说各地戏班到阳坊会演，不觉心动，一人背上一背子炭，晓行夜宿到了阳坊，卖了炭找到会演的戏院。

一听这帮灰头土脸的山汉要唱戏，戏院老板说啥也不信："就你们几个人能唱台戏？还沿河城戏班，打得上锣鼓来吗？"

山里人实在，真以为人家嫌戏班人少，赶紧说："我们人多着呢，还在路上走着，马上就到。"立马差人跑到门头沟，找了好多下煤窑的同乡凑数，可下煤窑的脸比卖炭的还黑，老板把脸一沉，还是不答应。大伙儿这才醒过味儿来，敢情人家压根就没看得起咱这群山汉！一伙儿煤黑子，还怕弄脏了人家的戏台哩！可把沿河城人气得够呛，没这么耍人的，看不起人是吧？把他的戏台给砸喽……到底班主冷静："咱来唱戏找乐，不是来找事儿的，我再找戏院说说，不行咱就回家，谁也不许闹事！"

班主找戏院商议，我们大老远来一回不易，不让唱戏上台打个嗵总行吧？打完了给你刷戏台！老板不情愿地点了点头，心说：打！打！打完赶紧走人！

听说让上台打个嗵，大伙儿乐了，好赖登了一回戏院的大戏台啊。憋着一口气，各就各位，板鼓一响，笙箫锣鼓齐发，也不知那天大伙儿哪儿来的那么一股子邪劲儿，那嗵打得惊天动地，声如疾风骤雨，势如万马奔腾，尤似千军万马排兵布阵，"哐起哐起哐哐起"……戏院内外台上台下连同老板都惊呆了、听傻了，谁听过这么雄壮嘹亮、干脆利落、气势如虹的音乐？不是亲眼所见谁相信这铿锵激昂的乐曲，出自这帮不起眼的山汉？！

一个嗵打完，所有的听众都还沉浸在美妙的音乐里，品味着山乡戏曲的韵味，沿河城人收拾家伙跳下戏台就要走，刷戏台？你等着吧！

戏院老板可急了，一溜小跑追过来，拉住领班的手说啥也不让走，又是鞠躬又是赔礼，像换了一个人。为啥？老板说了：“光这一个嗵，就值好几台大戏！在下有眼无珠，怠慢了各位，赶紧请上台，上演！上演！”

更精彩的还在后头呢，等到上台亮开嗓子，沿河城大戏精湛的技艺，优美的唱腔，一招一式透着清新的山乡气息，让人耳目一新，霎时轰动了整个阳坊城。连演3场，场场爆满。那些矿工兄弟也不回门头沟下窑了，就看沿河城人唱戏。

有道是乐极生悲，戏班的火爆引来梨园行（旧指戏曲界从业人员）的嫉恨，歹人在茶水中下了药，主演的嗓子当时就哑了，一代民间艺人饮恨落泪，红极一时的沿河城戏班从此衰落，后来连戏装都卖给了燕家台戏班。

可惜老人仙逝，没有年轻人愿意学习这些行当，以至于失传，其乐谱、鼓谱亦不知是否有人收藏。

二是历史悠久，沿河城戏台上还发生过悬事：

李秀玉文中记载：

有回台上正上演传统大戏《丁僧扫雪》，大概剧情是：丁僧从小丧母，后母歹毒心狠，寒冬腊月逼丁僧脱光上衣在院里扫雪，还用锥子扎他的后背，台下人头攒动鸦雀无声。演后母的演员手拿道具锥子，手心藏了一块吸了红染料的小毛巾，一扎一挤，丁僧背上就出现了“斑斑血迹”。观众和演员都十分投入，特别是演丁僧的小演员，表情逼真，“后母”一扎，他的身体随之一抖，观众的心都被揪起来了。

沿河城最高行政长官、衙门里的大老也在台下看戏，这个观众实在是太投入了，看到这儿实在是看不下去了，只见他怒不可遏冲上台去，朝着“后母”挥刀就要砍，台上台下顿时哗然。班主一个箭步从后台冲出来，死命抱住大老，高声大喊：“大老！这是戏！这是戏！”众人赶紧蜂拥而上，把瘫在地上的“后母”拖进后台。大老半天才醒过神来，怎么收场呢？这可真是下不来台了。毕竟是一方最高长官，不能失了威仪，只见他气愤地把刀插入刀鞘，往台口迈了两步，又恢复了平时的威严跋扈，一手叉腰一手指着台下众人：“大伙都给我听着，从今往后，在我的管辖之内要是真有这种事，我非宰了他不可！”

别说台上的“后母”胆寒，台下的后母们都筛了糠，今后谁还敢虐待孩子？戏曲的教化力量真是无穷。

三是山民谱曲的能力差，但是编词能力强，演出多是旧瓶装新酒——旧调换自编的新词，从中可以看出沿河城人的文化水平，这也算是山村一绝吧！说起沿河城人的编词能力那真是不得不佩服，沿河城有一个奇怪的现象，就是爱用押韵的快板书形式写大字报、检查、告示等，如：“打竹板，听我言，我把什么什么情况谈一谈……”同样表现了沿河城人一定的文化水平。这种形式一直延续到“四清”，到“文化大革命”的时候，人都近乎疯狂，大字报铺天盖地暴雨疾风，就不是原来那种模式了。

音乐

火村音乐班 20 世纪 30—50 年代，斋堂一带还活跃着一支由火村农民组成的小型民乐队，人们称之为“火村音乐班”。谁家遇有婚丧嫁娶等红白喜事，一般都请他们来演奏，逢年过节也少不了他们。民乐队不足 10 人，带班人是李万举。如今这些队员已全部过世。

1930 年秋天，火村一李姓富户的老母病故，为了使祭奠仪式隆重气派，从房山大安山村请来一支民乐队为其演奏送葬。当年冬天火村李万举与同村人也组织起一个民乐队，并从大安山村请来教师包虎教习乐器。学习主要有两个方面：一是掌握吹奏与演奏方法，二是学习乐谱。经过 3 个冬天的学习，技巧掌握比较好的有 8 个人，即吹唢呐的李万举，吹笙的李万瑞，吹笛子的白广银，吹管子的白广聚，敲云锣的梁作明，吹笛子的李万林，打镲的梁甫宽，打铙的李有让。以上 8 人就成为火村音乐班的基本成员。学的乐曲有《三番赞》《花得胜》《过街令》《方码》《一封书》《苏武牧羊》等 10 余首。

音乐班的带头人是李万举。他唢呐、笙、管子、笛子都吹奏得很好，特别是唢呐，更为出色。火村音乐班学成之后，先为本村的红白喜事服务，后又扩展到了邻村，名气也逐渐大了起来。后来为了丰富演出活动，又学习了坐腔折子戏，剧目有《采桑》《大登殿》《汾河湾》等，很受当地村民欢迎。

火村音乐班为当地村民服务的条件很简单，只要管饭就行，即使收钱也有限。卢沟桥事变以后，火村音乐班的活动基本停止。日军投降以后，乐队重新开始活动。1955 年 6 月，北京群众艺术馆组织全市民间调演，火村音乐班曾被京西矿区选送到北京演出。

花会

白虎头大鼓会 20 世纪二三十年代村里有一个大鼓会，六面中幡，多面彩旗。还有一个管弦乐队班子，现今老艺人都不在了，艺术失传。

爨底下村香会 香会是民间自发形成的祭神和进行文化活动的组织。爨底下村从前也有香会组织，会头为组织者，下设若干名执事，各有分工。每年都要举行祭祀或文化表演等活动，自娱自乐或酬神娱人。主要活动有民间歌舞、武术、体育、戏曲、杂技、曲艺等。

爨底下村耍中幡 正月十五闹元宵，每到这天，爨底下都要表演耍中幡。幡高二丈（约 6.67 米），重六七十斤，表演者将中幡用单手抛向空中，用头顶、鼻梁、上齿、下齿、肘、脚尖等部位接住，而幡旗不倒。动作招式多达数十个，如“封侯挂印、太公钓鱼、苏秦背剑、怀中抱月、浪子踢球、童子拜佛、朝天一炷香、二郎担山、霸王举鼎、金鸡独立、大小盘肘、前后背花、反挑金背、玉带缠腰”等。一个中幡要三四个健壮的男子合练，一人主练，众人保护，互相抛接，轮流演练。中幡表演现今在爨底下村见不到了，而大台、千军台等地中幡一直流传至今，表演形式与爨底下基本相同。

天仙庙庙会 每逢正月十五和四月二十八，天仙庙有庙会，各村参加庙会都有中幡表演。参加庙会的人捐给庙会 1 斗面，有的人就在庙里记名换锁。锁是由铜钱用红线穿起来的。直热闹一天，方才离去。

西斋堂庙会 传说东斋堂和西斋堂两村的娘娘是姐妹，每年要进行互访。正月初九东斋堂的娘娘先到西斋堂进香，十三日西斋堂的娘娘到东斋堂进香。十四、十五两天则有附近的马栏、火村、北山村、黄岭西村的香会轮流到东、西斋堂进香。

一般的香会都打着各色彩旗，中幡和伞，还敲打着各种响器。第一拨是大鼓会，8 面大鼓配 10 多副锅子（小钹），有的配社火班（武术队），为开路会。第二拨打的是铙和小钹。第三拨吹唢呐加锣镲。第四拨吹奏笙、管、笛、云锣等。随后是娘娘轿。庙会期间还唱大戏，戏班都是本地各村的。

正月十五的灯会更为热闹。灯会是竹竿挑灯笼，配上各响器班，进灯场转悠。据老人讲，西斋堂的灯最为好看，一条火龙从村后山上的天仙庙盘旋而下，再进村游街，经过商店，都燃放花炮，最后进转灯场。

杨家峪高跷会，表演时表演者脚踩高跷不停地跳动，做着各种动作，甚至还有说唱。此项活动，大多在春节或重大庆祝活动时表演。

方 言

斋堂话的范围

斋堂话这一方言岛地域面积 800 平方公里，占全区面积的 60%。门头沟西部的 100 多个自然村落，共 4 万余人均使用这一方言，占全区农村人口的近 50%，全区总人口的 17.3%。除了斋堂镇所辖的全部村子之外，使用斋堂话的还有清水镇除了江水河村（该村操怀来口音）的所有村子,以及雁翅镇的傅家台、青白口、碣石、杨树地、书子岭、珠窝等村落。

斋堂话的特点

斋堂话与普通话相比较有以下一些特点：

1.音调不同

如“福”字，普通话读阴平第二声 fú，而斋堂话读上声第三声 fǔ；“国”字亦然，普通话读阴平第二声 guó，而斋堂话读上声第三声 guǒ；“鸡蛋”，斋堂话读 jídan，“鸡”由第一声读为第二声，“蛋”读为轻声字了；还有好多字都下滑半个音。

2.一些词汇的韵母发生变化

如“哭”，斋堂话发音为 juè，实际是“叫”的音转；“药”，斋堂话读 yuè。

3.古语遗存

普通话说“进来”“进去”，斋堂话说“入来”“入去”。

4.语序变化

像“兄弟”，在普通话里“兄”本为长，是“哥”的意思，而斋堂话却将“兄”当作弟，说“俺兄”，不是说“俺哥”，相反说的正是“我弟弟”。还有普通话说“不知道”，斋堂话说“知不道”。

在各地方言中时有语序变化的情形，像河南话说“走快，走快”，这是动词“走”做中心词，形容词“快”做补语；而北京话说“快走，快走”，“走”这个动词还是做中心词，而“快”这个形容词则做动词“走”的状语。同样，河南话说“走凉阴”，北京话说“走阴凉”都是一个道理。

5.两字声韵的结合

“母亲”，北京话里叫“妈”，好多地方土语叫“娘”，而斋堂话管“娘”叫 nià，是“娘”加强烈的感叹语气词“啊”的合音，“娘啊”就是 nià（而毗邻的涞水野三坡人叫妈则叫 nà）。同样，斋堂人把“哭”称作 juè，实际上是“叫啊”合音拼成的。类似的例子还有很多，在此不再赘言。

6.特殊词汇的出现和使用

像时空词、称谓用语（含亲属称谓、人称、职事称谓）、生活用语与普通话有明显的不同。最典型的如：普通话说“把东西藏起来”，而斋堂话说“把东西台起来”；普通话说“看看”，斋堂话说“对对”；普通话说“闻闻”，斋堂话说“听听”，嗅觉变听觉了。

由于斋堂方言特殊，所以时常出些笑话趣事。

20世纪60年代，北京大学毕业的一个叫赵朋的大学生，他在东胡林下乡劳动，住在一个朴实热情的张大婶家里，关系处得特别好。

有一天他冲了一小锅奶粉，想借大婶的煤火来煮开，大婶高声说：“滚吧。”他莫名其妙，伤心地悄没声儿地走了。

后来他到地里憋不住，跟大伙讲了这件令他难堪的事儿，大伙笑得前仰后合，告诉他：“在我们这儿说‘滚’就是‘开、烧、熬、煮’的意思。”这时他才恍然大悟，自己也笑了起来。

在斋堂人开的饭馆里吃饭，由于人多，菜一时上不来，客人着急屡屡催促，店家说：“人忒多，你再等会儿，要不你们白吃？”结果客人勃然大怒，认为店家看不起人，侮辱了他，说他白吃掏不起钱。店家和斋堂人大笑，说：“斋堂话说吃饭没菜叫白吃，而不是说吃饭不给钱的吃白食。”

这些就是语言的差异造成的。

现在沿河城人的语言用词中也仍有过去军人军旅生活的影子。诸如：

炸营 老师刚离开教室，学生立刻沸反盈天，外地老师只会说“乱”；本地教师会说：“我一走就炸了营了！”

乱营 事发突然，或情况失控，沿河城人会说“乱了营了”。

炸狱 监狱里出现暴动越狱事件，沿河城老人们会说“炸了狱了”。

甩发 老太太脑后的发髻无意中散开了，老太太会说：“哎呀！怎么甩了发了？”

火头军 斋堂川人把炊事员、烧火做饭的至今还叫作“火头军”。

应卯 问：“你干啥去呀？”答：“通知开会，我去应个卯。”

前几个词比较好理解，这个“应卯”是什么意思呢？要想知道“应卯”的意思，还得先知道“点卯”。旧时官厅在卯时（上午5点到7点）查点到班人员，叫点卯，现用作按时报到之意；旧时每天卯时即早晨5点到7点时官吏到官署听候点名，叫应卯，现在多有比喻按惯例到场应付一下的意思。

这些词汇明显都是古代军旅生活的遗存。

后　记

斋堂镇在历史上是有光荣革命传统的老八区，长期以来，斋堂人民为国家的发展做出了巨大贡献和牺牲。在革命战争年代，这里是平西抗日根据地，近500名优秀儿女为中国革命的胜利献出了宝贵的生命；中华人民共和国成立后，斋堂作为以煤炭开采为主导产业的资源型乡镇，多年来用优质的煤炭资源为北京市的生产建设和市民生活奉献了自己的光和热。在加速现代化建设的今天，斋堂人民自觉服从服务于首都生态环境建设的大局，关闭了赖以生存的煤矿，使地区经济发展遭受史无前例的重创猛击，面临着实现经济转型的艰巨而又痛苦的任务。

根据北京市空间布局调整的总体要求，未来北京将形成“两轴两带多中心”的城市新格局。在西部生态带建设中，门头沟区将成为北京的西部副中心，承担绿色生态屏障和文化娱乐中心的重要功能。这恰恰为斋堂镇充分释放自身的历史文化和生态资源优势，大力发展文化产业和旅游休闲产业，加快推进地区经济转型提供了广阔舞台。

斋堂在历史上就是西部山区的发展中心，现为北京最西端唯一的市级小城镇，也是西部生态带与周边省份相联系的西部重镇。从资源条件看，建设历史文化名镇有得天独厚的条件：斋堂镇有古老久远的史前文化，有底蕴深厚的古城、古道、古村落文化，有博大精深的宗教文化，有繁荣一时的商旅文化，有古今闻名的军事文化，有独具特色的地质文化，有闻名遐迩的科举文化，有光辉灿烂的民俗文化，有风光秀美的生态文化，这些文化相互交织，互相作用，共同发展，使斋堂发展成了独特的历史文化名镇，镶嵌在光辉灿烂的永定河文化之中，融进中华民族历史的长河。在斋堂镇这璀璨的 9 支文化中，限于篇幅，我们从中撷取其中 7 个方面，纂集成册，以飨读者。

勤劳的斋堂人现在正在抓紧实施 4 大重点工程：文物修缮保护工程，生态治理恢复工程，产业开发建设工程，基础设施建设工程。随着这 4 大工程建设的完成，一个全面发展的历史文化名镇，必将旧貌换新颜，以它独有的魅力，在京西展现她的无限风采。

由于水平有限，时间也仓促，加之篇幅限制，本书编纂还有许多疏漏及不尽如人意的地方，尚请见谅。对其中出现的错谬，还望批评指正。

本书采用照片，除署名的以外，为斋堂镇提供，特此声明致谢。

师昌璞

2017 年 10 月